ALEX COMFORT

NEW
JOY OF SEX

Mit 79 Illustrationen von John Raynes

Aus dem Englischen
von Wilhelm Thaler

WILHELM HEYNE VERLAG
MÜNCHEN

HEYNE RATGEBER
Nr. 08/5434

Titel der englischen Originalausgabe:
THE NEW JOY OF SEX

Umwelthinweis:
Dieses Buch wurde auf
chlor- und säurefreiem Papier gedruckt.

Bearbeitung und Ergänzung der
deutschen erweiterten Ausgabe von Karin Weingart

Taschenbuchausgabe 08/2003

ISBN: 3-453-87082-4

http://www.heyne.de

Inhalt

Vorwort

Seit ich dieses Buch ursprünglich verfaßt habe, sind beinahe zwanzig Jahre vergangen und mehr als acht Millionen Exemplare davon verkauft worden. Als Arzt und Humanbiologe ist für mich die Naturgeschichte der menschlichen Sexualität von ebenso großem Interesse wie alle übrigen Aspekte der menschlichen Naturgeschichte. Wie über den Rest der menschlichen Naturgeschichte hatte ich mir auch hierüber Aufzeichnungen gemacht. Meine Frau ermutigte mich, biologische Erkenntnisse in die Medizin einzubringen, und in der Medizinerausbildung gab es kein ordentliches Lehrbuch der Sexualerziehung.

Zuvor waren mehr als zweihundert Jahre lang die Beschreibung und vor allem Darstellung der Sexualität, also der normalsten und privatesten Aktivitäten der Menschen, und fast alles, was damit zusammenhängt, geheim gewesen. Als Giulio Romano im 16. Jahrhundert seine bedeutenden klassischen Gemälde schuf, in denen er sechzehn Liebesstellungen zeigte, zu denen Pietro Aretino Sonette schrieb, meinte ein führender Kirchenvertreter, der Künstler verdiene dafür ans Kreuz geschlagen zu werden. Das Publikum vertrat offenbar eine andere Auffassung (»Warum«, so fragte Aretino, »sollten wir nicht zu dem aufschauen, was uns am meisten Vergnügen bereitet?«), und Aretinos *Positionen* wurden seither, unterderhand, immer verbreitet. Doch selbst im Großbritannien der 50er Jahre noch wurde die Existenz des menschlichen Schamhaares künstlerisch geleugnet. Es mußte retuschiert werden.

Die Menschen heute, die die »sexuelle Nachrichtensperre« nicht mehr erfahren mußten, können sich das Ausmaß der Veränderungen kaum vorstellen, die eintraten, als sie aufgehoben wurde – es war wie das Wegfallen des Eisernen Vorhangs. Dr. Eustace Chesser, mit seinen Abhandlungen über das menschliche Sexualleben einer meiner unmittelbaren Vorgänger, wurde für sein harmloses, nicht illustriertes Buch *Love Without Fear* unter Anklage gestellt (allerdings vergeblich), und selbst 1972 noch bestanden erhebliche Zweifel, ob *Joy of Sex* nicht doch von der Gedankenpolizei konfisziert würde. Nun, es konnte erscheinen.

Das Hauptziel der »Sexualbibliotherapie« (also des Schreibens von Büchern wie diesem) bestand darin, ein wenig von dem Schaden wiedergutzumachen, den Schuldgefühle, fehlende und falsche Informationen angerichtet hatten.

Diese Art der Bestätigung ist auch heute noch nötig. Ich habe zahlreiche Menschen – in erster Linie ältere Paare – gefragt, ob *Joy of Sex* ihnen Informationen vermittelt hätte, die sie noch nicht gewußt hatten, oder ob das Buch sie in Aktivitäten, die sie bereits praktizierten bzw. die sie sich wünschten, bestätigt hätte. Auf beide Fragen habe ich positive Antworten erhalten. Heutzutage kann man in allen demokratisch verfaßten Ländern Bücher erwerben und Filme sehen, die sich fast ohne jegliches Tabu dem Sexualverhalten widmen, aber es braucht mehr als zwanzig Jahre und einen Generationswechsel, bis jahrhundertealte Fehlinformationen ausgerottet sind; und von dem Material, das in den Zeiten der sexuellen Glasnost-Politik erscheint, ist vieles übervorsichtig, sexualfeindlich oder überzogen. Leute, die sich, als das Buch erschien, Sorgen machten, wenn sie eine der Praktiken anwendeten, die darin beschrieben sind, machen sich jetzt vielleicht Sorge, wenn nicht alle zu ihrem Repertoire gehören. Dagegen können wir nichts tun – ebensowenig wie gegen den Tatbestand, daß dieselben Leute, die früher wegen sexueller Ängste und Hemmungen den Arzt aufsuchten, jetzt in Behandlung sind, weil sie unter sexuellen Verdauungsstörungen leiden.

Das Sexualverhalten verändert sich im Laufe der Jahre vermutlich ziemlich wenig – sexuelle Revolutionen und Rückschläge betreffen in erster Linie den Grad von Offenheit bzw. Zurückhaltung in bezug auf das, was die Menschen privat treiben: Hauptverantwortlich für die sexuelle Revolution unserer Tage, was das Verhalten betrifft, war nicht Offenheit, sondern die Entwicklung wirksamer Verhütungsmittel, die die Trennung von Lust und Fortpflanzung ermöglichten. Unverkrampfte Bücher, die das ganze Spektrum des Sexualverhaltens so präzise wie möglich behandeln, sind von besonderem Wert, wenn es darum geht, den normalen, sexuell aktiven Leser – der sowohl Spaß am Sex haben als auch verantwortlich damit umgehen möchte – zu ermutigen und den helfenden Berufen (die in der Vergangenheit mitunter wenig hilfreich waren, weil ihre Ratschläge auf Vorurteilen oder beschränkten bzw. exzentrischen persönlichen Erfahrungen beruhten) dabei zu helfen, ihren Klienten keine Probleme zu bereiten.

Erst vor ganz kurzer Zeit, seit die Verhaltensforschung die psychoanalytische Theorie mehr und mehr ersetzt, haben Sexualberater zu begreifen begonnen, daß Sex nicht nur eine ernste zwischenmenschliche Angelegenheit, sondern auch eine nachhaltig befriedigende Form des Spiels ist (ihre Klienten spürten dies wohl, wurden darin aber kaum bestätigt). Von Kindern erwartet man nicht, daß sie ihre Spiele als peinlich empfinden. Bei Erwachsenen war und ist das anders. Aber solange sich ihre Spiele nicht gegen andere richten, nicht grausam, unglücklich oder behindernd sind, sollten sie sie nicht für peinlich halten.

Einer der größten Nutzen des Spiels besteht in dem gesunden Bewußtsein sexueller Gleichberechtigung. Dies beinhaltet, daß beide Geschlechter sich bei der Kontrolle des Spiels abwechseln; Sex ist nicht länger etwas, was die Männer den Frauen antun und von dem man erwartet, daß die Frauen Spaß daran haben. Die sexuelle Interaktion ist manchmal eine liebevolle Verschmelzung, und manchmal ist der eine Partner das »Lustobjekt« des anderen – Reife in sexuellen Beziehungen bedeutet, daß die persönlichen und die unpersönlichen Aspekte der körperlichen Erregung nicht geleugnet, sondern in ein Gleichgewicht gebracht werden. Beide Aspekte sind von großer Wichtigkeit und gehören zum Menschsein dazu. Jeder, bei dem das eine oder andere dieser Elemente unterentwickelt ist, kann im Spiel dazulernen; Männer lernen, ihr dominantes Gehabe aufzugeben, und Frauen, daß sie beim spielerischen Geben und Nehmen eher die Kontrolle bekommen als durch ständige Nörgelei. Wenn sie erst einmal soweit sind, werden Mann und Frau durch die Funken, die sie aneinander schlagen, die besten Freunde.

Dieses Buch hat sich seit der ersten Auflage erheblich verändert und wird in dem Maße, in dem das Wissen zunimmt, auch in Zukunft überarbeitet werden. Wir haben zum Beispiel enorm viel über die Ursachen und Behandlungsmethoden von sexuellen Dysfunktionen bei Männern herausgefunden – das Wissen um die weibliche Sexualität hinkt leider noch nach. Das plötzliche Auftauchen von

AIDS, einer gegenwärtig noch unheilbaren sexuell übertragbaren Krankheit, beeinflußt natürlich auch die Ratschläge, die man geben kann.

Die Zukunft wird neue Veränderungen bringen. Was sich aber nicht verändern wird, ist die zentrale Rolle, die eine unverkrampfte, verantwortungsbewußte und erfüllte Sexualität im Leben normaler Menschen spielt. Denn was diese – in einer Kultur, in der man auf diesem Lebensgebiet nicht durch Beobachtung lernt, sich Techniken anzueignen oder Vergleiche zu ziehen – benötigen, sind präzise und sachliche Informationen. Deren Zugänglichkeit und der öffentliche Widerstand gegen die paar Narren, die der Verbreitung dieser Information so lange im Weg standen, ist ein ausgezeichneter Prüfstein für den Grad an Freiheit und Solidarität in einer Gesellschaft, wie er sich in dem mittlerweile schon älteren Slogan »Make love, not war« widerspiegelt. Dieser Test ist auch heute noch von großer gesellschaftlicher Relevanz.

Alex Comfort M. B. D. Sc.

Lieben für Fortgeschrittene

Wir alle, die wir nicht gehunfähig oder taub sind, haben die Fähigkeit, halbwegs zu tanzen und zu singen. Und das rechtfertigt eigentlich auch den Anspruch, Lieben zu lernen. Lieben ist, wie das Singen, etwas, das instinktiv begriffen werden muß. Andererseits ist der Unterschied zwischen der Pawlowa und dem Ballettcorps oder zwischen dem Tenor in der Oper und dem Sänger in der Badewanne viel geringer als der zwischen Sex, wie ihn die vorige Generation verstand, und dem Sex, wie er sein kann.

Das zumindest haben wir inzwischen gemerkt (so daß heute die meisten Menschen, statt wie früher darüber nachzudenken, ob Sex sündig ist, sich Sorgen machen, ob sie »Befriedigung finden« – man kann sich, wenn man will, über alles Sorgen machen). Es gibt derzeit genug Bücher über die Grundlagen; ihr Hauptzweck besteht darin, die Sorgen bezüglich Normalität, Möglichkeit und Mannigfaltigkeit der Sexualerlebnisse loszuwerden. Die Menschen, die sich an Sexualtherapeuten wenden, überwinden Hemmungen, die so grundlegend sind, daß sie in früheren Generationen der traditionellen Meinung zum Opfer gefallen wären. Nun hat die Toleranz im Verlagswesen zumindest einiges von der Heimlichtuerei um diese Dinge aus der Welt geschafft. Unser Buch erscheint nun in einer Zeit, in der es genug Menschen gibt, die über die Grundlagen verfügen und jetzt wirklich genaue Informationen und nicht bloß Bestätigungen verlangen.

Meisterschaft im Kochen beruht nicht auf Instinkt. Sie beginnt damit, daß Menschen wissen, wie man Speisen zubereitet und genießt, dafür Interesse zeigen und bereit sind, sich bei der Zubereitung Mühe zu geben und Rezeptvorschläge zu lesen. Sie stellen dabei fest, daß die eine oder andere Methode ihnen hilft. Es wäre zum Beispiel schwierig, Mayonnaise nur nach dem Instinkt zuzubereiten. Genauso der Cordon-bleu-Sex, wie wir ihn definieren. Er ist das Besondere, das man erreichen kann, indem man »Rezepte« vergleicht, Phantasie einsetzt und ungewöhnliche oder neue Erfahrungen ausprobiert, weil man über das befriedigende Liebesleben, das man führt, hinausgehen will.

Es ist immer traurig, wenn eine Liebesbeziehung in die Brüche geht, weil man sich nicht ausgesprochen hat – aus Angst, das Verlangen könnte auf Ablehnung stoßen, aus Unfähigkeit, die hergebrachten Vorstellungen von Zärtlichkeit mit den eigenen aggressiven Wünschen in Einklang zu bringen, aus Unvermögen, die Sexualität als Spiel zu akzeptieren. Die Behinderungen stellen zusammen mit der Eintönigkeit einen großen Teil aller Probleme des fünften oder siebenten Ehejahres dar und sind zwischen toleranten Menschen, die einander lieben, vermeidbar.

Wir müssen mit verschiedenen Arten von Lesern rechnen: mit solchen, die keinen Geschmack daran haben, es beunruhigend finden und lieber bei ihren Gewohnheiten mit bäuerlichen Einlagen bleiben möchten – die sollten das Buch weglegen, unsere Entschuldigung entgegennehmen und bleiben, wie sie sind; mit solchen, die dafür sind, denen die Wahl unserer Methoden jedoch nicht gefällt – die sollten daran denken, daß es kein Gesetzbuch ist, sondern eine

»Speisekarte«. Wir haben versucht, großzügig zu bleiben, aber es ist immer schwierig, über Dinge zu schreiben, an denen man keinen Gefallen findet. So haben wir auf lange, sehr spezialisierte Diskussionen über Spezialfälle und Dinge wie S und M (Sadismus und Masochismus) verzichtet, die nicht eigentlich Liebe oder auch Sex in unserem Sinn des Wortes sind. Menschen, die daran Vergnügen finden, wissen schon, was sie ausprobieren wollen. Ein Zweck dieses Buches ist es, die aus Verschweigen der Tatsachen entstandene Vorstellung zu beseitigen, daß alltägliche Sexbedürfnisse sonderbar oder anomal sind. Was das allgemeine Repertoire anlangt, liegt die ganze Freude des Sex mit Liebe darin, daß es keine Regeln gibt, solange es einem Vergnügen macht, und daß die Auswahl praktisch unbegrenzt ist. Die meisten Menschen werden unser Buch so verwenden – als privates Notizbuch für *ein* Liebespaar, aus dem man Anregungen gewinnen kann. Dann gibt es noch die verwegenen Experimentatoren, die entschlossen sind, einfach alles auszuprobieren. Auch sie sollten unser Buch am besten wie ein Kochbuch lesen – nur daß Sex zwischen Liebespartnern insofern ungefährlicher ist, als er weder zu Korpulenz noch zu Arteriosklerose oder Magengeschwüren führt. Schlimmstenfalls kann man wund, nervös oder enttäuscht werden. Für manche mögen alle Anregungen dieses Buches ein Anreiz sein, wiewohl einige wiederum nicht jedermanns Sache sein werden. Man kann je nach Geschmack unbegrenzte Abwechslung haben, braucht jedoch eine regelmäßige Grundversorgung mit ruhigem, abend- oder morgendlichem Geschlechtsverkehr in »Missionarstellung«, um dieses Experimentieren durchzuhalten. Einfach deswegen, weil im Gegensatz zu verbreiteten Ansichten die absichtlich geplanten Höhepunkte eines Paares um so intensiver sind, je regelmäßiger der Geschlechtsverkehr stattfindet – ebenso wie ein Festessen um so besser gerät, je öfter man routinemäßig gekocht hat.

Schließlich wenden wir uns an die unternehmungslustigen und ungehemmten Liebespaare, welche die Grenzen ihrer Fähigkeit, Vergnügen am Sex zu haben, herausfinden wollen. Das heißt, daß wir manches als selbstverständlich ansehen – daß man nackt miteinander schläft und sich dabei Zeit läßt; daß man imstande und bereit ist, gelegentlich auch einen ganzen Nachmittag damit zu verbringen, daß man ungestört ist und über Waschgelegenheiten verfügt; daß man vor Dingen wie Genitalküssen nicht zurückschreckt; daß man nicht auf eine einzige Methode, unter Ausschluß aller anderen, versessen ist und – natürlich – daß man den Partner liebt.

Dieses Buch handelt vom Lieben ebenso wie vom Sex: Auf keiner anderen Grundlage erzielt man erstklassigen Sex – entweder ihr liebt euch, bevor ihr dazu kommt, ihn zu wünschen, oder wenn ihr ihn zufällig habt, liebt ihr euch deshalb, oder beides. Es ist sinnlos, darüber zu streiten, aber genauso, wie man ohne Hitze nicht kochen kann, kann man nicht ohne Gegenwirkung lieben. Sex ist eine der wenigen Gelegenheiten, bei denen wir heute lernen können, Menschen als Menschen zu behandeln. Gegenwirkung bedeutet die richtige Mischung von Zurückhaltung und Schwung, Robustheit und Zartheit, Rührigkeit und Erregung. Sie ist eine Folge von Einfühlungsvermögen und langer gegenseitiger Bekanntschaft. Wer sie beim ersten Versuch mit einem Fremden zu erreichen erwartet, ist entweder ein Optimist oder ein Neurotiker – wenn es gelingt, ist es das, was man früher Liebe auf den ersten Blick nannte, und es ist unschätzbar: »Können« oder Abwechslung ist kein Ersatz. Auch Zärtlichkeit läßt sich nicht lehren.

Dieses ist ein Buch über wirksame Sexualverhaltensformen mit einigen Erklärungen, wie und warum sie funktionieren. Es ist kein Lexikon: Wir haben zahlreiche Bezeichnungen vermieden, die zu Beginn des Jahrhunderts für gewisse Verhaltensformen benutzt wurden – weil sie größtenteils veraltet sind. Heute beginnen Biologen und Psychiater, anstatt Etiketten wie Narzißmus oder Sadomasochismus anzukleben, sich die tatsächlichen Verhaltensformen anzusehen und herauszufinden, welchen Zweck sie haben oder was sie bedeuten. Pauschalbezeichnungen sind eine bequeme Stenographie, aber sie sind eher entstellend, besonders wenn weitverbreitete menschliche Verhaltensweisen eine Benennung erhalten, die sie wie eine Krankheit erscheinen läßt. Das hat schon zu sinnlosen Auseinandersetzungen von Fachleuten geführt, zum Beispiel über die Frage, ob »Frauen von Natur aus masochistisch veranlagt sind«, weil der Mann in sie eindringt, nicht umgekehrt.

Wir beginnen nicht mit einem Vortrag über die Biologie und Psychologie des menschlichen Sex, sondern wollen lieber in den verschiedenen Rubriken davon sprechen. Heute wissen die meisten Menschen, daß die »Sexualität« des Menschen bei der Geburt beginnt und ununterbrochen von Mutter-Kind- zu Mann-Frau-Beziehungen verläuft. Sie enthält Perioden programmierter Angst um die Geschlechtsteile (»Kastrationsangst«), die wahrscheinlich ursprünglich dazu diente, junge Affen daran zu hindern, mit ihren Vätern in Konflikt zu geraten, die jedoch beim Menschen die Grundlage für viele andere Verhaltensweisen bildet. Das breite Feld menschlicher Sexualbedürfnisse wird durch diese einzigartige Entwicklungsvoraussetzung kontrolliert: lange Kindheit, enger Mutter-Kind-Kontakt, Tabu für Mutter-Kind- oder Vater-Kind-Sex, enge Paarbindung, die auf Sexualspiel beruht, wie die Paarbildung bei Vögeln sich auf Nestbau und Balzverhalten konzentriert (es ist das häufig als »Liebe« beschriebene Phänomen) und so fort. Wir haben, ohne auf Einzelheiten einzugehen, im ganzen Buch beschrieben, wie Teile dieses menschlichen Hintergrunds in das Muster dessen passen, was Menschen sexuell Spaß macht. Die meisten menschlichen Sexualverhalten »bedeuten« eine ganze Reihe verschiedener Dinge (sie sind, wie es heute heißt, »überbestimmt«; siehe zum Beispiel unsere Bemerkungen über Kleidung).

Ein wenig Theorie macht den Sex interessanter, verständlicher und weniger beunruhigend. Zuviel davon wäre unangebracht, man würde die Sache nicht in ihrer relativen Bedeutung sehen und zum Betrachter seiner eigenen Leistung werden. Wenn man wirklich quälende Hemmungen hat, braucht man einen Fachmann, der einem den Spiegel vorhält, und muß sich über sie klarwerden – selbstklebende Etiketten sind da völlig nutzlos. Alle Menschen sind Sadisten, Narzisse, Masochisten, bisexuell und so weiter und so fort. Wenn man alle Etiketten anklebte, würde man aussehen wie ein Kabinenkoffer. Es kommt darauf an, ob eine Verhaltensweise einen selbst oder andere Menschen stört – wenn es der Fall ist, können Schlagworte ein Hinweis auf das Problem sein, aber sonst nichts.

Der Ausgangspunkt jeder Liebesbetätigung ist enger körperlicher Kontakt, Liebe wurde als die Harmonie zweier Seelen und der Kontakt zweier Epidermen definiert. Sie ist auch von unserer Kindheit an der Ausgangspunkt menschlicher Beziehungen und Bedürfnisse. Nach jahrhundertelangen strengen Tabus, die zahlreiche solcher Kontakte – zwischen Freunden, zwischen Männern – betrafen und von anderen Kulturen verhängt wurden, hat unsere abendländische Kultur die auf Körperkontakt beruhende »Intimität« auf Eltern-Kind- und Liebhaber-Geliebte-Situationen beschränkt. Wir sind dabei, einige Tabus zu überwinden, zumindest in den Bereichen der Säuglingserziehung und der eigentlichen Liebesbetätigung. Es zeigt sich aber, daß die uns anerzogenen Vorbehalte, zum Beispiel, daß Spiel und Phantasie nur für Kinder ungefährlich sind, schlechte Voraussetzungen für wirklich volle und persönliche Sexbetätigung geben. Es gibt Kulturen, für die unsere Vorstellung von Sex nicht gültig wären, obwohl unsere Auswahl größer ist denn je. Sie ist vor allem genital überbetont: Für unsere Kultur bedeutet »Sex« das Einführen des Penis in die Vagina. Die ganze Haut des Menschen ist ein Geschlechtsorgan. Was die Berührung anlangt, kann ich nur auf Desmond Morris' brillante Schilderung in »Liebe geht durch die Haut« verweisen, die unsere Hemmungen aufzählt. Guter Sex ist hier das einzig wahre Heilmittel.

Es hat keinen Sinn, über die Milch, die in unserer Kultur verschüttet wurde, zu weinen. Unser Sexrepertoire muß unserer Wesensart angepaßt werden, nicht jener der Trobriand-Insulaner (die ihre eigenen Hemmungen haben). Wir brauchen ein ausgedehntes Liebesspiel, das auf den Koitus und andere Betätigungen ausgerichtet ist. Zugleich können wir auch unser Programm planen, so daß wir unser sonstiges Rüstzeug zu verwenden lernen. Dazu gehören unsere gesamte Hautfläche, unsere Gefühle der Individualität, Aggression und dergleichen sowie alle unsere eingebildeten Bedürfnisse. Zum Glück ist das Sexualverhalten beim Menschen ungeheuer elastisch und auch richtig abgestimmt, so daß es uns dazu verhilft, die meisten Bedürfnisse auszudrücken, welche die Gesellschaft oder unsere Erziehung eingeengt haben. Wir brauchen vor allem eine Vervollkommnung des Sex (die sich aber nicht nur auf unsere Gesellschaftsart beschränkt). Sie hat den Vorteil, daß wir – falls wir sie wirklich erreichen – in stärkerem Maße für den anderen aufnahmefähig werden. Das ist die Antwort für alle, die glauben, daß bewußtes Streben nach Erweiterung unseres Sexbereiches »mechanisch« oder ein Ersatz für Menschlichkeit sei – es ist im Gegenteil ein ausgezeichneter Zugang, um das Menschsein zu lernen –, wahrscheinlich der einzige, den unsere Art Gesellschaft im Augenblick wirklich verwenden kann. Es mag andere Gebiete geben, auf denen wir lernen können, unser ganzes Ich auszudrükken, und es gemeinsam tun, aber es gibt deren nicht viele.

Das sind unsere Voraussetzungen. Nehmen wir Gegenwirkung und wechselseitige Erforschung als gegeben an, so gibt es zwei Arten von Sex, Duett und Solo, und ein gutes Konzert wechselt zwischen beiden. Das Duett ist eine gemeinsame Anstrengung, die auf gleichzeitigen Orgasmus oder zumindest je einen Orgasmus abzielt und auf völlige, nicht technisch geplante Hingabe. Es erfordert tatsächlich Können und kann eher aus berechnetem »Liebesspiel« aufgebaut werden, bis beide ganz automatisch das Richtige tun. Das ist die sexuelle Grundernährung. Solo dagegen heißt, daß ein Partner der Spieler und der andere das Instrument ist; der Spieler trachtet, so umfassende, unerwartete und im allgemeinen stürmische Wirkungen im Lusterlebnis des Partners zu erzielen, wie es seine oder ihre Geschicklichkeit gestattet. Der Spieler verliert die Beherrschung nicht, obgleich das, was mit dem Partner geschieht, ihn in wilde Erregung versetzen kann. Das Instrument verliert jedoch die Beherrschung – das ist mit einem leicht ansprechenden Instrument und einem versierten Künstler die eigentliche Konzertsituation. Wenn es in einem zügellosen Zusammenspiel endet, um so besser. Dabei kommen alle Musik- und Tanzelemente zum Ausdruck – Rhythmus, steigende Spannung, Zappelnlassen, sogar echte Aggression: »Ich bin wie der Henker«, sagt die Dame im persischen Gedicht, »doch wo er unerträglichen Schmerz zufügt, werde ich dich nur sterben lassen vor Lust.« Es gibt in dem Solo tatsächlich ein Aggressions- oder Züchtigungselement; deshalb ist es bei manchen Liebespaaren unbeliebt und andere übertreiben es, aber ohne Solopassagen ist kein überragender Liebesakt vollständig.

Die antike Vorstellung von der passiven Frau und dem aktiven Mann sah in erster Linie ihn als den Solisten, und manche Ehehandbücher halten an dieser Idee weiterhin fest. In einer freieren Auffassung ist sie selbst die Solistin schlechthin, indem sie ihn zu Beginn in Erregung versetzt oder ihn leitet und all ihre Geschicklichkeit zur Schau stellt. Es gibt eigentlich nur eine wirklich unmusikalische Situation, und das ist die Umkehrung eines echten Solos, bei dem der eine Partner den anderen lediglich dazu benutzt, sich zu befriedigen. Man kann allerdings sagen: »Tu es diesmal selbst«, als schnelles Ende, aber mehr als das ist es nicht.

In der Alten Welt gelten ausführliche Solopraktiken hauptsächlich als Kunst der Männer: In Europa war zu gewissen Zeiten die Soloroutine bei den Frauen angeblich nur auf Prostituierte beschränkt (die zumeist einen bemerkenswerten Mangel daran zeigen, aus mangelndem Einfühlungsvermögen). Heute ist der Solopart wieder im Zunehmen begriffen; nachdem er – aus Vorsicht – mit dem »Petting bis zum Orgasmus« begonnen hat, droht er zu einer Höflichkeitsfertigkeit zu werden. Wie gewöhnlich könnte das Pendel wieder zu weit ausschlagen und das Solo zu einem Einsatz für vollen, ungezügelten Koitus machen – während es eigentlich eine Vorbereitung, Ergänzung, Eröffnung, Überbrückung, ein Schlußstück, Zwischenspiel sein sollte. Der durch ein Solo erzielte Orgasmus ist jedoch einzigartig – bei beiden Geschlechtern weder stärker noch schwächer als in einem vollen Duett, aber anders. Wir hörten von beiden Geschlechtern, daß er »schärfer, aber nicht so rund« ist, und die meisten, die beide Arten erprobt haben, wechseln sie gern ab; er ist auch ganz anders als bei Selbstbefriedigung, die von den meisten Leuten gelegentlich ganz gern praktiziert wird. Wenn man versucht, den Unterschied anzugeben, ist es ähnlich wie beim Beschreiben von Weinsorten. Sie unterscheiden sich jedenfalls voneinander, und es hängt viel davon ab, sie zu verfeinern und abwechselnd zu probieren.

Natürlich sind Solopraktiken nicht unbedingt vom Koitus zu trennen. Davon abgesehen, daß sie zum Koitus führen, gibt es viele Koitussoli – für die Frau zum Beispiel rittlings –, während gegenseitige Masturbation oder Genitalküsse vollwertige Duette sein können. Es hat auch nichts zu tun mit dem Gegensatz zwischen »klitoralem« und »vaginalem« Orgasmus (das ist nur eine grobanatomische Art des Versuchs, einen natürlichen Unterschied in Worten auszudrücken), denn der Mann empfindet denselben Gegensatz. Man kann durch Berühren der Fingerspitzen, Brüste, Fußsohlen oder Ohrläppchen einer sensiblen Frau, bei einem Mann ohne Berührung der Genitalien normalerweise weniger, einen heftigen Solo-Orgasmus erzielen. Wenn man von »klitoralem Orgasmus« spricht, so meint man gewöhnlich einen Koitus, der gemeinsam erfolgen soll, dabei jedoch (bei der Frau) den Eindruck eines Solos hervorruft. Die Solopraktik kann sogar auf die ruhigsten Menschen äußerst elektrisierend wirken. Wenn sie geschickt gehandhabt wird von jemandem, der sich selbst durch lautes Schreien nicht abhalten läßt, aber weiß, wann er aufhören muß, kann eine Frau einen Orgasmus nach dem anderen haben, und ein Mann kann bis zur Grenze menschlicher Ausdauer knapp am Rande des Höhepunktes gehalten werden.

24

Höchste Lust *muß* nicht vielgestaltig sein, ist es aber oft. Starres Festhalten an einer einzigen Sextechnik ist meist auf Ängstlichkeit zurückzuführen. Wir haben uns in diesem Buch zum Beispiel mit Dingen wie Koitalstellungen nicht eingehend befaßt. Die weniger ausgefallenen sind heute allen Leuten aus der Literatur, wenn nicht aus der Praxis bekannt – die ausgefallenen könnte man gewöhnlich selbst erfinden, aber sie haben eigentlich wenig ausgesprochene Vorteile, es sei denn für den Zuschauer. Außerdem eignet sich die normale Koitaltechnik, die ein Aussetzen der Selbstbeobachtung erfordert, nicht zu schriftlichen Abhandlungen, außer für Elementarschüler. Das erklärt den Nachdruck, den wir in unserem Buch auf die »Beilagen« – Saucen und Pickles – gelegt haben. Die meisten davon sind psychologisch und biologisch so abgestimmt, daß sie bestimmte menschliche Bedürfnisse befriedigen, die oft Überreste einer »zivilisierten« Kindheit sind. Den Individuen, die infolge eines psychologischen Problems nur von Saucen und Pickles leben müssen, entgeht zu ihrem Unglück der nahrhafte Teil ihrer Mahlzeit. Mit verdrehten und fixen Ideen im Sex verhält es sich so, als müßte man aus Allergie gegen Rindfleisch ausschließlich von Meerrettichsauce leben; Angst vor Meerrettichsauce, weil sie unverdaulich und nutzlos ist, bildet ein anderes Hindernis, nämlich Puritanertum. Wir haben den Menschen jahrelang zugehört, und darauf beruht unsere Auswahl der geschilderten Bedürfnisse und Probleme.

Es ist schwierig, bei der Beschreibung von Sex nicht ernst zu sein, sowenig ernst wir auch im Bett spielen. Tatsächlich ist die Fähigkeit, Sex ohne Scham als Spiel aufzufassen, eines der Dinge, die in der »neuen geschlechtlichen Freiheit« noch fehlen – diesbezüglich muß man psychoanalytischen Vorstellungen von Reife beinahe ebensoviel Schuld geben wie veralteten Moralbegriffen darüber, was normal oder was pervers ist. Wir alle sind unreif und haben Ängste und Aggressionen. Wahrscheinlich ist das Koitalspiel wie das Träumen die programmierte Art, mit welcher der Mensch annehmbar damit fertig wird, so, wie Kinder ihre Ängste und Aggressionen im Spiel ausdrücken. Wenn sie aus Eifersucht auf den kleinen Bruder, auf das andere Geschlecht »Indianer am Marterpfahl« spielen, nennen wir das nicht Sadismus. Leider haben Erwachsene Angst vor Spiel, Verkleidung, Theater. Es macht sie befangen: Es könnte etwas Schreckliches zum Vorschein kommen.

Das Bett ist der Ort, an dem man auf der Spielebene alle Spiele treiben kann, die man je beabsichtigt hat – wenn Erwachsene solchen »unreifen« Bedürfnissen gegenüber weniger befangen wären, hätten wir weniger hochgradig ängstliche und dezidierte Fetischisten, die einen Gemeinschaftssinn schaffen, um sich ohne das Gefühl des Isoliertseins betätigen zu können. Wir haben von einem Froschmann gehört, der seine Frau in Bettlaken aus Gummi schlafen ließ; er mußte ein wirklicher Froschmann werden, denn das Anziehen eines Taucheranzugs zum Spaß war ihm peinlich und ließ ihn seltsam erscheinen. Wenn wir den Sinn für Spiel, der für eine vollwertige, unternehmende und gesund unreife Betrachtung von Sex zwischen verantwortlichen Menschen erforderlich ist, weitergeben könnten, würden wir ein gutes Werk vollbringen: Menschen, die Flagellationsspiele treiben und dadurch erregt werden, belästigen niemanden, es sei denn, sie vergraulen einen Partner, der das Schauspiel beängstigend findet. Menschen, die ähnliche Aggressionen außerhalb des Schlafzimmers inszenieren, sind geeignet, in My Lai oder Bergen-Belsen zu enden. Der Zweck dieses Buches ist Lust, nicht Psychiatrie – aber wir glauben fast, daß die beiden etwas gemeinsam haben.

Spiel ist eine Funktion der sexuellen Entwicklung – Verspieltheit gehört zur Liebe und könnte durchaus ein Beitrag des Wassermannzeitalters für das menschliche Glück sein.

Das Hauptgericht ist jedoch noch immer liebevoller, ungehemmter Koitus – lang, häufig, abwechslungsreich, der damit endet, daß beide Partner gesättigt sind, aber nicht so völlig, daß sie nicht in einigen Stunden noch einen leichten Gang und eine Mahlzeit genießen könnten. Das Kernstück ist die gute alte »Missionarstellung«, mit gemeinsamem Orgasmus, nach einem Tag oder einer Nacht voll Zärtlichkeit. Andere Arten des Liebens sind individuell verschieden, und es gibt unendlich mannigfaltige Methoden. Komplizierte sind für spezielle Gelegenheiten oder spezielle Zwecke, wie das Hinauszögern eines verfrühten Orgasmus des Mannes oder Dinge, die – wie ein Pfeffersteak – einmal im Jahr wirklich köstlich sind, aber nichts für alle Tage.

Es macht nichts, wenn unser Repertoire Ihnen nicht gefällt oder mit dem Ihren nicht in Einklang steht. Es ist das Ziel dieses Buches, Ihre schöpferische Phantasie anzuregen. Sie können auf ihre eigene Weise spielen, und wenn Sie all Ihre schöpferischen Einfälle ausprobiert haben, werden Sie keine Bücher brauchen. Sexbücher können nur Methoden empfehlen, um Sie zu Experimenten zu ermutigen.

Es gibt schließlich beim guten Sex nur zwei »Regeln«, abgesehen von der selbstverständlichen: zu unterlassen, was albern, asozial oder gefährlich ist. Die eine lautet: »Tun Sie nichts, was Ihnen nicht wirklich behagt«, und die andere: »Finden Sie die Wünsche Ihres Partners heraus, und weisen Sie sie nicht zurück, wenn irgend möglich.« Mit anderen Worten, eine gute Beziehung im Geben und Nehmen ist ein Kompromiß (wie bei einer Theatervorstellung – wenn Ihnen beiden dasselbe gefällt, ausgezeichnet; wenn nicht, wechseln Sie ab, und lassen Sie nicht immer einen

Partner diktieren). Das kann leichter sein, als es klingt, denn wenn der eine Partner nicht gerade etwas wünscht, das der andere ganz und gar indiskutabel findet, fühlen sich wirkliche Liebende nicht nur durch ihre eigene Befriedigung belohnt, sondern auch durch die Reaktion und Befriedigung des anderen. Die meisten Frauen, die chinesische Gerichte nicht mögen, werden sie gelegentlich essen, wenn der Mann, der eine Vorliebe für chinesische Gerichte hat, sie sich schmecken läßt, und umgekehrt. Partner, die sich gegen spezielle Sexwünsche stellen, haben diese gewöhnlich gar nicht ausprobiert (viele Versuchsgerichte erweisen sich als schmackhafter als erwartet), sondern sie weigern sich, weil sie die Vielfalt menschlicher Bedürfnisse nicht kennen, und aus Angst, es könnten Dinge, wie Aggression oder außergenitale Sensationen, im Spiele sein, die in der gesellschaftlichen Mythologie des letzten halben Jahrhunderts nicht existierten. Man könnte das Wissen um die Formen sexuellen Hilfsverhaltens als notwendige Vorbereitung für jede längere Sexbeziehung ansehen – besonders für die Ehe, wenn man wirklich beabsichtigt, beisammen zu bleiben. Doch bis jetzt waren Bücher in dieser Hinsicht keine große Hilfe. Sie haben die Menschen eher erschreckt, als daß sie ihnen geholfen hätten.

Paare sollten ihre Bedürfnisse und Neigungen (obwohl die meisten Leute diese nicht gleich herausfinden) aufeinander abstimmen. Sie werden zu manchen unserer Vorschläge erst gelangen oder sie verstehen, wenn Sie gelernt haben zu reagieren. Es wäre ein Fehler, rennen zu wollen, solange das Gehen eine überwältigende neue Erfahrung ist, und Sie können glückliche Fußgänger sein, die automatisch zueinander passen. Die meisten Leute, die heiraten, probieren lieber selbst aus, was ihnen liegt, und spielen sich ein. Ein Neudenken hilft dann, wenn man aneinander gewöhnt ist

(Sexbedürfnisse sind nicht die einzigen, die eine Anpassung an den Partner erfordern) und spürt, daß die Oberfläche frisch poliert werden sollte. Das ist der Fall, wenn der eine die Sexbeziehungen überschätzt, während der andere der ausgedehnteren Verwendung seines sexuellen Rüstzeugs in bezug auf eine totale Verbindung nicht genug Beachtung geschenkt hat. Der übliche amerikanische Ausweg in diesem Fall besteht darin, daß man die Beziehung wechselt und mit jemand anderem einen ebenso unvernünftigen Versuch unternimmt, auf die entfernte Möglichkeit hin, vielleicht zufällig einen besseren Partner zu bekommen. Das ist eine Gefühlsvergeudung, und gewöhnlich macht man wieder die gleichen Fehler.

Eine spezielle Gruppe von Lesern verdient besondere Beachtung. Falls Sie in irgendeiner Weise behindert sind, legen Sie dieses Buch nicht weg. Für Sie ist es ganz besonders wichtig zu wissen, daß viele Wege nach Rom führen. Beim Sex wie bei anderen Aktivitäten gilt es, die körperliche Behinderung zu überlisten. In der Beratungsarbeit erlebt man häufig, daß die wirkliche Behinderung nicht in einem mechanischen Problem besteht, sondern in der irrigen Vorstellung, es gäbe nur eine »richtige« – oder lustvolle – Art, Liebe zu machen. Am besten arbeiten Sie vielleicht mit diesem Buch, indem Sie es mit Ihrem Partner zusammen durchlesen und alles das anstreichen, wozu Sie fähig sind. Dann picken Sie sich etwas heraus, was Ihnen zusagt, was Sie sich aber nicht ganz zutrauen, und überlegen, was für eine Strategie Sie zusammen entwickeln können. Es hilft auch, sich mit anderen Paaren auszutauschen, bei denen einer der Partner ein ähnliches Problem hat.

Nichtbehinderte Paare können das Buch entweder zusammen lesen oder – was vielleicht sogar noch besser ist – jeder für sich und diejenigen Passagen markieren, die der andere besonders sorgfältig studieren sollte. Das wirkt Wunder, wenn – wie es häufig der Fall ist – es Ihnen nicht ganz leichtfällt, über sexuelle Bedürfnisse zu sprechen, oder Sie Angst haben, taktlos zu erscheinen.

AIDS und die Folgen

Als die erste Fassung dieses Buches 1973 geschrieben wurde, war Sex eine überaus sichere Beschäftigung, und damit einhergehende etwaige Probleme waren überwiegend sozialer oder emotionaler Natur. Die gefährlichen Geschlechtskrankheiten, besonders Syphilis, die innerhalb der vergangenen 400 Jahre Tod und Siechtum hervorgerufen hatten, waren heilbar; diejenigen, die an ihre Stelle traten, wie unspezifische Urethritis und Herpes, waren zwar lästig, jedoch nicht lebensbedrohlich. Dieses Bild änderte sich in den späten siebziger Jahren durch die Bekanntschaft der westlichen Welt mit der Krankheit AIDS – *Acquired Immunodeficiency Syndrome*. Der Einbruch dieser Krankheit veränderte die sexuelle Landschaft grundlegend. Auf den Seiten 269 bis 276 setzen wir uns eigehend mit AIDS auseinander. Lesen Sie dort zuerst nach, bevor Sie sich anderen Teilen des Buches zuwenden.

Was bedeutet AIDS für den sexuell aktiven Erwachsenen, und inwieweit müssen Ratschläge, die wir geben, revidiert werden? Die einfachste Betrachtungsweise ist folgende: Die gegenwärtige Gesellschaft ist gespalten in jene, die das Virus nicht haben, und in jene – glücklicherweise noch eine kleine, aber schnell größer werdende Minderheit –, die Träger des Virus sind. Zwischen zwei Menschen, die von dem

Virus nicht befallen sind, bleiben jegliche sexuellen Aktivitäten so sicher wie eh und je. Das gilt für die übergroße Mehrheit verheirateter Paare. Ist einer der Partner infiziert, ist praktisch keine sexuelle Aktivität außer der gegenseitigen Masturbation mehr sicher. »Safer« Sex heißt im Idealfall, sich von jedem potentiellen Überträger fernzuhalten – das schließt nicht nur bisexuelle Männer und Fixer ein, sondern auch jene, die innerhalb der letzten zehn Jahre jemanden aus einer der Hochrisikogruppen zum Partner gehabt haben. Und das ist gar nicht so einfach – daher die Bedeutung von Vorsichtsmaßnahmen, speziell des Kondoms.

Nachdem das klargestellt ist, gibt es keinen Anlaß zur Panik oder zum Verzicht auf die Freude am Sex – lediglich zu überlegter Vorsicht. Ein bedächtigeres Zugreifen im Schlaraffenland sexueller Freiheit gibt uns vielleicht Zeit und einen guten Anlaß, die gefühlsbetonte Seite der Sexualität neu zu entdecken. Und nun lesen Sie bitte weiter!

ich mag meinen körper, wenn er bei deinem
körper ist. er ist so ganz was neues.
muskeln besser und nerven mehr.
ich mag deinen körper. ich mag, was er tut,
sein wie und seine weise. mag so gern spüren
deines körpers rückgrat, seine knocken, die bebende
glatt-festigkeit und was ich werde
immer und immer wieder
küssen, ich mag das dies und das an dir,
ich mag, sacht streichelnd, das knistern
deines elektrischen fells und was weichendes
fleisch überkommt . . . und augen,
große liebes-krümel,

und womöglich mag ich den reiz

von dir unter mir so neu

e. e. cummings, ins deutsche übertragen von eva hesse

Zutaten

Liebe

Wir verwenden dasselbe Wort für Mann-Frau-, Mutter-Kind-, Kind-Eltern- und Ich-Menschheit-Beziehungen, und zwar mit Recht, weil sie ein ganzes Spektrum bilden. Im Gespräch über Sexualbeziehungen scheint es richtig, dieses Wort für jede Beziehung zu verwenden, die gegenseitige Zärtlichkeit, Respekt und Achtung beinhaltet – von völliger gegenseitiger Abhängigkeit, bei welcher der Tod eines Partners den anderen für Jahre verwundet, bis zu einer angenehmen gemeinsamen Nacht. Alle Zwischenstufen sind Liebe, alle wertvoll, alle gehören zur menschlichen Erfahrung. Manche kommen den Bedürfnissen eines Menschen entgegen, manche denen eines anderen – oder derselben Person zu anderen Zeiten. Es ist wirklich das große Problem der Sexualethik und grundsätzlich ein Problem des Sich-selbst-Verstehens und des Gedankenaustausches. Sie dürfen nicht voraussetzen, daß Ihre »Liebesbedingungen« für jemand anderen anwendbar sind oder von ihm akzeptiert werden. Sie dürfen nicht voraussetzen, daß sich diese Bedingungen durch die gemeinsamen Liebeserfahrungen nicht vielleicht unvorhergesehenerweise ändern. Sie kön-

Liebe
. . . grundsätzliche Offenheit in menschlichen Beziehungen . . .

nen sich nicht selbst durch und durch kennen. Wenn Sie lieben, sind das Risiken, die Sie eingehen müssen und die nicht bloß davon abhängen, ob Sie miteinander schlafen – obwohl das eine so überwältigende Erfahrung sein kann, daß ihr mit Recht soviel Gewicht beigemessen wird. Manchmal kennen zwei Menschen einander sehr gut oder glauben, daß sie die Dinge eingehend genug diskutiert haben, und vielleicht haben sie recht. Aber diese Erfahrung ist selbst dann, wenn sie sich durch den Begriff Liebe kennzeichnen läßt, möglicherweise ungewiß. Die Tradition hat versucht, die Zahl der Fehlschläge zu verringern, indem sie allerlei Moralvorschriften festlegte, doch die klappen nie hundertprozentig. Auch für die Einstufung der Vorzüge verschiedener Arten von Beziehungen sind sie kaum nützlich. Romantische Empfindsamkeit brachte eine ganze Generation dazu, »Liebe« als eine Art von Übernahmeangebot eines Individuums für ein anderes zu betrachten. Manche Moderne, die sich wie Casanova dagegen sträubten, sind so auf hemmungslose Liebe eingestellt, daß sie die Ungewißheit einer wirklichen Beziehung zwischen Menschen nicht gelten lassen wollen.

Wenn sexuelle Liebe die höchste menschliche Erfahrung sein kann – und das kann sie sein –, muß sie auch Risiken beinhalten. Sie vermag uns unsere besten und unsere schlimmsten Momente zu schenken. In dieser Hinsicht ähnelt sie dem Bergsteigen – überängstlichen Menschen entgeht das ganze Erlebnis. Leidlich ausgeglichene und beherzte Menschen akzeptieren die Risiken angesichts der lohnenden Erfahrung, sind sich aber darüber klar, daß es einen Unterschied zwischen ihrer Risikobereitschaft und tollkühnem Draufgängertum gibt. Überdies ist in der Liebe außer dem Ihren noch ein zweites Leben im Spiel. Sie können zumindest Vorkehrungen treffen, daß Sie niemanden ausnutzen oder schädigen – Sie nehmen nicht etwa einen Anfänger auf die Kletterpartie mit und überlassen ihn mitten im Aufstieg sich selbst, wenn die Dinge schwierig werden. Es ist auch keine Lösung, sich vor dem Start ein Einwilligungsformular unterschreiben zu lassen. Die viktorianische These, daß man kein *Cad* (übler Charakter) sein dürfe (»ein Mensch ohne feinere oder vornehme Gefühle«), hat viel für sich. Ein *Cad* kann beiderlei Geschlechts sein.

Eine Heirat zwischen zwei rivalisierenden Schauspielern, von denen jeder den anderen rücksichtslos vorzuführen sucht, ist nicht Liebe. Die Beziehung aber zwischen einer Prostituierten und einem zufälligen Kunden, bei der sich aus Gründen, die beide nicht ganz begreifen, echte Zärtlichkeit und Achtung einstellt, ist es.

Treue

Treue, Untreue, Eifersucht und dergleichen. Wir gehen absichtlich nicht auf die ethischen Aspekte ein. Tatsache ist, daß in unserer Kultur die Sexualerfahrung der allermeisten Männer und auch kaum eines geringeren Teils der Frauen nicht auf einen Partner beschränkt ist. Was für ein bestimmtes Paar richtig ist, hängt von seinen Bedürfnissen, der Situation, den Sorgen und dergleichen ab. Diese Bedürfnisse stellen im Zusammenleben ein besonders heikles Problem dar. Wenn das Verständnis vollkommen und von Dauer ist, können Sie sich glücklich schätzen. Aktiver Betrug schadet einer Beziehung immer. Völlige Offenheit, die darauf abzielt, Schuld zu vermeiden, oder als Aggression gegen den Partner gedacht ist, kann das gleiche bewirken. Das echte Problem ergibt sich aus der Tatsache, daß Sexbeziehungen für verschiedene Menschen und bei verschiede-

nen Gelegenheiten alles mögliche sein können, von einem
Spiel bis zu völliger Identitätsverschmelzung; der Kummer
entsteht, wenn jeder Partner es anders sieht.

Es gibt keine Sexbeziehung ohne Verantwortung, denn

Treue
Um ganz zu bleiben, müssen wir an einem gewissen Punkt die völlige Verschmelzung miteinander vermeiden.

es sind zwei oder mehr Menschen daran beteiligt; alles, was einen Partner gewissermaßen streitbar ausschließt, ist schädlich, dennoch müssen wir, um ganz zu bleiben, an einem gewissen Punkt die völlige Verschmelzung miteinander vermeiden: »Ich bin ich, und du bist du, und keiner von uns auf Erden kann den Erwartungen des anderen gerecht werden.« Menschen, die sich sexuell verstehen, müssen mit ihrer Aufrichtigkeit selbst zurechtkommen. Wir können nur anregen, daß sie darüber diskutieren und zumindest wissen, wo jeder steht.

Safer Sex

Das Thema stellt sich in voller Schärfe erst seit dem Ausbruch von AIDS. Es geht darum, auf Analsex völlig zu verzichten und das Ansteckungsrisiko bei allen anderen Praktiken mit Hilfe von Kondomen zu verringern. Sofern keiner der beiden Partner Träger des für AIDS verantwortlichen HIV-Virus ist, bleibt das ganze Spektrum intimer sexueller Verhaltensweisen »safe« – falls jedoch einer von beiden infiziert ist, gibt es praktisch keinerlei Sicherheit mehr, obgleich vaginaler Verkehr bei Verwendung eines Kondoms noch am wenigsten riskant zu sein scheint. Dementsprechend schließt ein wirksamer Selbstschutz Gelegenheitsaffären aus. Volkes Stimme faßt das in dem Spruch zusammen: »Bums nur mit Blutspendern, denn die sind untersucht worden.« Der fragliche Test zeigt, ob jemand mit dem HIV-Virus in Berührung gekommen ist. Ein positiver Befund zeigt vielleicht (jedoch nicht mit absoluter Sicherheit) an, ob es aktiv ist, aber alle Positiven sind Träger – und das AIDS-Vollbild ist hundertprozentig tödlich (vgl. S. 269).

Um ganz sicherzugehen: Sex mit einem HIV-Positiven ist nie »safe«. »Safer Sex« ist dafür gedacht, das Risiko mit Partnern zu reduzieren, die man nicht kennt, und stellt quasi das Mindestmaß an nötigen Vorsichtsmaßnahmen dar. Statistisch kann dieses Konzept die Ausbreitung von AIDS verlangsamen. Wenn es in Ihrem Fall aber versagt, ist es ein hundertprozentiges Scheitern.

Diejenigen, die wissen, daß sie positiv sind, stellen ihren Partner vor ein großes Problem: Es ist quälend, sich entscheiden zu müssen, ob man auf Sex verzichtet oder das Risiko eingeht, AIDS zu bekommen. Die inzwischen zahlreich eingerichteten AIDS-Beratungsstellen können Ihnen in dieser Situation Entscheidungshilfen geben. Falls Sie nicht bereits infiziert sind, treffen Sie Vorkehrungen, daß Sperma – anscheinend der Hauptüberträgerstoff – und natürlich Blut nicht mit offenen Wundstellen in Berührung kommen.

Es gibt derzeit keine verläßlichen Berechnungen über das Infektionsrisiko, wenn die Frau Trägerin des Virus ist, doch

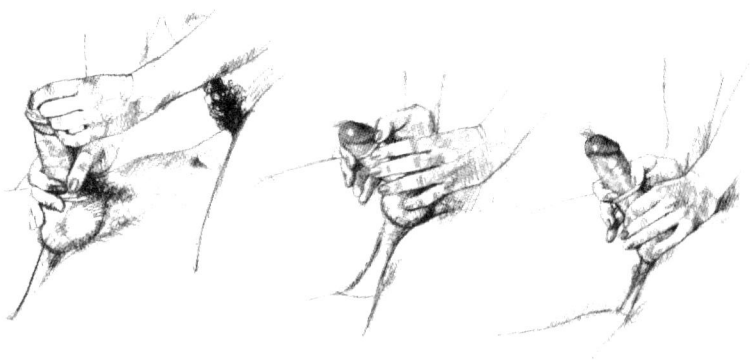

Safer Sex
Benutzen Sie bei jedem vaginalen oder oralen Sex ein Kondom. Und streifen Sie es ab – waschen den Penis –, bevor die Erektion schwindet.

auf jeden Fall muß sie – zum Schutz neuen Lebens – eine Schwangerschaft vermeiden, und ebenso muß Menstruationsblut für alle Fälle als mögliche Infektionsquelle betrachtet werden.

Traurig, aber wahr: Jedem vernünftigen Menschen muß klar sein, daß das Virus und der Selbstschutz so lange Determinanten des Sexualverhaltens bleiben werden, bis die Krankheit heilbar sein wird.

Zärtlichkeit

Im Grunde handelt das ganze Buch davon. Das schließt heftige Spiele nicht aus (wenngleich manche Menschen sie weder brauchen noch wünschen), wohl aber Ungeschicklichkeit, Unbeholfenheit, Reaktionsmangel, Boshaftigkeit und allgemeinen Kontaktmangel. Sie zeigt sich voll in der Art, wie man einander berührt. Was im Grunde zu ihr gehört, ist ein ständiges Bewußtsein dessen, was Ihr Partner empfindet, sowie das Wissen darum, wie man dieses Gefühl sanft, kräftig, langsam oder schnell intensivieren kann, und das erwächst nur aus einer zwischen beiden Partnern bestehenden inneren Gemütsverfassung. Ein wirklich zärtlicher Mensch kann sich nicht einfach umdrehen und einschlafen. Viele, wenn nicht die meisten unerfahrenen Männer und manche Frauen sind einfach von Natur aus ungeschickt – entweder aus Übereilung, aus eifrigem Verlangen oder aus mangelndem Gefühl dafür, was das andere Geschlecht empfindet. Männer sind im allgemeinen dickfelliger als Frauen – fassen Sie nicht einfach die Brüste an, stecken Sie ihr nicht unvorbereitet die Finger in die Vagina, behandeln Sie die weibliche Haut nicht wie die Ihre, und (das gilt für beide Geschlechter) passen Sie mit Ihren Knochen auf. Die

Zärtlichkeit
Was zu ihr gehört, ist ein ständiges Bewußtsein dessen, was Ihr Partner empfindet.

Frauen reagieren eher auf sehr sanfte als auf sehr kräftige Stimulierung. Ein bloßes Streicheln der Scham- oder Körperhaare wird gewöhnlich weit mehr bewirken als ein kräftiges Zupacken mit der Hand. Seien Sie aber zugleich nicht ängstlich – keiner von euch beiden ist aus Glas. Frauen hingegen verwenden oft nicht genug Druck, besonders bei der Handarbeit, wenn auch die ganz, ganz leichte Berührung eine besondere Empfindung verursacht. Beginnen Sie sehr sanft, widmen Sie sich der ganzen Hautfläche, und verstärken Sie den Druck nur allmählich. Die Reizschwelle schwächt sich jedenfalls bei stärkerer sexueller Erregung ab, bis sogar harte Schläge erregend werden können (wenn auch nicht bei jedem). Dieser Verlust an Schmerzgefühl verschwindet fast sofort mit dem Orgasmus, machen Sie also nicht weiter, und seien Sie besonders sanft, sobald er oder sie gekommen ist.

Wenn wir Zärtlichkeit *lehren* könnten, ließe sich dieses Buch größtenteils durch Intuition ersetzen. Falls Sie wirklich unbeholfen sind, empfehlen wir ein wenig Praxis mit leblosen Oberflächen, Kleiderverschlüssen und dergleichen. Männliche Kraft ist ein Reizmittel im Sex, wird aber nicht durch ungeschickte Handarbeit, ungestüme Umarmungen und brutale Kraft ausgedrückt – zumindest nicht als Hors d'œuvres. Wenn es da ein Problem gibt, denken Sie daran, daß Sie beide sprechen können. Nur wenige Menschen wollen mit jemandem im Bett sein, der nicht im Grunde zärtlich ist, und die meisten sind entzückt, mit dem richtigen Menschen im Bett zu sein – mit einem, der zärtlich ist.

Der endgültige Test besteht darin, wie Sie es vertragen, die Person beim Erwachen in Ihrem Bett anzutreffen. Wenn Sie das wirklich erfreut, dann sind Sie auf dem richtigen Weg.

Frauen (von ihr für ihn)

Natürlich haben Frauen wie Männer unmittelbare physische Reaktionen, doch sind diese anders geartet (als erstes Brüste und Haut, bitte, kein direkter Griff nach der Klitoris), und man darf sie nicht kurzschließen. Für die Frau spielt es eine Rolle, wer sie auslöst, weit mehr als bei den meisten Männern. Die Tatsache, daß wir, im Gegensatz zu euch, nicht sichtbar abgestoßen werden und keine Erektion verlieren können, veranlaßt Männer oft irrtümlich, die Dinge zu überstürzen oder wichtige Hilfsmittel zu übersehen. Es ist unrichtig, daß Nacktheit, Erotika und dergleichen die Frauen nicht in Erregung versetzen – der Unterschied ist wahrscheinlich der, daß sie nicht darauf herumreiten. Ich frage mich, ob es fair ist, ein einfaches Beispiel zu geben. Sie können mit einer fast Unbekannten in einer knappen halben Stunde orgiastisch befriedigenden Geschlechtsverkehr haben. Aber bitte glauben Sie nicht, daß Sie das gleiche bei einer Frau tun können, die Sie persönlich liebt, auch wenn Sie sie nach Ende der halben Stunde mit einem Rosenstrauß in ein Taxi setzen und sich zu Ihrer Frau verdrücken. Davon abgesehen, gibt es aber selbstverständliche Reaktionen.

Anscheinend sind wir für bestimmte Reize weniger stark programmiert als ihr, wenn wir aber einmal sehen, daß einer davon bei einem Mann wirkt, an dem uns liegt, programmieren wir ihn bald in unsere Reaktion ein und können, *wegen* dieser Fähigkeit, weniger unelastisch und eher zu Versuchen geneigt sein. Oft scheinen Frauen zuwenig aktiv, weil sie davor Angst haben, bei diesem bestimmten Mann das Falsche zu tun, zum Beispiel seinen Penis anzufassen, während er versucht, nicht zu ejakulieren – *sagt* es uns, wenn ihr seht, daß wir unsicher sind. Für uns ist der

Frauen
Kein Mann kann ein guter Liebhaber sein, der Frauen nicht a) als
Menschen und b) als gleichberechtigt betrachtet.

47

Penis keine »Waffe«, sondern eher ein gemeinsamer Besitz, so wie ein Kind – es ist weniger die Größe als seine persönliche Eigenart, seine unvorhersehbaren Bewegungen und Launen, welche den Reiz ausmachen (deshalb sind Gummiattrappen so widerwärtig). Etwas anderes Wichtiges ist die Mischung aus Kraft und Zartheit: Offensichtlich ist Stärke ein Reiz, aber Unbeholfenheit (Ellbogenstöße in die Augen, verdrehte Finger usw.) ist genau das Gegenteil. Durch ungeschickte Brutalität erreicht man nie etwas; wie brutal auch manchmal ein guter Liebesakt *aussieht*, der Reiz ist die Kontrolle von Kraft und Geschicklichkeit (nicht große blaue Flecken) und die Fähigkeit, dabei zärtlich zu sein. Manche fragen: »Kräftig oder zart?« Aber die Stimmung wechselt so schnell, daß man imstande sein muß, es zu fühlen. Gewiß ist es möglich – denn manche Liebhaber tun es –, diese Bilanz aus dem zu ziehen, wie sich die Frau anfühlt. Keine fixen Ideen über Gegenseitigkeit (wer oben ist und dergleichen, wird sich im Laufe der Zeit die Waage halten). Es kann längere Perioden geben, in denen es einer Frau Vergnügen und Glück bereitet, ihn die Arbeit tun zu lassen, und andere, in denen man alles selbst kontrollieren muß und einen Reiz darin findet, zu sehen, wie er darauf reagiert.

Frauen sind um nichts »masochistischer« als Männer. Wenn sie sich früher unterworfen haben, so geschah dies nur durch gesellschaftlichen Druck. Wenn sie sadistisch sind, konkretisieren sie es leider nicht wie ein Mann, und sie zeigen es nicht im Bett, indem sie Sporen tragen und mit einer Peitsche knallen (wenn es ein Mädchen doch tut, so geschieht es nur als Reiz für den Mann): Es ist wahrscheinlicher, daß sie es durch Neinsagen und Nörgeln zum Ausdruck bringen, was zum Orgasmus keines der Partner beiträgt. Hier haben Männer einen wirklichen Vorteil in der konstruktiven Verwendung des Spiels (und können Frauen bei der Konkretisierung helfen). Da wir alle gewisse Aggressionen haben, kann guter Sex unbändig leidenschaftlich, aber nie grausam sein. Mitunter hilft ein wenig Einschüchterung. Jedenfalls steht in einer Welt, in der allgemein die Rollen getauscht werden, die alte Vorstellung von dem ursprünglich notzüchtenden Mann und der vergewaltigten Frau im Gegensatz zu jeder Erfahrung.

Was die Emanzipationsbestrebungen der Frauen anlangt, kann kein Mann ein guter Liebhaber – oder ein vollwertiger Mann – sein, der Frauen nicht a) als Menschen und b) als gleichberechtigt betrachtet. Das ist wirklich alles, was es dazu zu sagen gibt.

Unser Geruchssinn ist schärfer – übersättigen Sie sich nicht zu früh mit Männergerüchen; der richtige Augenblick für vollen Geruchskontakt ist wahrscheinlich knapp vor dem Orgasmus. Unser eigener Geruch erregt uns ebenso wie der eure.

Sehr verschieden ist die Art der Hand- und Mundarbeit, welche die Männer lieben. Manche wünschen sie sehr kräftig, andere vertragen nichts anderes als äußerste Zartheit, wieder andere ein Mittelding zwischen beidem. Eine Frau kann das nicht wissen, es sei denn, sie fragt und erhält Antwort – es ist also Sache des Mannes zu sagen, was ihm Vergnügen macht, sonst könnte er das Gegenteil bekommen.

Manche Männer sind außerordentlich passiv oder phantasielos oder gehemmt, und – seltsamerweise – wenn sie eine dieser Eigenschaften haben, werden wir nicht entsprechend aggressiv. Möglicherweise tun wir lange allerhand Dinge und sind gründlich frustriert, wagen aber meistens nicht, es zu zeigen. Es wird somit die Liebesbetätigung einer Frau nur mit einem guten Liebhaber gut sein, und was noch wichtiger ist, sie wird es jedem Mann, der nicht aufregend ist, übelnehmen, nicht nur, weil er sie nicht erregt, sondern auch, weil sie dann weiß, daß sie ihn nicht erregt hat.

Schließlich unterscheiden sich Frauen untereinander wahrscheinlich mehr als Männer, ebenso wie viele Frauen für einen Mann eher gleich sind als alle Männer für eine Frau, weil ihr Sexualapparat (Brüste, Haut und so fort, wie auch die Vagina) komplexer ist als der des Mannes. Setzen Sie nie voraus, daß Sie nicht für jeden Menschen umlernen müssen. Das ist auch für Frauen bei einem neuen Mann richtig, allerdings in etwas geringerem Maße.

Männer (von ihm für sie)

Professor Higgins hatte recht – Männer hätten es gern, daß die weibliche Sexualität der ihren gleicht. Das ist aber nicht der Fall. Die Sexualreaktion des Mannes ist lebhafter und automatischer; sie wird leicht durch Dinge ausgelöst, so wie wenn man ein Geldstück in einen Automaten wirft. Infolgedessen sind, auf einer bestimmten Ebene und für alle Männer, Mädchen und Teile von Mädchen auf dieser Reizschwelle nicht als Menschen zu betrachten. Das ist nicht unvereinbar damit, daß sie auch Menschen sind. Er liebt ihre Kleider, Brüste, ihren Geruch usw. nicht etwa an ihrer Stelle – es sind bloß Dinge, die er braucht, um Sex, durch den er Liebe ausdrückt, in Bewegung zu setzen. Das erscheint für Frauen nur schwer verständlich.

Zum zweiten konzentriert sich der Großteil, wenn auch nicht das ganze Gefühl des Mannes letztlich in den zwei Zentimetern an der Spitze des Penis (man kann ihm allerdings, wenn man es intelligent anstellt, ein Empfindungsvermögen auf der ganzen Hautfläche, wie bei einer Frau, beibringen). Und sein Geschlechtsleben hängt, zum Unterschied von dem Ihren, von einem positiven Funktionieren ab – er muß zur Erektion gebracht und nicht davon abgebracht werden, um zu funktionieren; er darf nicht passiv, auf neutrale Weise, »genommen« werden. Das ist für die Männer auf biologischer und persönlicher Ebene überaus wichtig. Es erklärt, weshalb Männer peniskonzentriert sind und dazu neigen, mit dem Genitalspiel zu beginnen. Männer kommen durch Genitalberührung in Stimmung.

Für diese Reaktionen müssen Sie Verständnis haben, so wie er Verständnis für die Ihren haben muß. Die Frauenemanzipation geht bezüglich des Problems der Frau als Sexualobjekt am Wesentlichen vorbei. Gewiß sind die Frauen und ihre verschiedenen Körperteile Sexualobjekte, aber die meisten Männer würden liebend gern von derselben Warte betrachtet werden. Infolgedessen ist das im eigentlichen

Männer
Die »göttliche Gabe der Wollust« macht den perfekten Liebhaber –
bei beiden Geschlechtern.

Liebesakt Wertvollste die Erkenntnis dieser objektiven Reaktionen und die unmittelbare Initiative (Beginn des Liebesspiels, Anfassen des Penis, Genitalküsse, bevor er sie von Ihnen verlangt), um ihn dazu anzuregen, ihre Reizmittel zu benützen. Es ist nicht leicht, das in einfachen Worten zu erklären: John Wilkes hat es göttliche Gabe der Wollust genannt – Gespür für Aufreizendes und Mitgehen, um die Reaktion des Partners zu testen. Das ist für beide Geschlechter verschieden: Für Männer sind die Reize konkret, für Frauen oft von der Situation und der Atmosphäre abhängig. Abgesehen von speziellen Bräuchen ist als Reizmittel für den Mann eher das Gegenteil einer Jungfrau oder eines passiv empfangenden Werkzeugs vonnöten – keine Situation, die Anforderungen stellt, denn die kann durch Unzulänglichkeit abschreckend sein, sondern eine, die Erfahrenheit beweist. Ich kann dich erregen und mich dabei selbst erregen, und von da an spielen wir es auf beide Arten miteinander. Sie können natürlich ebensowenig kontrollieren wie er, was Sie erregt, aber es ist vorteilhaft, wenn eine Frau auf den Mann als Objekt reagiert, zum Beispiel auf den Anblick eines Penis oder behaarter Haut, wenn sie durch das Entkleiden eines Mannes oder körperliche Liebesspiele erregt wird (ebenso wie es vorteilhaft ist, wenn der Mann Sinn für Atmosphäre hat). Die ideale Liebespartnerin ist die aktive Frau, die Verständnis für seine Reaktionen hat und dabei ihre eigenen beibehält.

Nacktheit

Der Normalzustand Liebender, die ihre Verbundenheit ernst nehmen, zumindest als Grundbedingung – vorbehaltlich der unter »Kleidung« angeführten Einschränkungen.

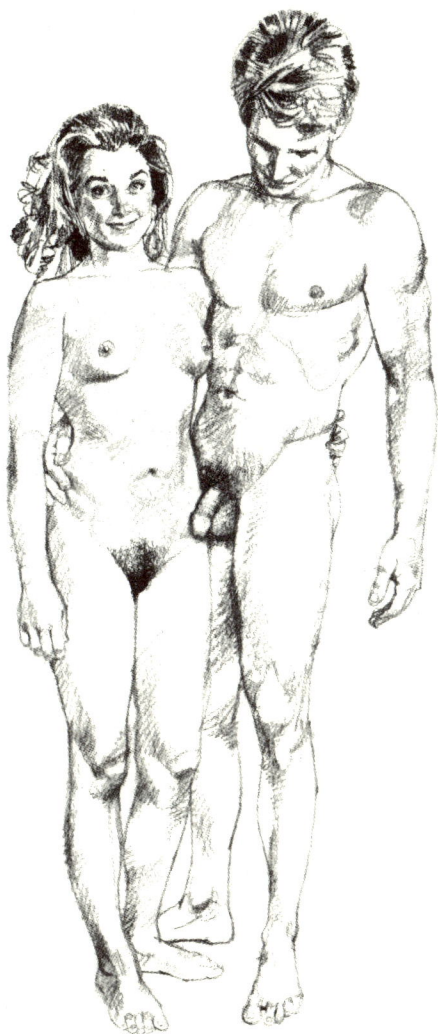

Nacktheit
Der Normalzustand Liebender, die ihre Verbundenheit ernst nehmen.

Es ist eher so, daß sie nackt beginnen und das anziehen, worauf sie Lust haben, als daß sie angekleidet beginnen und alles Nötige ausziehen.

Nacktheit bedeutet nicht, daß man keinen Schmuck trägt. Die Orientalin entledigt sich all ihrer Kleidung, legt aber all ihre Schmuckstücke an – das einzige praktische Erfordernis besteht darin, dafür zu sorgen, daß sie nicht, wie etwa Armbanduhren, kratzen. Das gilt für den Tag; es ist aber schwierig, mit Schmuck am Körper zu schlafen. Für die Nacht ist wahrscheinlich der erhöhte Wert der Liebesbetätigung der Hauptgrund, warum die meisten Leute heute nackt schlafen. Die einzige Ausnahme ist vielleicht die Zeit danach; warme Körper neigen dazu, aneinander zu kleben, und es mag die Annehmlichkeit erhöhen, wenn einer der Partner eine Hülle trägt. Wir entdecken, daß wir immer öfter nackt zusammen sind oder nur das lusterhöhende Minimum tragen.

Nebenbei bemerkt, bei Nudisten erwies sich meist, daß unsichtbare Hosen die schlimmsten sind. Nun setzen sich die ungehemmten jungen Leute durch, für die Nacktheit natürlich ist, kein Ritual, und für die das Lieben dazugehört, anstelle von – oder neben – Gymnastik und Fußball.

Organisierter Nudismus ist in den meisten Ländern eine Familienangelegenheit. Wahrscheinlich ist das ein guter Gedanke. Aus biologischen Gründen, die wir an anderer Stelle gestreift haben (siehe unter »Penis«, »Vulva«, »Kinder«), kann die Nacktheit der eigenen Eltern für Kinder beunruhigend sein und sollte nicht übertrieben werden. Oft entwickeln Kinder besonders fortschrittlicher Eltern unglaubliche Schüchternheit, die man respektieren sollte, auch wenn die Nacktheit daheim natürlich ist. Es läßt sich viel zugunsten einer Betrachtung von Männern und Frauen unter ungezwungenen Bedingungen und ohne programmierte

Inzest- und Dominanzängste anführen. Es heißt dann nicht: »Vater ist größer als ich«, sondern: »Alle Männer sind größer als ich, und eines Tages werde ich ein Mann sein«. Wahrscheinlich ist es die Befreiung von Angstresten und nicht so sehr die Gelegenheit, sich in der Sonne zu bräunen, die den Gruppennudismus so erholsam macht und erklärt, warum er als weltliches Sakrament wirkt. Berufsnudisten zeigen bei der ersten Begegnung die Offenheit von Hippies oder Quäkern, auch wenn über die reine Lehre reichlich gestritten wird. Es sollte ihnen gelingen, einen Nudistenklub nach Ihrem Geschmack zu finden – zumindest bieten sie Einrichtungen für ein Nacktsein im Freien, die sich in heimischer Umgebung nur schwer organisieren lassen.

Exhibitionismus

Die meisten Menschen haben von frühester Kindheit Spaß daran, dem anderen Geschlecht (allerdings nicht in Gegenwart Erwachsener) ihre Genitalien zu zeigen – die gehören schließlich zu dem Besten, was wir haben, und sie einem Partner zu zeigen ist der Start zu einem Besseren. Die selbstklebende Etikette bleibt an Menschen geheftet, die aus verschiedenen Gründen auf keine andere Weise Sex ausüben können und Fremden ihre Genitalien zeigen. Das wäre eine harmlose, aber wenig lohnende Tätigkeit (solche schüchterne Charaktere sind definitionsgemäß keine Frauenschänder), wenn die Menschen dadurch nicht erschreckt oder geängstigt würden. In unserem seltsamen Gesellschaftssystem bestrafen wir diese Leute mit öffentlicher Schande, Gefängnis und so weiter.

Keine Frau braucht Angst zu haben, wenn sie so einem Mann begegnet. Eine berühmte Französin sagte einmal zu

einem Mann, der sich entblößte: »Werden Sie sich nicht erkälten, Monsieur?« Gewöhnlich attackieren Exhibitionisten Kinder nicht und würden sie nicht erschrecken, wenn
diese vernünftig erzogen wären, obwohl es sie gewöhnlich
verwirrt, wenn Erwachsene sich lächerlich machen oder
sich irgendwie abnormal benehmen. Kinder sind konserva-
tiv und werden leicht verlegen. Wenn Ihre Kinder einem
Exhibitionisten begegnen, sagen Sie Ihnen, der arme Kerl
sei im Babystadium steckengeblieben und habe so viele
Probleme, daß sie ihm lieber aus dem Weg gehen sollten.

Cassolette

Französisch für Duftbüchse. Das natürliche Parfüm einer
sauberen Frau: nach ihrer Schönheit ihre sexuell wichtigste
Eigenschaft (manche würden sagen, noch wichtiger als die
Schönheit). Es geht von ihrer gesamten Person aus – Haar,
Haut, Brüste, Achseln, Genitalien – und von der Kleidung,
die sie getragen hat; die Note hängt von ihrer Haarfarbe
ab, aber nicht zwei Frauen haben denselben Duft. Auch
Männer haben einen natürlichen Duft, dessen sich die
Frauen bewußt sind; während aber ein Mann in das persönliche Parfüm einer Frau verliebt sein kann, neigen
Frauen dazu, zu bemerken, wenn ein Mann richtig oder
falsch riecht. Falsch bedeutet nicht so sehr unangenehm
wie unbestimmbar, nicht nach ihrem Geschmack. Zu ihrem
Bewußtsein von der Nähe eines Mannes gehören oft bestimmte Zusätze wie Tabak.

Weil es so wichtig ist, muß eine Frau ihr persönliches
Parfüm ebenso sorgfältig überwachen wie ihr Aussehen
und lernen, es beim Hofmachen und Geschlechtsverkehr so
geschickt zu gebrauchen wie ihren eigenen Körper. Rau-

Cassolette
Das natürliche Parfüm einer sauberen Frau ist nach ihrer Schönheit ihre sexuell wichtigste Eigenschaft.

chen ist dabei keine Hilfe. Der Duft kann auf die Dauer eine Waffe sein (nichts zieht einen Mann verläßlicher an, und das kann unbewußt geschehen, ohne daß er es weiß). Ein kundiger Mann kann, wenn er ein Geruchsmensch ist und wenn er sie kennt, merken, ob sie erregt ist.

Die Empfänglichkeit und das Empfinden für sauberen menschlichen Duft ist bei beiden Geschlechtern verschieden. Ob es angeborene Unterschiede sind, wie die Unfähigkeit, Cyanid zu riechen, oder ob sie durch unbewußtes Verdrängen verursacht werden, wissen wir nicht. Manche Kinder können den Sinn des Blinde-Kuh-Spielens nicht verstehen, denn sie wissen nach dem Geruch, wer sie berührt; manche Frauen können es riechen, wenn sie schwanger sind. Männer können Düfte, die mit Moschus verwandt sind, nur riechen, wenn sie eine Spur von weiblichem Sexualhormon enthalten. Es gibt da wahrscheinlich einen ganzen biologischen Signalmechanismus, den wir erst zu enträtseln beginnen. Es sind viel mehr menschliche Zuneigungen und Antipathien auf Geruch begründet, als unsere Deodorant-und-After-shave-Kultur zugibt. Viele Menschen, besonders Frauen, behaupten, daß sie sich von ihrer Nase leiten lassen, wenn sich die Frage stellt, mit jemandem ins Bett zu gehen oder nicht.

Frauen haben den schärferen Geruchssinn, aber Männer reagieren stärker darauf. Beim Liebesakt wechselt die Duftnote in regelmäßiger Folge von der gesamten Haut und den Achseln zur »erregten« Note der Frau, dann zu ihrem vollen Genitalduft und dann, wenn der Koitus begonnen hat, zu einem anderen Aroma. Schließlich wird der Geruch des Samens in ihrem Atem erscheinen und die nächste Runde auslösen.

Einige unwissende Wilde schneiden noch die Klitoris ab. Angeblich bestehen die Frauen selbst am meisten darauf, ihre Töchter so zu verstümmeln. Die unseren gehen nicht soweit, schneiden aber noch immer ihr Achselhaar weg oder taten es, bis eine neue Generation sich allmählich darüber klarwurde, daß es sexy ist. Das Rasieren ist vielleicht in einem heißen Klima verzeihlich, wo es keine Wasserleitung gibt. Bei uns ist es heute bloß dummer Vandalismus. Manche von den Hübschesten tun es noch, und sogar die Sexbewußtesten lassen sich angesichts einer Mode nicht umerziehen. Man könnte als Argument die Backen- oder Vollbärte anführen, aber die männliche Gesichtsbehaarung hat nicht die Tag für Tag wiederholte Bedeutung der kleinen Haarbüschel einer Frau. Es sind ihre Antennen und Puderquasten, mit denen sie sich in einem Zimmer oder beim Liebesakt vorstellt. Sie sind da, um damit über die Lippen des Mannes zu streifen; er kann das gleiche tun – aber behutsamer! Ein tiefes Küssen in der Achsel läßt das Parfüm Ihres Partners bei Ihnen. Beim Genitalkuß beginnen Sie mit bedeckten Lippen, dann streichen Sie über die geschlossenen Schamlippen, dann öffnen Sie sie. Wenn sie einen Mann küßt, geht sie in der gleichen Reihenfolge vor. Es ist die optimale Art, sich ihrer als äußerer Erscheinung bewußt zu werden, noch bevor man sie zu berühren beginnt.

Deodorant

Absolut verboten! Das einzige erlaubte Deodorant ist Seife und Wasser, obwohl die Pechvögel, die ausgiebig schwitzen, Probleme haben können. Ein Mundvoll Ammoniumchlorid in der Achselhöhle eines Mädchens ist eine der größten Enttäuschungen, die ein Bett zu bieten hat, und eine wirklich desodorisierte Frau wäre eine andere – wie eine desodorisierte Gartennelke. Reinlichkeit ist etwas anderes. Lassen Sie sich also nicht vom Verkaufsgerede beeindrucken, es sei denn, daß ein sogenanntes »Intimspray« eine natürliche Note betont, die Ihnen gefällt. Waschen sie sich, und lassen Sie es dabei bewenden. Sie sagt: »Manche Männer *sollten* Deodorants verwenden, wenn sie nicht erlernen können, wie man sich wäscht.« Siehe unter »Cassolette«, »Mundmusik«.

Vulva

»Der Körperteil, der an dir am weiblichsten ist«, wie es in der Werbung heißt, aber auch so magisch wie der Penis, und für Kinder, Primitive und Männer im allgemeinen ein wenig schreckerregend: Sie sieht aus wie eine Kastrationswunde und blutet regelmäßig, sie schluckt den Penis und gibt ihn schlaff wieder von sich, wahrscheinlich kann sie beißen und so fort. Zum Glück überdauern wenige dieser biologisch programmierten Angstgefühle ein näheres Kennenlernen, aber sie sind der Ursprung für die meisten männlichen Schwierigkeiten. Primitive und Puritaner behandeln die Vulva, als wäre sie radioaktiv. »Aller Zauber«, sagte ein Papua-Hexenmeister, »strahlt von ihr aus wie Finger aus einer Hand« – und viele Bloßstellungen von Frauen im Laufe der Geschichte entstanden aus dieser Art von freudianischem Gestrüpp.

Empfindlich in all ihren Teilen – der phallusbewußte Mann neigt dazu, sich zwecks Beruhigung auf die Klitoris zu stürzen. Liebhaber sollten frühzeitig lernen, einander beim Masturbieren zuzusehen – nur wenige Frauen empfinden anfänglich Vergnügen bei übertriebener Klitorisreizung. Die Länge der Schamlippen, Größe und Enge der Öffnung machen nur wenig Unterschied für die Wirkung –

mehr macht die Lage im Verhältnis zum männlichen Schambein aus: Manche Liebenden bekommen nur in einer oder zwei Stellungen wirklich gute Berührung, wenn das auch gewöhnlich durch die Spannung, die beim Koitus durch Bewegung und Ziehen an den Labien entsteht, mehr als aufgewogen wird. Die normalerweise leicht feuchte Vulva – andernfalls würden Frauen beim Gehen quietschen – wird bei sexueller Erregung natürlich immer feuchter. Ein ungewöhnlicher Ausfluß deutet auf eine Entzündung (gewöhnlich mit Geißeltierchen oder Hefepilzen) hin und erfordert Behandlung. Der normale Geruch der Vulva ist von

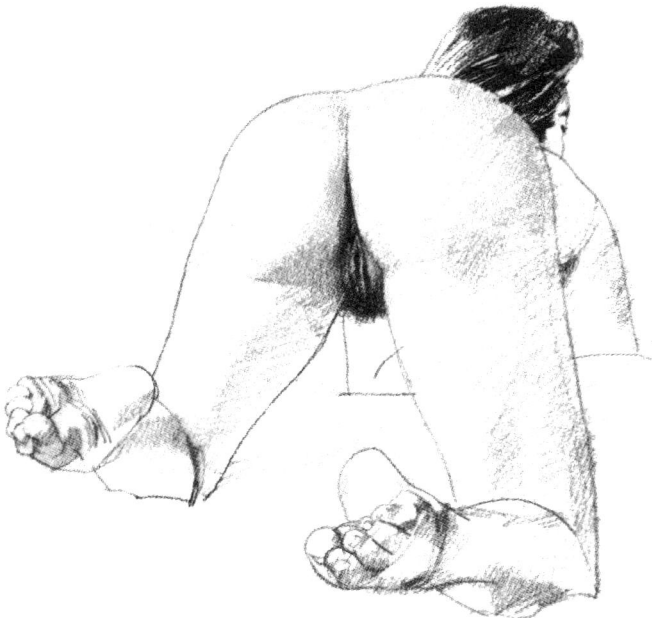

Vulva
Ob Ihr Geliebter jemals die Vagina einer Frau eingehend erforscht hat oder nicht – sorgen Sie dafür, daß er die Ihre erforscht.

Frau zu Frau auch temporär verschieden, sollte aber immer angenehm und sexuell erregend sein.

Ob Ihr Geliebter jemals die Vagina einer Frau eingehend mit Fingern, Augen und Zunge erforscht hat oder nicht – sorgen Sie dafür, daß er die Ihre erforscht. Lernen Sie zu küssen: Sie haben zwei Münder, er aber nur einen.

Venushügel

Das dekorative Fettpolster über dem weiblichen Schambein, das beim Koitus von Angesicht zu Angesicht als Puffer fungiert und (was wichtiger ist) dazu dient, der Umgebung Gefühle zu übermitteln, wenn er sich bewegt. Viele Männer sind sich, wenn sie allzusehr auf direkte Klitorisstimulation eingestellt sind, nicht bewußt, daß die meisten Frauen zum Orgasmus gebracht werden können, wenn man einfach den Venushügel in der hohlen Hand hält und ihn knetet oder schüttelt, bevor oder während man einen Finger in die Vulva steckt oder auch ohne das zu tun (siehe unter »Schamhaar«). Sie können den Venushügel entweder anfassen (er paßt genau in die Handfläche) oder Ihren Handballen darauf legen und dabei Ihre Finger an den

Schamlippen benutzen, oder Sie können das ganze Gebiet, Venushügel und die geschlossenen Schamlippen, in ihre Handfläche und Finger nehmen. Versuchen Sie, wieviel Empfindungen Sie hervorrufen können, wenn Ihre Partnerin völlig geschlossen bleibt.

Brüste

»In unseren reiferen Jahren«, schrieb Darwin, »verspüren wir, wenn unseren Blicken ein Gegenstand gezeigt wird, der irgendwelche Ähnlichkeit mit der Form des weiblichen Busens aufweist ... ein allgemeines Wonnegefühl, das all unsere Sinne zu beeinflussen scheint, und wenn der Gegenstand nicht allzu groß ist, verspüren wir den Wunsch, ihn mit den Lippen zu küssen, wie in unserer frühen Kindheit die Brust unserer Mütter.« Alfred Perlès begrüßte eine Dame der Gesellschaft, die beim Abendessen neben ihm Platz nahm, mit den Worten: »Die sind nicht übel – nehmen Sie sie doch heraus und lassen Sie uns einen Blick darauf werfen!« Brüste sind von Natur aus das zweite Ziel, oft jedoch das erste, das wir zu erreichen suchen. Wie sensibel sie eigentlich sind, ist sehr unterschiedlich, bei Frauen wie bei Männern – die Größe ist unwichtig, ebenso wie bei anderen Sexualorganen. Manche reagieren gar nicht, sogar bei den entschieden nicht frigiden Frauen, manche reagieren auf äußerst zarte Berührungen, manche auf sehr kräftige Behandlung (es sind aber empfindliche Organe – lassen Sie Ihren gesunden Menschenverstand nicht von Ihrem übriggebliebenen Ärger darüber, daß Sie entwöhnt wurden, besiegen).

Immer wieder rund um die Brustwarze mit der Zungenspitze oder der Eichel kreisen, sanftes Kneten mit beiden Händen, zartes Beißen und liebevolles Saugen wie ein Baby

Brüste
Beim Verkehr zwischen den Brüsten kann man ein erstaunliches
Gefühl von Gegenseitigkeit erleben.

sind die besten Eröffnungen. Die Frau kann diese Technik unter sanfter Benutzung der Fingerspitzen bei dem Mann anwenden – männliche Brustwarzen werden aber leicht wund. Wenn ihre Brüste groß genug sind, um sie aneinanderzudrücken, kann man durch Koitus zwischen den Brüsten einen erstaunlichen Grad von gegenseitigem Lustgefühl erreichen. Das ist ein guter Ersatz bei Gelegenheiten, in denen die Frau für den Zutritt gesperrt ist. Legen Sie sie flach auf ein Kissen, knien Sie rittlings (mit der großen Zehe an ihrer Klitoris, wenn sie Hilfe braucht) und mit völlig zurückgeschobener Vorhaut über ihr. Sie oder Ihre Partnerin können die Brüste aneinanderdrücken – legen Sie sie lieber um den Schaft und reiben Sie mit ihnen nicht die Eichel. Diese sollte klar, knapp unter ihrem Kinn, vorstehen. Wenn sie bei dieser Stellung einen Orgasmus hat, ist er »rund« wie ein voll koitaler Orgasmus, und sie fühlt ihn innerlich. Brustorgasmen durch Lecken und Handhabung sind gefühlsmäßig »dazwischen«. Reiben Sie den Samen gut in ihre Brüste ein, wenn Sie fertig sind (siehe unter »Samen«).

Brüste, Vagina und Klitoris zusammen erzielen, sobald der Koitus einmal begonnen hat, die konzentrierteste und schnellste Aufreizung zum Höhepunkt, zumindest für manche Frauen. Nur wenige Männer können einen Brustwarzenorgasmus haben, aber es ist der Mühe wert, es mit zwei steifen Federn zu versuchen. Viele leicht erregbare und »gut geliebte« Frauen können beim Säugen eines Babys ein ziemlich spezielles Lustgefühl empfinden.

Sie sagt: »Die Männer verstehen noch immer nichts von Brüsten oder sind zu sehr in Eile, weiter nach unten zu kommen – die Brustwarzen einer Frau haben, anders als beim Mann, einen direkten heißen Draht zu ihrer Klitoris. Ein Mann, der das richtig zu nutzen versteht und sich dabei nur Zeit läßt, kann alles erreichen. Streicheln mit der

Brüste
Sie sagt: »Die Männer sind zu sehr in Eile, weiter nach unten zu kommen.« Bitte lassen Sie sich Zeit!

Handfläche, mit den Augenlidern, Lecken und lautes Saugen wie ein Baby können Wunder wirken; die Orgasmen, die man dabei bekommt, bringen eine Frau ganz aus dem Häuschen, ohne sie nur eine Spur von dem nachkommenden Koitus abzulenken. Bitte lassen Sie sich Zeit!«

Der Verkehr zwischen den Brüsten ist in anderen Stellungen ebenso gut – umgekehrt, seine Schenkel an ihrem Kopf, oder sie oben (besonders wenn sie kleine Brüste hat) oder der Mann sitzend, sie kniend: Versuchen Sie all das.

Pobacken

Das nächste nach den Brüsten und abwechselnd mit ihnen als visuelle Sexreize bei verschiedenen Kulturen und Individuen. Eigentlich der ursprüngliche Mittelpunkt der Prima-

ten, bei den meisten Affen grell gefärbt; anscheinend
ebenso geschätzt von der Kultur der Altsteinzeit, während
spätere Primitive »ihre Wahl trafen, indem sie ihre Frauen
in einer Reihe aufstellten und die auswählten, die hinten
am meisten vorragte« (Darwin). Wichtige erogene Zone
bei beiden Geschlechtern, weniger empfindlich als die Brüste, weil sie gleichermaßen Muskeln wie Fett enthalten.
Brauchen kräftige Stimulierung (Halten, Kneten, Klatschen
oder sogar stärkeres Schlagen – siehe unter »Disziplin«).
Der Koitus von hinten ist an sich ein Vergnügen, aber seien

Pobacken
Wichtige erotische Zone bei beiden Geschlechtern.

Sie vorsichtig, wenn sie einen schwachen Rücken haben. Die Muskelbewegungen beim Koitus reizen in jeder Stellung die Pobacken bei beiden Geschlechtern, besonders wenn jeder Partner die des anderen ziemlich fest hält, eine Backe in jeder Hand. Es ist durchaus lohnend, diese zusätzlichen Gefühle absichtlich zu verfeinern. Visuell sind gutgeformte Pobacken für beide Geschlechter ein fast gleich starker Reiz.

Penis

Mehr als der entscheidende Teil des männlichen Rüstzeugs. Wenn er auch oftmals und ausdrücklich als »Werkzeug« bezeichnet wird, hat der Penis mehr symbolische Bedeutung als irgendein anderes menschliches Organ, als Machtzeichen und, wegen seines eigenen Willens, allgemein als »Persönlichkeit«. Es hat keinen Sinn, all diesen Symbolismus hier zu wiederholen, außer um zu sagen, daß Liebende feststellen werden, daß sie den Penis fast wie einen Dritten behandeln. Einmal ist er eine Waffe oder eine Bedrohung, dann wieder etwas, das sie gemeinsam haben wie ein Kind. Ohne gleich mit Psychoanalyse oder Biologie zu kommen, ist es kein schlechter Test einer Liebesbeziehung, ob der Penis zwar deutlich zu ihm, aber zugleich auch beiden Partnern gehört. Diese besondere Gruppe programmierter Gefühle im Menschen ist in Wirklichkeit die hervorragende Anpassung für alle Arten von Erfahrungen und Gefühlen, die mit Geschlechtsrollen, Identität und Entwicklung zusammenhängen. Freuds Formulierung, der Mann sei von der Furcht beseelt, die Frau oder ein eifersüchtiger Verwandter könnten seinen Penis rauben, während die Frau meint, er sei etwas, das sie verloren habe, ist biologisch richtig, jedoch zu sehr vereinfacht. Wahr ist, daß er bei einem guten Sexualakt ihrer beider Penis wird. Jedenfalls ist seine Beschaffenheit, Erektionsfähigkeit und so weiter für beide Geschlechter faszinierend, und seine offensichtliche Selbständigkeit ein wenig beängstigend. Sie ist programmiert, und die Tatsache, daß der menschliche Penis im Verhältnis viel größer ist als bei anderen Primaten, ist wahrscheinlich diesen komplexen psychologischen Funktionen zuzuschreiben: Er ist ein ästhetisches und zugleich ein funktionelles Objekt.

Aus eben den gleichen Gründen ist er Ursache für Ängste und Mythen und ein Brennpunkt für allerlei magische Manipulationen. Der männliche Eigendünkel und Persönlichkeitssinn neigen dazu, sich darin anzusiedeln, wie Samsons Energie in seinem Haar. Wenn er nicht funktioniert oder, noch schlimmer, wenn Sie als Frau ihn über- oder unterschätzen, werden die Folgen katastrophal sein. Das erklärt die unsinnige Sorge des Mannes bezüglich der Penisgröße. Die Größe hat mit seiner körperlichen Brauchbarkeit beim Koitus oder – da der weibliche Orgasmus nicht davon abhängt, daß der Penis tief ins Becken eindringt – mit der Fähigkeit, die Partnerin zu befriedigen, nichts zu tun, wenn auch viele Frauen durch den Gedanken an einen großen Penis erregt werden und einige wenige sagen, daß sie mehr spüren. Jedenfalls ist die ungedehnte Vagina nur zehn Zentimeter lang. Wenn überhaupt, so ist die Penisdicke wichtiger. Auch hat die Größe in schlaffem Zustand mit der Größe in der Erektion nichts zu tun – ein im Ruhestand großer Penis vergrößert sich einfach bei der Erektion weniger. Es gibt keine Möglichkeit, den Penis zu »vergrößern«. Bei verschiedenen »Rassen« ist die Penisgröße nicht nennenswert verschieden, auch steht sie nicht im Zusammenhang mit starken Muskeln anderswo. Kein Penis, von sehr

wenigen Ausnahmen abgesehen, ist für eine Frau zu groß –
die Vagina nimmt ein ausgetragenes Baby auf. Wenn Ihr
Penis, wie lang er auch sein mag, an einem Eierstock anstößt und ihr Schmerz bereitet, gehen Sie nicht so tief hinein. Eine Frau, die sagt, sie sei »zu klein« oder »zu eng« gebaut, erzählt nur etwas von ihren Bedenken, genau wie ein
Mann, der die fixe Idee hat, er sei zu klein gebaut. Sie brauchen Beruhigung und eine andere Einstellung zum Sex,
nicht Apparate oder körperliche Übungen. Auch die Form
ist unterschiedlich – die Eichel kann stumpf oder konisch
sein. Das spielt nur insofern eine Rolle, als die konische
Form Präservative mit Zitzenende unbequem machen
kann, weil die Zitze hängenbleibt. Was die Beschneidung
oder Nichtbeschneidung anlangt, sind deren Wirkungen
eher religiös als sexuell (siehe unter »Vorhaut«). Wenn Sie
Ängste und Vorurteile hegen, machen Sie sich davon los.
Alle vorhergehenden Behauptungen sind wahr.

Frauen, die wirklich gelernt haben, Vergnügen am Sex zu
haben, sind gewöhnlich vom Penis ihres Geliebten, auch
von dessen Größe, so fasziniert wie Männer von Form, Geruch und Gefühl bei der Berührung weiblicher Brüste, und
sie lernen, ausgiebig und geschickt mit ihm zu spielen. Er
ist, ob beschnitten oder nicht, ein faszinierendes Spielzeug,
ganz abgesehen vom Erlebnis seines Hauptzwecks. Es gibt
ein ganzes Schauspiel im Zusammenhang mit dem Zurückschieben der Vorhaut, dem Steifmachen und Behandeln bis
zum Pulsieren oder Samenerguß, der einen Hauptteil des
Zusammenseins darstellt. Es ist ebenso wichtig für den
Mann: gute Hand- und Mundarbeit erhöhen nicht nur sein
Selbstgefühl, sondern garantieren auch eine gute Partnerin.

Pflege und Wartung: Wenn Sie nicht beschnitten sind,
müssen Sie die Vorhaut zum Zweck der Reinigung zurückschieben, und wenn sie sich nicht zurück-, sondern nur von

70

der Spitze über den Eichelrand schieben läßt, lassen Sie sich behandeln (es ist ein geringfügiger Eingriff mit einer stumpfen Schere und bedeutet nicht unbedingt, daß Sie eine Beschneidung brauchen). Wenn sie sich nicht richtig zurückschieben läßt, zu eng ist oder steckenbleibt, lassen Sie sich gleichfalls behandeln. Das sind die einzigen Dinge, die gewöhnlich am Penis nicht in Ordnung sind. Mit der Zeit entwickelt sich oft eine leichte Asymmetrie – das schadet nicht. Andererseits, biegen sie einen erigierten Penis nicht, nehmen Sie auch keine Stellung ein, bei der er zufällig heftig abgebogen werden könnte. (Das geschieht gewöhnlich, wenn die Frau die obere Position einnimmt und nahe dem

Penis
Bei einem guten Sexualakt wird er Ihrer beider Penis.

Orgasmus unvorsichtig ist, oder ihn hineinsteckt, wenn er noch nicht ganz steif ist – da müssen Sie ein wenig vorsichtig sein.) Es ist möglich, wenn auch schwierig, eine der zwei im Penisschaft enthaltenen Schwellkörper zu verletzen. Das ist sehr schmerzhaft und kann zum Krampf bei einer darauffolgenden Erektion führen. Vermeiden Sie aus dem gleichen Grund alberne Tricks mit Röhren, Saug- oder »Vergrößerungs«-Apparaten. Das normale Organ wird einer äußerst harten Beanspruchung standhalten, nicht aber diesen Geräten. Offene Stellen, Ausfluß usw. sind Krankheiten und erfordern ärztliche Behandlung. Abgesehen von Geschlechtskrankheiten, vermeiden Sie oralen Verkehr mit jemand, der einen Bläschenausschlag am Mund hat – Sie können einen periodisch auftretenden Ausschlag an Penis oder Vulva bekommen, der sehr unangenehm ist. Wenn die Vorhaut infolge von Masturbieren oder andauerndem Zurückschieben trocken ist, bedeutet Speichel das beste Gleitmittel, es sei denn, Sie haben selbst einen Mundausschlag. Heutzutage werden Peniskosmetika verkauft – manche sind Deodorants, andere lokale Betäubungsmittel, um die Reaktion zu verzögern, und dergleichen. Wir empfehlen sie nicht.

Vorhaut

Das Wegschneiden dieser Haut ist wahrscheinlich das älteste menschliche Sexritual. Es hält sich noch immer – heute deswegen, weil Peniskrebs seltener ist, wenn eine Beschneidung vorgenommen wurde (wahrscheinlich wirkt Waschen ebenso), oder weil es den Orgasmus verzögert (wofür es keinen Beweis gibt). Wir sind dagegen, obwohl es für viele schon zu spät ist. »Das Wegschneiden der obersten Haut der Geschlechtsteile«, sagte Dr. Bulwer, »ist direkt wider die Ehrlichkeit der Natur und ein schändlicher, unerträglicher Trick, der ihr auferlegt wird.« Wenn Sie eine Vorhaut haben, können Sie Ihre Möglichkeiten beibehalten. Wahrscheinlich macht es weder für das Masturbieren noch für den Koitus einen großen Unterschied, aber ein gewisser Unterschied besteht eben doch, und keiner will ein empfindliches Organ verlieren. Normalerweise schiebt man die Vorhaut ohnedies für all diese Zwecke zurück, aber wenn man keine hat, gibt es eine ganze Reihe von Nuancen mit bedeckter Eichel, die man nicht wiedererlangen kann. Frauen, die Erfahrung in beidem haben, sind geteilter Ansicht – auch darüber, was mehr sexy wirkt. Manche finden die Eichel des beschnittenen Penis »sauberer« und fühlen sich sogar durch eine nicht zurückgezogene Vorhaut abgestoßen, sie sehe »feminin« aus (das kann ein Einblick in die symbolische Wüste sein, die hinter dem ursprünglichen Brauch aus der Steinzeit liegt), während andere das Entdeckergefühl lieben, das sie beim Zurückschieben empfinden. Wenn Sie unbeschnitten sind und ihr das andere lieber ist, schieben Sie die Vorhaut zurück – umgekehrt haben Sie Pech gehabt. In ihrer Funktion ist sie wahrscheinlich ein duftverbreitendes Organ – mit Feinfühligkeit hat es nichts zu tun.

Kräftiges Zurückhalten der Haut mit der Hand (ihrer Hand) beim Koitus wirkt für Beschnittene und Unbeschnittene beschleunigend und ist mit einer besonderen Reizempfindung verbunden (siehe unter »Florentinisch«). Ein Großteil der Wirkung verschiedener ausgefallener Penisringe liegt darin, daß sie die Haut des Schaftes und/oder die Vorhaut zurückhalten und zusätzlichen Druck ausüben; deshalb haben manche Männer eine Vorliebe dafür. Wenn Sie glauben, daß Ihre Eichel überempfindlich ist, bemühen

Sie sich, sie dauernd unbedeckt zu lassen. Sie können, wenn Sie es versucht haben, das Freiliegen zu einer ständigen Einrichtung machen. Alles in allem hat der beschnittene Mann keinen wesentlichen Nachteil (oder Vorteil) vor dem unbeschnittenen, aber wir suchen es uns lieber selbst aus, ob wir das Ei mit oder ohne Salz wünschen, und überlassen es unseren Kindern ebenfalls.

Skrotum

Grundsätzlich dient der Hodensack dazu, die Hoden auf der für die Spermaerzeugung richtigen Temperatur zu halten – er bewegt sich aufwärts, wenn einem kalt, und abwärts, wenn einem warm ist. Ein höchst empfindsames Gebiet der Haut, muß aber vorsichtig behandelt werden, da der Druck auf die Hoden für den Mann äußerst schmerzhaft ist. Zarte Zungen- und Fingerarbeit oder Umschließen mit der hohlen Hand etwa ist angebracht. Sie können ihn auch richtig in den Mund nehmen.

Samen

Es gibt keine Liebesbetätigung, bei der er nicht, zumindest gelegentlich, vergossen wird. Man kann ihn, sobald der Fleck getrocknet ist, aus Kleidern oder Möbeln mit Hilfe einer steifen Bürste oder mit verdünntem Natron entfernen. Wenn Sie ihn auf die Partnerin verspritzen, massieren Sie ihn sanft in die Haut – der Pollengeruch von frischem Samen ist an sich ein Aphrodisiakum, deshalb bringt der Geruch von frischem Gras oder Thaliktrumblüten die meisten Menschen in Erregung. Wenn man einen reichlichen Erguß wünscht, kann man etwa eine Stunde vor dem Verkehr nicht ganz, aber fast bis zum Orgasmus masturbieren, um die Prostatasekretion zu verstärken.

Größe

Die Sorgen um die Größe ihrer Geschlechtsorgane ist bei Männern ebenso biologisch verankert (sie ist ein »Dominanzsignal« wie das Geweih eines Hirsches) wie bei den Frauen die Empfindlichkeit in bezug auf ihre Brüste und ihre Figur. Das ist aber deren einzige Bedeutung. Der »durchschnittliche« Penis ist in der Erektion ungefähr fünfzehn Zentimeter lang, und sein Umfang beträgt rund neun Zentimeter, aber es gibt Penisse verschiedener Größen – größere sind spektakulär, aber nicht wirkungsvoller, es sei denn als visuelle Reize. Kleinere funktionieren in den meisten Stellungen ebensogut. Infolgedessen ist übertriebene Sorge hinsichtlich der Größe unsinnig. Nur Scharlatane brüsten sich damit. Man kann sie ebensowenig größer machen wie den menschlichen Körper. Frauen sollten lernen, nur positive Bemerkungen fallenzulassen, um nicht vielleicht Grund für eine bleibende Hemmung zu geben – Männer sollten lernen, sich nicht darum zu kümmern. Bei den wenigen Fällen, in denen männliche Genitalien wirklich infantil sind, liegt die Ursache in einer Drüsenstörung, bei der jedoch der Arzt helfen kann.

Das gleiche gilt für die Größe der Vagina. Keine Frau ist zu klein gebaut – wenn es so scheint, ist es nur eine Folge ihrer Unfähigkeit, sich zu entspannen, oder eines zähen Jungfernhäutchens. Die normale Vagina dehnt sich so weit, daß sie ein ausgetragenes Baby aufnimmt – und eine enggebaute Frau kann dem Mann besonders intensive Gefühle vermitteln. Es ist auch keine Vagina zu groß – wenn sie zu weit erscheint, wechseln Sie zu einer Stellung, bei der die Schenkel der Frau zusammengepreßt sind. Wahrscheinlich bestimmt die Anatomie der Genitalien, welche Stellungen für ein bestimmtes Paar am besten geeignet sind, aber nicht mehr. Mit seltenen Ausnahmen sind Männer und Frauen einander angepaßt.

Ebenso unwichtig ist die Größe des nicht erigierten Gliedes beim Mann. Manche Männer zeigen vor der Erektion gar keinen Penisschaft, erreichen jedoch mit Leichtigkeit die volle Größe. Das gleiche gilt für das Hodengewicht – es ist so ungleich wie Nasen- oder Mundgröße, hat aber mit der Funktion wenig zu tun. Kleine Genitalien sind gewöhnlich eine Folge aktiver Muskeln in der Unterhautschicht – ein kaltes Bad wird sie beim bestausgestatteten Mann zu der bei griechischen Statuen zu beobachtenden Größe schrumpfen lassen. Die einzige praktische Ausnahme ist die bei einem sehr großen Penis und einer sehr enggebauten Frau; sie muß, wenn sie oben ist, vorsichtig sein, sonst kann sie an einen Eierstock anschlagen (was ein ähnliches Gefühl verursacht wie das Schlagen auf einen Hoden), und er darf nicht allzu fest stoßen, bis er weiß, daß er ihr nicht weh tut. Was die Größe anderer Organe, zum Beispiel der Brüste, anbelangt, können sie individuelle Reizmittel sein, aber jeder Körperbau hat seine eingebauten sexuellen Möglichkeiten: Nutzen Sie diese.

Haut

Die Haut ist, außer den Genitalien, unser wichtigstes Sexualorgan – sie wird von den meisten Männern, die sich eher auf Penis und Klitoris konzentrieren, weitgehend unterschätzt, von den Frauen aber besser verstanden.

Sie sagt: »Der Geruch und die Art, wie sich die Haut eines Mannes anfühlt, haben wahrscheinlich mit der sexuellen Anziehung (oder dem Gegenteil) mehr zu tun als irgendein anderer Faktor, wenn man sich dessen auch vielleicht nicht bewußt ist.«

Die Stimulierung der Haut ist ein wichtiger Bestandteil

Haut
Die Haut als unser wichtigstes Sexualorgan wird von den meisten Männern weitgehend unterschätzt, von den Frauen aber besser verstanden.

bei jeder Art von Sex. Nicht nur die Art, wie sie sich anfühlt, sondern auch ihre Kühle, Struktur und Straffheit lösen eine ganze Reihe von Sexempfindungen aus. Diese lassen sich bei manchen Menschen durch Betonung und durch Hinzufügen anderer Stoffe, besonders Fell, Gummi, Leder oder enge Kleidung, unterstützen. Die Haut als Teil der

menschlichen Sexualreaktion sollte voll ausgenutzt werden, wenn sie einen erregt. (Siehe unter »Kleidung«, »Ab-
reibung«, »Pattes d'araignée«, »Zungenbad«.) Wenden Sie
dies an, um Ihre und Ihres Partners Hautempfindung zu
entwickeln

Gleitmittel

Das beste sexuelle Gleitmittel ist der Speichel. Die meisten
fettenden Substanzen wie Vaseline sind zu glitschig und
hinterlassen, da sie nicht wasserlöslich sind, ein unange-
nehmes Gefühl. Vaseline beeinträchtigt die Empfindungen
zu stark. Die normal erregte Vagina ist bereit für Reibung;
wenn sie zu feucht ist, wie es bei Verwendung der Pille vorkommen kann, trocknen Sie sie vorsichtig mit einem um
den Finger gewundenen Taschentuch (nicht mit Kleenex –
Sie können endlos lang Papierrestchen finden). Versuchen
Sie Honig, um die Reibung zu verstärken – er läßt sich
leicht abwaschen und ist harmlos.
    Die Beeinträchtigung der Reibung ist der Hauptnachteil
von empfängnisverhütenden Cremes, Schaum und dergleichen, was sie bei manchen Paaren unbeliebt macht, doch
lesen Sie auf S. 274 nach, was über sie als Vorbeugungsmit-
tel gegen AIDS gesagt wird.

Ohrläppchen

Eine unterschätzte erogene Zone, zusammen mit der be-
nachbarten Halshaut – die kleine Stelle hinter dem Ohr hat
einen »heißen« Draht über den Vagus zu den Eingeweide-
nerven und zum Nacken. Wie bei allen Stellen außerhalb

der Genitalien ist auch diese bei Frauen wirkungsvoller als bei Männern. Ohrläppchen können, wenn man sie einmal erkundet hat (sanftes Betasten, Saugen usw. während des »Aufschaukelns« und vor dem Orgasmus, um die Reaktion in den richtigen Zustand zu bringen), durch Manipulation allein einen vollen Höhepunkt auslösen. Manche Frauen finden das Geräusch des heftigen Atmens unerträglich, ja sogar entschieden ernüchternd, also geben Sie acht. Schwere Ohrringe sind vorteilhaft und können tatsächlich unterschwellig erotische Erregung aufrechterhalten, besonders wenn sie lang genug sind, um an den Hals zu streifen, wenn sie den Kopf dreht – das ist die Wirkungsart der großen orientalischen und spanischen Ohrringe. Der Geschlechtsunterschied bei der Reaktion ist wahrscheinlich für ihre relative Seltenheit bei der Männermode auf der ganzen Welt verantwortlich.

Schwingende Gewichte als erotische Stimulantia, um

Ohrläppchen
Man kann dramatische Resultate erzielen, aber nicht mit heftigem Atmen!

eine bestimmte Stelle in den gewünschten Zustand zu bringen, sind nicht auf die Ohren beschränkt. Wenn die Ohrringe mit Schrauben befestigt sind, nehmen Sie sie ab und probieren Sie sie vorsichtig an den Brustwaren, Schamlippen oder der Klitoris – aber fragen Sie vorher.

Nabel

Für Liebende faszinierend, wie alle Teile des menschlichen Körpers. Er ist nicht nur dekorativ, sondern besitzt auch viele entwicklungsfähige sexuelle Empfindungen: Er reagiert auf Finger, Zunge, Eichel oder andere Berührung. Geschlechtsverkehr im Nabel ist durchführbar (es gibt Geschichten über naive Paare, die das für die natürliche Methode hielten, und es ist eine bekannte Vorstellung aus der Kindheit darüber, wie Sex ausgeführt wird). Wenn sie beleibt ist, kann sie die Haut zu beiden Seiten des Penis hochziehen, daß sie Schamlippen bildet. Jedenfalls lassen sich Finger- oder Zungenspitze bei beiden Geschlechtern ganz natürlich in den Nabel stecken.

Achselhöhle

Eine herrliche Stelle für Küsse. Sie sollte auf keinen Fall rasiert werden (siehe unter »Cassolette«). Kann anstelle der Handfläche dazu verwendet werden, die Partnerin beim Höhepunkt zum Schweigen zu bringen – wenn Sie die Handfläche benutzen, reiben Sie sie vorher an Ihrer oder Ihrer Partnerin Achselhöhle.

Geschlechtsverkehr in der Achselhöhle ist eine eher seltene Variante. Verfahren Sie wie beim Verkehr zwischen

Nabel
Man kann ihn küssen und berühren. Sogar Geschlechtsverkehr ist
möglich!

den Brüsten (siehe unter »Brüste«), aber mit Ihrem Penis unter ihrem rechten Arm – tief darin, so daß die Reibung am Schaft, nicht an der Eichel stattfindet, wie bei jeder anderen Stelle ohne Gleitmittel. Legen Sie den linken Arm der Partnerin um Ihren Hals, und halten Sie mit Ihrer rechten Hand ihre rechte hinter ihr fest. Sie erhält ihre Empfindungen durch den Druck auf ihre Brüste, unterstützt durch Ihre große Zehe, die sie an ihre Klitoris drücken, wenn sie es wünscht. Kein absolut lohnender Trick, ist aber den Versuch wert, wenn einem der Gedanke gefällt.

Achselhöhle
Eine herrliche Stelle für Küsse.

Füße

Für manche Menschen sexuell sehr anziehend – er kann, wenn er es wünscht, zwischen ihren Sohlen einen Orgasmus haben.

82

Ihre erotische Sensibilität ist sehr verschieden. Wenn sie die einzige erreichbare Körperstelle sind, können sie manchmal als Verbindungskanäle dienen, und die große Zehe ist ein guter Penisersatz (siehe unter »Große Zehe«).

Das Kitzeln der Sohlen erregt manche Menschen ganz außerordentlich; für andere ist es äußerst qualvoll, aber es verstärkt die allgemeine Erregung. Man kann es als Stimulans oder für kurze Zeit bei dem Fesselungstest benutzen. Fester Druck auf die Innensohle ist, wie immer angewendet, für die meisten Menschen erogen. Das kann aber bei einer Frau, die in dieser Stimmung ist, fast jeder Druck erreichen – man kann an einem Fuß, einem Finger oder einem Ohrläppchen einen vollen Orgasmus erzielen. Männer reagieren weniger stark, aber doch ebenso leicht, wenn die Behandlung gekonnt durchgeführt wird.

Große Zehe

Der an die Klitoris oder die Vulva gedrückte Ballen der männlichen großen Zehe ist gewöhnlich ein großartiges erotisches Werkzeug.

Der berühmte Herr in den erotischen Drucken, der sechs Damen beschäftigt hält, verwendet Zunge, Penis, beide Hände und beide großen Zehen. Benutzen Sie die Zehe beim Koitus in der Brust oder der Achselhöhle oder jedesmal, wenn Sie rittlings auf oder ihr gegenüber sitzen, wenn sie liegt oder sitzt. Sorgen Sie dafür, daß der Nagel nicht scharf ist. Heutzutage, da die Damen Strumpfhosen tragen, kann man in einem Restaurant verstohlen einen Schuh und Socken ausziehen, den Fuß hinüberstrecken und sie in fast dauerndem Orgasmus halten, dabei bleiben alle vier Hände sichtbar auf der Tischplatte, und es gibt kein Anzeichen von einem Kontakt – ein Partytrick, der als wirklich fortschrittlicher Sex gilt. Sie hat weniger Spielraum, kann aber lernen, den Partner mit ihren beiden großen Zehen zu masturbieren. Die Zehen sind entschieden erogene Gebiete und können mit stimulierendem Ergebnis geküßt, gesaugt, gekitzelt oder gefesselt werden.

Große Zehe
Ein großartiges sexuelles Werkzeug, das viel Lust bereitet.

Haar

Kopfhaar hat zahlreiche freudianische Nebenbedeutungen – in der Mythologie ist es ein Zeichen für Männlichkeit, wie bei Samson und Herkules. Da unsere Kultur in der letzten Generation gelernt hat, langes Haar mit Frauen und kurzes mit Männlichkeit zu assoziieren, wird die Anpassung gelegentlich in wildes Durcheinander versetzt, wenn junge Männer heute das Stereotype lieber verwerfen und ihr Haar, nach den Worten des Harvardschen Magisters der Naturwissenschaften, »in der Art von Halsabschneidern und barbarischen Indianern« tragen – oder in der George Washingtons. Freud war der Ansicht, daß langes weibliches Haar für den Mann beruhigend wirke, da es ein Ersatz für den Phallus sei. Wie auch immer, langes Haar bei Männern erregt alle möglichen Arten von Feindseligkeit von seiten engstirniger Menschen, die durch alles, was nach ihren Konventionen zwischengeschlechtlich wirkt, aufgebracht werden. Das ist vorübergehend – es war in vielen Zeitaltern ebenso Mode wie heute und geht mit einer weniger engstirnigen Auffassung von Männlichkeit einher.

Das Sexspiel mit langem Haar ist großartig wegen dessen Textur – man kann es in die Hand nehmen, einander damit streicheln und es allgemein als zusätzliches Hilfsmittel verwenden. Manche Frauen erregt eine gewisse Menge von Körperhaar, weil es männlich wirkt, andere stößt es ab, weil es animalisch aussieht. Die Gesichtsbehaarung bei Männern ist ein anderer, von der gesellschaftlichen Konvention abhängiger Punkt – manchmal tragen sie alle Männer als soziale Notwendigkeit, dann wieder wird sie verfolgt oder auf Seeleute, Pioniere und exotische Menschen wie Künstler und Chefköche beschränkt. Schopenhauer war der Ansicht, daß das Haar die Gesichtsteile bedeckt, »welche die moralischen Gefühle ausdrücken«, und mißbilligte es, weil es schamlos sei, ein Sexsignal mitten im Gesicht zu tragen. Heute können Sie tun, was Ihnen oder Ihrer Partnerin gefällt.

Schamhaar

Rasieren Sie es, wenn Ihnen das lieber ist: Manche mögen
es, wir nicht. Wenn Sie es einmal rasieren, machen Sie sich
auf eine stachelige Übergangszeit gefaßt, während der es
wieder nachwächst. Manche mögen es im Hinblick auf totale Nacktheit, oder sie ziehen die Härte des nackten
Schambeins vor – die meisten finden es dekorativ. Für viele
Liebende ist das Schamhaar ein Hilfsmittel. Versuchen Sie,
es leicht zu bürsten, und lernen Sie, es zu liebkosen. Man
kann es kämmen, zwirbeln, küssen, halten und sogar
daran ziehen. Bei der Frau kann es, geschickt gehandhabt,
die ganze Scham bis zum Orgasmus erregen. Für die Frau
ist es oft am besten, es nicht zu rasieren, sondern zu stutzen, so daß das Dreieck auf die Schambeinmitte beschränkt bleibt, mit einem schmalen Streifen auf jeder
Seite – das Modell der Jugend –, wobei das Haar entfernt
wird, das aus einem Cache-sex oder einem Badeslip her-
vorlugt. Durch das Stutzen soll die Vulva voll sichtbar werden. Man färbt das Schamhaar lieber nicht passend zum
Kopfhaar – das sieht nie ganz echt aus – und bleicht es
schon gar nicht. M. A. S. H. hat absolut unrecht – aus der
Farbe des Schamhaars kann man nicht schließen, ob eine
Frau naturblondes Kopfhaar hat. Das Schamhaar ist oft
wesentlich dunkler als das Kopfhaar – bei schwarzhaari-
gen Frauen kann es beinahe blau sein. Männer können es
rasieren, wenn sie wollen, aber das Rasieren des Hoden-
sacks ist schwierig. Verwenden Sie keine Enthaarungsmit-
tel rund um die Genitalien – sie können brennen. Vielleicht
müssen Sie den Penisschaft und die -wurzel rasieren, wenn
Sie Präservative verwenden – sonst können sich die Haare
darin einrollen.

Schamhaar
Viele Liebende schätzen das Schamhaar als zusätzliches Hilfsmittel
und rasieren es nicht aus.

HORS D'ŒUVRES

Echter Sex

Die Art, die von unserer Kultur und dem Großteil der Massenpropaganda nicht anerkannt wird. Nicht daß Koitus, Masturbieren usw. oder Genitalküsse kein echter Sex wären, aber manches andere ist ebenfalls echter Sex, auch wenn es unsere Zeit und unsere Generation nicht reizt. Wir können einiges aufzählen: das Zusammensein in einer Situation des Vergnügens, der Gefahr oder bloß der Ruhe (wenn wir dies als sexuell gelten lassen, riskieren wir, andere Menschen als Menschen lieben zu müssen – zugegeben, das wäre beunruhigend oder unbequem für uns und für die Gesellschaft); Berühren; Blicke und Händchenhalten, ein zurückhaltendes Werben alten Stils (das vaginaversessene, draufgängerische Kerle heute für schmalzig halten); gemeinsam schlafen, auch ohne oder besonders nach dem Geschlechtsverkehr.

Den meisten Frauen braucht man das nicht zu sagen, aber sie schämen sich, es den Männern zu sagen, aus Angst, sie könnten für andersherum gehalten werden, so wie sich Männer ihre Vorliebe für bestimmte Objekte oder aggressive Wünsche nicht gestehen. Halten Sie nicht an der Ansicht fest, daß nur das sexuell ist, was Tantchen für sexuell erklärt. In einem Buch wie diesem muß das gesagt werden, wenn Sie an der Liebe interessiert sind und nicht am olympischen Fünfkampf. In unserer Kultur haben Menschen, die den olympischen Aspekt bevorzugen, nicht viel davon, es sei denn, daß es ihnen zu dieser Erkenntnis verhilft.

Nahrung

Das Abendessen ist ein traditionelles Vorspiel für Sex. In Frankreich oder Österreich ließ man früher im Restaurant ein Séparée reservieren, an dessen Eingangstür außen keine Klinke angebracht war. Andererseits gibt es ein französisches Sprichwort, das besagt, wenn Liebe und Verdauung zusammen ins Bett gehen, ist der Sprößling ein Schlaganfall. Das stimmt nicht ganz. Andererseits ist die Zeit kurz nach einem schweren Mahl nicht der ideale Moment – Sie können bei Ihrer Partnerin, besonders wenn sie unten liegt, leicht Übelkeit verursachen.

Eine Mahlzeit kann an sich ein erotisches Erlebnis sein – ein Beispiel, wie eine Frau einen Mann erregen kann, indem sie einen Hühnerschenkel oder eine Birne auf Kannibalenart »auf« ihm ißt, gibt die reizende Filmburleske »Tom Jones«. Eine Mahlzeit zu zweit kann auf jeden Fall eine unmittelbare Einleitung zum Liebesspiel sein (siehe unter »Große Zehe«, »Fernsteuerung«), aber übertreiben Sie den Alkoholgenuß nicht, und lassen Sie einander nach Verlassen des Tisches ein paar Minuten Zeit. Liebe und Speisen vertrugen sich gut zur Zeit der Griechen und Römer, als man sich zusammen auf dem Ruhebett ausstreckte oder einander fütterte (das tun die Geishas noch immer). Manche Leute lieben Speisen-und-Sex-Spiele (Pudding oder Eiscreme auf der Haut, Trauben in der Vulva und dergleichen), die für regressiven Oralsex herrlich, aber für jede häusliche Umgebung unsauber sind. Die meisten Liebenden essen gern nackt zusammen und gehen dann, je nach Geschmack, zum Sex über.

In der Geschichte wimmelt es von »aphrodisischen« Speisen – sie sind entweder magisch (Mannstreuwurzeln, die wie Hoden aussehen, phallischer Spargel und so fort),

Echter Sex
Zärtlichkeit, Berühren und Zusammensein ist ebensosehr »echter Sex« wie Geschlechtsverkehr.

geruchsbetont (Fisch, Tomaten frisch von der Staude, die sexy riechen) oder vielseitig.

Man kann nicht beweisen, daß Zwiebeln, Aale – phallisch und sonstwie –, Ginsengwurzel und dergleichen nicht bei manchen Menschen wirken. Der Haken ist, daß jedes *angeblich* den Geschlechtstrieb anregende Mittel wirkt, wenn man daran glaubt, während viele pharmakologische Reaktionen bei bestimmten Individuen durch andere Faktoren aufgehoben werden können. Puffbohnen sind ein berühmtes Aphrodisiakum – sie sehen nicht nur aus wie Hoden, sondern sie enthalten auch Dopamin. Ätherische Öle, welche die Blase reizen, können manche Frauen erregen. Scharfe Gewürze, die eine Hautrötung hervorrufen, sind gleichfalls ein plausibler Angriffspunkt. Keines davon ist aber ein Lebensretter oder erreicht die Wirkung von »richtige Zeit und richtiger Ort, zusammen mit dem geliebten Menschen«. Aber versuchen Sie es jedenfalls. Wirklich störend auf den Sex wirken sich nur schwere Mahlzeiten und übertriebenes Trinken aus.

Tanzen

Alle Gesellschaftstänze zu zweit sind auf Geschlechtsverkehr ausgerichtet. Diesbezüglich hatten die Puritaner völlig recht. Die Entwicklung von Tänzen ohne gegenseitige Berührung kommt daher, daß man heute keinen gesellschaftlichen Vorwand mehr braucht, um ein Mädchen zu umarmen, und als Reizmittel ist die Berührung dabei unnötig – in Wirklichkeit sind Tänze wie der Flamenco oder Twist viel erotischer als ein Festhalten, weil man nicht so nahe beieinander ist, daß man den Partner sieht. Diese Art von Tanz ist im besten Fall Geschlechtsverkehr mit Fernsteuerung.

Tanzen
Die meisten guten Liebespaare sind auch gute Tanzpartner.

Die meisten guten Liebespaare sind auch gute Tanzpartner. Sie können es in der Öffentlichkeit oder privat, bekleidet oder nackt tun. Gegenseitiges Entkleiden beim Tanzen hat einen eigenen Reiz. Übereilen Sie es nicht, zum vollen Koitus zu kommen – tanzen Sie, bis seine Erektion unerträglich wird und sie durch den Rhythmus, den Anblick und den gegenseitigen Duft allein beinahe kommt. Sogar dann brauchen Sie nicht aufzuhören. Die meisten Paare können den Penis einführen und weitertanzen, entweder in gegenseitiger Umarmung oder frei und nur durch den Penis verbunden, vorausgesetzt, sie passen in der Größe zueinander. Leider heißt das, daß die Frau zumindest so groß sein muß wie der Mann, während sie in der Regel kleiner ist. Dann muß er die Knie abbiegen, und das ist ermüdend. Wenn man mit dem Penis in der Vagina nicht tanzen kann und sie zu klein ist, hebt man sie in eine der stehenden Hindu-Stellungen, ihre Beine um seine Taille, die Arme um seinen Nacken und tanzt so weiter. Wenn sie zu schwer ist, dreht man sie um und nimmt sie in gebückter Stellung von hinten, immer noch weiter tanzend. Das ist kein Spiel für die Öffentlichkeit.

Das Entkleiden beim Tanz wird in manchen Kreisen immer üblicher als Vorspiel zum Gruppensex, ist aber gewöhnlich nur ein Vorspiel – nach einigen Tänzen leert sich die Tanzfläche, und die Ruhebetten füllen sich.

Beim Tanzen ist Verführung oder Ermunterung selbstverständlich. Zu der Zeit, als die Tänze konventionell waren, hatte man den Wunsch, daß die Mädchen die Brüste auf dem Rücken hätten, wo man sie erreichen konnte, aber das hätte die Sache zu leicht gemacht. Sanfter Druck, Rhythmus, Anblick und Duft sowie die Kenntnis von Fernsteuermethoden sind alles, was man braucht.

Trainieren

Die Lehrer der Wiener Turnergesellschaft versuchten aus dem Sex eine Art Körpertraining zu machen. Ein guter allgemeiner Muskeltonus ist sicher vorteilhaft, aber es ist ebenso richtig, daß Sexualtraining einem mehr Fitneß verschafft als der Alltagstrott. Masturbation in der Jugend, ohne Schuldgefühle und mit Vergnügen betrieben, ist eine der besten spezifisch sexuellen Trainingsarten, und der Mann kann sie in jedem Alter dazu verwenden, um zu lernen, seine Reaktion so zu verlangsamen, daß er der Partnerin die Chance gibt, zum Orgasmus zu gelangen. Sie kann ihrerseits lernen, ihre Vaginal- und Beckenmuskeln (siehe unter »Pompoir«) zu benutzen, »indem sie ihr Herz in den beteiligten Körperteil verlegt«, sagt Richard Burton. Dieser unübertreffliche Trick läßt sich erlernen, denn die Mädchen in Südindien lernen ihn. Wie sie ihn lernen, wurde leider nie genau schriftlich festgehalten, und der erste, der den Kniff Frauen, die ihn nicht von Natur aus beherrschen, richtig beibringt, wird ein Vermögen verdienen. Wir wissen nicht, ob das im Handel erhältliche Gerät mit Gummizylinder und Druckmesser hilft, da unsere weibliche Hälfte den Trick von Natur aus beherrscht. Technisch gesehen, würde man ein Lämpchen in der Vagina sowie einen Licht- oder Druckmesser brauchen, um zu wissen, wann man es richtig macht. Jedermann kann innerhalb von knapp 30 Minuten erlernen, seine Ohren in jeder gewünschten Richtung wackeln zu lassen, wenn er das Ohr in einem Monitor betrachtet. Das veranlaßt uns zu der Annahme, daß das handelsübliche Gerät einen Versuch lohnt. Wenn sie dabei mit ihm in der natürlichen Lage, »ihr Herz verlegt«, müßte sie es schaffen, und er kann ihr sagen, wann es ihr gelingt. Eine andere Übung, die empfohlen wird, ist das Einsaugen einer großen, starken Pyrexeprouvette ohne Verwendung der Hände in die Vulva. Hat man es einmal gelernt, wird es völlig automatisiert und erfordert keinerlei Anstrengung.

Wir würden vorschlagen, daß Sie für jeden neuen Trick eine Übungsrunde veranstalten. Der Eislaufplatz oder die Tanzfläche sind nicht der richtige Ort, neue Figuren einzustudieren. Die meistverbreitete Ursache dafür, daß eine von

Trainieren
Jeder neue Trick ist eine Übungsrunde wert.

euch beiden gewünschte Verfeinerung enttäuscht, ob es nun eine ausgeklügelte Stellung oder eine Manipulation wie Fesselung ist, die schnell und wirkungsvoll bewerkstelligt werden muß, ist der Versuch, sie ohne die Erregung des eigentlichen Liebesaktes »im kalten Zustand« anzuwenden – so daß man es verpfuscht, den Faden verliert und wünscht, man hätte sich nicht darauf eingelassen, oder demjenigen die Schuld gibt, der es vorgeschlagen hat. Die übliche Folge ist, daß man es nie wieder versucht.

Nicht daß die Probe kaltblütig ausgeführt oder aus dem eigentlichen Liebesakt herausgenommen werden müßte. Da der Vorgeschmack an sich gut ist, plaudert man vorerst darüber, setzt sich zusammen, macht Pläne und probiert. Dann verlegt man die eigentliche Hauptprobe in die Warteperiode zwischen den Runden – wenn beide erregt genug sind, um sich nicht albern zu fühlen, aber noch nicht bereit zum eigentlichen Koitus; versuchen Sie es beim Warten auf die nächste Erektion. Denken Sie daran, daß selbst Menuhin täglich Geige üben muß, wenn auch in der Liebe einmal Gelerntes nicht mehr vergessen wird. Wenn es das erstemal klappt, müssen Sie die Erektion bekommen – dann machen Sie eben in dieser Richtung weiter. Das heißt, man kann für jede besondere Gelegenheit etwas proben, jede Bewegung beherrschen, sich aber absichtlich zurückhalten und es bis zur festgesetzten Zeit nicht wirklich ausführen. Das Warten wird dabei helfen, sobald es dazu kommt.

Um etwas zu proben, müssen Sie in voller Erektion sein – entweder ohne Bewegung, falls Sie bis später warten wollen, oder nach ein paar Stößen zu etwas anderem übergehen. Wenn es natürlich, was passieren kann, in Schwung kommt, kann man auch gleich weitermachen und die Probe an Ort und Stelle in eine Aufführung verwandeln. Man kann bei den meisten Stellungen versuchen, ein Cache-sex zu tragen, so daß man die Bewegungen ohne wirklichen Kontakt ausführt, und manche Leute finden das an sich erregend.

Bekleideter Koitus

Wirklich starke Pettingtechnik: Sie behält ihr Höschen oder ihren Cache-sex an, er führt alle Bewegungen des normalen Koitus aus, soweit es die Kleidung gestattet. Beliebte ethnologische Variante, hauptsächlich für den Koitus vor der Ehe – wird in der Türkei Badana, in Xhosa Metscha genannt und so fort. Merkwürdigerweise besitzen wir dafür kein besonderes Wort. Als Empfängnisverhütung nicht verläßlich, es sei denn, die Ejakulation findet ausschließlich zwischen den Schenkeln statt, d. h. mit der Eichel völlig außerhalb der Vulva, ob Stoff dazwischen ist oder nicht. Manche, die das vor der Hochzeit verwendet haben, greifen darauf entweder als Einleitung oder in Menstruationsperioden zurück. Kann den Mann, da es »trocken« vor sich geht, verletzen, wenn es zu lange dauert – viele Frauen können dabei einen annehmbaren Orgasmus haben.

Bekleideter Koitus
Weder zur Empfängnisverhütung noch als Safer Sex tauglich ...

Oberschenkelkoitus

Ein anderer Trick, wie »Koitus in Kleidern«, zwecks Bewahrung der Jungfernschaft, Vermeidung von Schwangerschaft und dergleichen in Kulturen, die Wert auf die Jungfernschaft legten und keine Empfängnisverhütungsmittel hatten. Gehört bei uns in die Rubrik Notbehelfe. Wird von vorn oder hinten bzw. in jeder anderen Stellung verwendet, in der sie ihre Schenkel zusammenpressen kann. Der Penis kommt dazwischen, mit dem Schaft zwischen ihren Schamlippen, die Eichel jedoch außerhalb der Vagina, und sie drückt kräftig. Verleiht der Frau ganz besondere Empfindungen – mitunter stärker als beim Eindringen, daher lohnt sich der Versuch. Hinsichtlich der Technik braucht man nicht so streng zu sein wie unsere Ahnen, die sich bemühen mußten, das Sperma um jeden Preis aus der Vulva herauszuhalten. Mit entsprechender Vorsicht kann man das von hinten tun, wobei die Eichel tatsächlich die Klitoris streift, was eine großartige Wirkung ergibt. Eine gute Variante in der Menstruationsperiode oder bevor man wie gewöhnlich eindringt.

Küsse

Diese erfordern einerseits keinen Unterricht, aber man konzentriert sich leicht so sehr auf das Einführen des Penis, daß man sie vernachlässigt (siehe unter »Echter Sex«). Lippen- und Zungenküsse erhöhen bei allen einander zugekehrten Stellungen den Genuß gewaltig; Brustküsse sind unbedingt wichtig, wenn die Frau nicht eine ganze Reihe von Genüssen entbehren soll; Genitalküsse (siehe unter »Mundmusik«) sind ein zartes Hilfsmittel an sich. Man

Küsse
Er hat nur einen Mund, sie aber zwei.

Küsse
Machen Sie sie zu einem Blumenteppich, indem Sie jeden Zoll ihres Körpers mit kleinen, festen Küssen bedecken.

kann Küsse überall auf den Körper drücken, sie können mit Lippen, Zunge, Penis, Schamlippen oder Wimpern gegeben werden – Mundküsse reichen von einer bloßen Berührung bis zu dem Kannibalenkuß, der einen blauen Fleck hinterläßt.

Viele Menschen halten während des Geschlechtverkehrs dauernd Mundkontakt aufrecht und haben deshalb eine Vorliebe für Stellungen von Angesicht zu Angesicht. Die tiefen Zungenküsse können entweder ein zweites Eindringen sein, wobei die Zunge des Mannes den Rhythmus dessen, was anderswo vor sich geht, genau nachahmt, oder sie kann sie geben, in seinen Mund eindringen, um den Rhythmus anzugeben. Manche Menschen haben auch ohne Eindringen des Penis eine Vorliebe für Zungengefechte, die Minuten oder Stunden dauern können, bei denen die Frau mehrere Orgasmen erlebt, eine Form des nichtgenitalen starken Petting. Wenn Sie ungestört sind, gehen Sie zu den Brüsten über und von dort weiter. Ein anderes Vergnügen besteht darin, sie zu einem Blumenteppich zu machen, indem man jeden Zoll ihres Körpers mit kleinen, festen Küssen bedeckt; dann kann sie es erwidern und dabei Lippenstift benutzen, um zu markieren, wo sie überall gewesen ist. Von da ist es nur ein kleiner Schritt, das gleiche mit der Zungenspitze zu tun (siehe unter »Zungenbad«); außerdem hat sie, anders als der Mann, zwei Münder, mit denen sie küssen kann, und manche Frauen benutzen sie großartig. Es können auch die Augenlider für Brustwarzen, Schamlippe, Eichel und Hautküsse verwendet werden.

Wenn Sie nicht zumindest ihren Mund, die Schultern, den Hals, die Brüste, Achselhöhlen, Finger, Handflächen, Zehen, Fußsohlen, den Nabel, die Genitalien und das Ohrläppchen geküßt haben, haben Sie sie nicht richtig geküßt;

die Lücken bis zur Vollständigkeit lassen sich unschwer füllen, das ergibt ein rührendes Kompliment zum Abschluß.

Ein guter Mundkuß sollte seinen Empfänger atemlos, aber nicht erstickt zurücklassen (lassen Sie einen Weg zum Einatmen offen), und niemand läßt sich gern eine Nase ins Gesicht quetschen. Putzen Sie sich die Zähne vor dem Liebesakt, und wenn Sie Whisky, Knoblauch und dergleichen zu sich nehmen, tun Sie es beide.

Handarbeit

Der Sex beginnt für alle Männer und Frauen in der Handarbeitsklasse – wenn wir unsere Körper zu entdecken beginnen und wenn wir anfangen, gegenseitig zu unseren Körpern Zugang zu haben. Für beide Geschlechter ist es ein Grundtraining – im gegenseitigen Sex läßt sich gute Handarbeit niemals ersetzen. Ein Paar, das sich gegenseitig wirklich gekonnt zu masturbieren versteht, kann auch alles andere tun, was beiden behagt. Handarbeit ist kein »Ersatz« für vaginalen Koitus, sondern etwas, das eine ganz andere Art von Orgasmus ergibt, und der Orgasmus, den man sich selbst bereitet, ist wieder verschieden von dem durch einen Partner herbeigeführten Orgasmus. Beim Koitus ist die Handarbeit eine Vorbereitung – um den Mann zur Erektion zu führen oder um der Frau vor Einführung des Penis einen oder mehrere einleitende Höhepunkte zu verschaffen. Nach dem Koitus ist sie die natürliche Einleitung für eine weitere Runde. Außerdem können die meisten Männer einen zweiten Orgasmus eher durch Stimulierung von seiten der Partnerin als durch die Vagina erleben, und einen dritten danach, wenn sie sich selbst masturbieren.

Handarbeit
Es gibt unendlich viele Varianten . . .

Eine Frau, die über die göttliche Gabe der Wollust verfügt und ihren Partner liebt, wird ihn gut masturbieren, und eine Frau, die einen Mann zu masturbieren versteht – raffiniert, nicht hastig und schonungslos –, wird fast immer eine großartige Partnerin sein. Sie braucht intuitives Einfühlungsvermögen und muß richtige Freude am Penis haben, ihn gerade an der richtigen Stelle anfassen, mit genau dem richtigen Maß von Druck und Bewegung, und ihre Tätigkeit stoßweise abstimmen, damit sie mit seinem Gefühl zusammenfällt – einhalten oder langsamer werden, um ihn in Schwebe zu halten, wieder schneller werden, um seinen Orgasmus zu lenken. Manche Männer können geübte Masturbation nur ertragen, wenn sie festgebunden sind (siehe unter »Fesselung«), und keiner kann bei langsamem Masturbieren still bleiben.

Es gibt unendlich viele Varianten, auch wenn sie nicht die Wahl zwischen zurückgeschobener und nicht zurückgeschobener Vorhaut hat, was wieder zwei verschiedene Nuancen bringt. Wenn er nicht beschnitten ist, wird sie wahrscheinlich vermeiden müssen, die Eichel selbst zu reiben, es sei denn zur Erreichung spezieller Effekte. Am besten ist, sie faßt ihn knapp unter der Rille, wobei die Vorhaut möglichst weit zurückgeschoben ist, und verwendet beide Hände – mit der einen drückt sie kräftig nahe der Wurzel, hält den Penis fest oder streichelt die Hoden, mit der anderen bildet sie mittels Daumen und Zeigefinger einen Ring oder faßt mit der ganzen Hand zu. Sie sollte dabei abwechseln und bei längerem Masturbieren oft die Hände wechseln. Für einen vollen Orgasmus setzt sie sich bequem auf seine Brust oder kniet rittlings über ihm. Bei jedem ausgedehnten sexuellen Beisammensein ist es der Mühe wert, einen Orgasmus – gewöhnlich den zweiten oder dritten – auf diese Art herbeizuführen; die französischen Profis, die keine andere Methode verwendeten und sich »les filles de la veuve Poignet« (die Töchter der Witwe Handgelenk) nannten, blieben nicht nur aus Angst vor Infektion im Geschäft. Es lohnt sich durchaus, diese Technik zu verfeinern – sie drückt die Liebe voll aus und kann in jedem Schlafzimmer heimisch gemacht werden. Eine andere Technik ist das Rollen des Penis wie Kuchenteig zwischen beiden Händen; am besten verwendet man es zur Erreichung einer Erektion. Fester Druck mit einem Finger auf die Stelle in der Mitte zwischen Penis und Anus ist eine weitere Methode. Bei manchen Gelegenheiten kann sie versuchen, seine bevorzugte Methode der Selbstmasturbation anzuwenden; die Handhabung ihres eigenen Rhythmus hat eine andere und mitunter erstaunliche Wirkung.

Er muß zuschauen, wie sie sich selbst masturbiert. Die meisten Männer vernachlässigen die Schamlippen zugunsten der Klitoris. Das Reiben der Klitoris kann für sie ebenso erregend sein wie langsame Masturbation für ihn, aber auch schmerzhaft, wenn es unbeholfen, zu oft wiederholt oder gleich nach einem Orgasmus auf diese Weise durchgeführt wird. Sie sagt: »Die Hauptschwierigkeit, vom Standpunkt des Mannes gesehen, besteht darin, daß der ideale Druckpunkt sich stündlich ändert; deshalb sollte er sich von ihr an die richtige Stelle führen lassen. Die meisten Männer glauben, sie wüßten es automatisch, da es ihnen einmal gelungen ist – sie haben oft unrecht.«

Die beste Methode ist wahrscheinlich das Auflegen der flachen Hand auf die Vulva, mit dem Mittelfinger (dessen Spitze sich in der Vagina ein und aus bewegt) zwischen den Schamlippen, während der Handballen knapp über dem Schambein kräftig aufgedrückt wird. Das wichtigste ist ein beständiger Rhythmus, der sich nach ihren Hüftbewegungen richtet und mit sanftem Dehnen der Schamlippen abgewechselt wird. Dann eine volle Attacke auf die Klitoris und deren Haube mit dem Zeige- oder dem kleinen Finger, den Daumen tief in der Vulva (sorgen Sie für kurze Nägel). Für eine schnellere Reaktion halten Sie sie mit einer Hand offen und arbeiten sanft mit allen Fingern der anderen (in diesem Fall sollte man sie vielleicht unten fixieren). Gelegentlich wechseln Sie zur Zunge über, wenn sie zu trocken wird, denn sie wird erst nachher merken, wie wund Sie sie gerieben haben.

Bei gegenseitiger Masturbation bis zum Orgasmus leben Sie Ihr Bewegungsbedürfnis an Ihrem Partner aus. Es klappt besser als Neunundsechzig, weil Sie sich unter diesen Umständen gehenlassen können, ohne Ihren Partner loszulassen oder ihn zu verletzen. Die beste Stellung ist wahrscheinlich nebeneinander auf dem Rücken.

Wenn sie ihn masturbiert, kann sie ein zusätzliches Vergnügen finden, ihm beim Samenerguß zuzusehen – wenn man es vermeiden will, in einem fremden Bett Samen zu vergießen, kann man eines der kurzen Eichelpräservative verwenden, die in Amerika »Tips« heißen (sie sind nur zu diesem Zweck brauchbar – als Verhütungsmittel sind sie gefährlich, da sie sich während des Koitus von der Eichel lösen).

Wieviel Sex man auch betreibt, man wird doch einfache, eigenhändige Masturbation brauchen – nicht nur in Perioden der Trennung, sondern einfach wenn man Lust auf einen anderen Orgasmus verspürt. Manche Frauen fühlen sich ausgeschlossen, wenn sie feststellen, daß ihr Partner masturbiert, wenn Sie aber in Momenten, da er glaubt, Sie schlafen, Vibrationen verspüren und sich an der Tätigkeit beteiligen wollen, nehmen Sie ihn unverzüglich in Angriff und bringen Sie ihn eiligst zum Erguß – oder noch besser, fangen Sie in langsamem Stil an, dann hören Sie auf, fesseln ihn und lassen ihn zusehen, wie Sie sich selbst masturbieren, langsam und stilvoll, bevor Sie ihn aus seinem Elend befreien. Der unerwartete Anblick einer Frau, die sich selbst einen Orgasmus verschafft, während er sich nicht rühren kann, ist für die meisten Männer unerträglich aufregend. Sorgen Sie dafür, daß er sich nicht befreien kann. Zum Schluß seht euch gegenseitig dabei zu, wie ihr den letzten Orgasmus getrennt, aber zur gleichen Zeit, bekommt, das ergibt für jeden im Bett verbrachten Nachmittag einen herrlichen Abschluß.

Pattes d'araignée

Französisch für Spinnenbeine. Eine angenehm erregende erotische Massage mit den Fingerkuppen, möglichst leicht, weniger darauf abzielend, die Haut, als die fast unsichtbaren Hauthaare zu reizen; nicht auf den Genitalien, sondern an allen nächst empfindlichen Stellen – auf und um die Brustwarzen, Hals, Brust, Bauch, die Innenseite der Arme und Schenkel, Achselhöhlen, Kreuzgegend, Fußsohlen und Handflächen, Hodensack, die Stelle zwischen ihm und dem Anus. Benutzen Sie beide Hände; gehen Sie mit der einen ständig langsam vorwärts, und starten Sie Überraschungsangriffe mit der anderen. Das Um und Auf liegt in der leisen Berührung – mehr elektrisierend als kitzelnd. Federn, Bürstenhandschuhe oder Vibratoren verursachen ein ganz anderes Gefühl. Wenn Sie geschickt sind, denken Sie daran, daß Sie auch Finger und an verschiedenen Körperstellen Haare haben, außerdem Wimpern, um die Gefühle abwechselnd zu gestalten. Eine Garnitur von Fingerüberzügen mit Texturen von Kammgarnstoff bis zu Nerz ist leicht zu verwenden; der richtige, ursprünglich französi-

110

Pattes d'araignée
Eine angenehm erregende erotische Massage.

sche Stil mit Fingerspitzen ist schwer zu erlernen, aber für
beiderlei Geschlechter unvergeßlich. Es ist eines der zwei
allgemeinen Hautstimulanzien (das andere ist das »Zungenbad«), das auch bei nicht sehr hautbewußten Männern
wirkt.

Abreibung

Der ursprüngliche Sinn des Shampoonierens, nämlich eine
Knetmassage am ganzen Körper. Viel angenehmer, wenn
Sie alle Hemmungen fallenlassen und einander mit einer

der farblosen, parfümierten Lotionen einreiben, die für diesen Zweck im Handel sind – eine wohlriechende Substanz, die viel mehr Verständnis beweist als Duftduschen und dergleichen. Setzen Sie sich irgendwohin und reiben Sie einander damit ein, zugleich oder nacheinander – wenn Sie kein spezielles Mittel zur Hand haben, ist Sonnenöl oder Seifenschaum gut verwendbar. Das endet immer mit genitaler Handarbeit und nachfolgendem Koitus, schließlich mit einem gemeinsamen Bad. Samen wäre das ideale Massagemittel, aber die Menge ist zu gering, und er kommt zu spät – ein Ersatz ist eine Lotion in Flaschen. Die Partnerin knetet seine Muskeln mit den Fingern und, falls es gewünscht wird, mit einem Vibrator; er konzentriert sich auf ihre Brüste, Hinterbacken, Lenden und den Hals. Es lohnt sich, diese Gefühle durch Übung zu entwickeln. Die Massagesalons in Los Angeles werden zwar regelmäßig ausgehoben, haben aber nichts aufzuweisen, was man nicht auch zu Hause tun kann – abgesehen von der Tatsache, daß sie für Männer da sind, nicht für Kunden beider Geschlechter, und für jeden Mann eine ganze Mädchentruppe einsetzen.

Federn

Von manchen für Hautstimulierung empfohlen (Brüste, Körperfläche im allgemeinen eher als die Genitalien sowie Handflächen und Fußsohlen). Probieren Sie es mit steifen, drahtigen Federn (Reiher oder Aigrette) oder mit einem altmodischen Federmop.

Federn
Eine erregende Alternative, wenn die Zunge ermüdet.

Zungenbad

Man bedeckt systematisch jeden Quadratzentimeter der gefesselten – wenn sie das liebt – Partnerin oder des Partners mit langen bedächtigen, breiten Zungenstrichen. Beginnen Sie auf der Hinterseite, drehen Sie sie um, und nehmen Sie die Vorderseite in Angriff, um dann zum Koitus oder zu Hand- und Mundarbeit übergehen zu können. Wenn die Frau der aktive Teil ist, bedeckt sie darauf auch die ganze Hautfläche ebenso systematisch mit langen Strichen ihrer geöffneten Vulva. Bei Miniversionen bestreicht man bestimmte Stellen auf die gleiche Weise.

Zungenbad
Langsame Ganzkörpererregung.

Blasen

Nicht im Sinne des Vulgärausdrucks (siehe unter »Mundmusik«), sondern ganz einfach das Erzeugen eines Luftstroms über der (vorzugsweise befeuchteten) Haut irgendeiner Körperstelle, entweder durch die Lippen oder mit einem Fön, dessen Heizung abgeschaltet wird. Die beste Art, eine erogene Zone zu befeuchten, ist die mit der Zunge, doch kann man für größere Flächen natürlich auch Wasser oder eine Lotion verwenden. Ein Luftstrom an einer empfindlichen, feuchten Körperfläche verursacht ein Gefühl, das manche Menschen, Mann oder Frau, in tolle Erregung versetzen kann – machen Sie einen kleinen Versuch mit Ihren natürlichen Mitteln (Speichel und Atem). Bei den Ohrläppchen müssen Sie ein-, nicht ausatmen,

Blasen
Ein Luftstrom an einer empfindlichen, feuchten Körperfläche verursacht ein Gefühl, das manche Menschen in tolle Erregung versetzen kann.

sonst riskieren Sie es, Ihren Partner taub zu machen. An anderen Stellen verwenden Sie dauerndes Blasen durch die Lippen, etwa drei Zentimeter weit von der Haut entfernt. Die natürliche Fortsetzung eines Zungenbades. Für einen größeren Bereich benutzen Sie den Fön – die Wirkung ist viel toller als die herkömmliche Methode mit Federn, außer bei Handflächen und Fußsohlen. Versuchen Sie, beides zu verbinden, indem Sie ein paar Federn mit Faden an der Ausströmöffnung des Föns befestigen. Verwenden Sie niemals eine starke Luftquelle, und blasen Sie nie in die Vagina oder eine andere Körperöffnung (den Mund ausgenommen).

Bisse

Die Hindu-Erotiker haben sie eingehend klassifiziert. Sanftes Knabbern (an Penis, Brüsten, Haut, Fingern, Ohren, Schamlippen, Klitoris, Achselhaar) gehört zum allgemeinen Aufreizungsrepertoire. Starke Bisse im Augenblick des Orgasmus erregen manche Menschen, wirken aber für die meisten, wie andere schmerzhafte Stimulantia, ernüchternd. Frauen neigen öfter dazu zu beißen als Männer, vielleicht weil es ihnen mehr Vergnügen macht als den Männern, gebissen zu werden. (Denken Sie daran, daß Ihr Partner Ihnen oft das tut, was er sich eigentlich wünscht, das man ihm tut – das Wissen darum ist das große Geheimnis der Harmonie im Sex.) Blaue Flecken von der Liebe am Hals und anderswo können jedesmal bei ihrem Anblick einen neuen Liebesakt auslösen; sie stammen aber nicht von Bissen, sondern von kräftigen, anhaltenden Saugküssen. Scharfe Bisse in die Haut wirken in der Regel nicht erotisch.

116

Bisse
Starke Bisse erregen manche Menschen, wirken aber für die meisten ernüchternd.

Seien Sie vorsichtig mit Beißen während des oder nahe am Orgasmus – die Kinnbacken verkrampfen sich, und Sie beißen wirklich fest. Sie sollten nicht absichtlich mit einer Brust, dem Penis oder einem Finger in Ihrem Mund einen Orgasmus haben. Das Bedürfnis zu beißen kann an etwas Neutralem wie Stoff oder Haar befriedigt werden. Das scheint ein Fall zu sein, bei dem das Reflexprogramm der Säugetiere für die menschliche Lust zu robust ist.

Streit

Die gelegentlich oft physischen Streitigkeiten, die alle Liebenden haben, hätten mit Sex nichts zu schaffen, wenn nicht manche Paare direkt, oft ohne es zu wissen, dadurch angeregt würden. Daß wirklicher Zorn eine erotische Wirkung hat, ist eine alte Überlieferung. In Frankreich gibt es ein Lied:

> »Hören Sie doch, Herr Polizist,
> Colin, der prügelt seine Freundin!
> Ach, die sollen nur weitermachen,
> enden ja bloß mit Küssen, solche Sachen.«

Oder wie eine Dame es formuliert: »Wir fanden, daß die alte Zärtlichkeitsschablone nicht genügte; er wendet gern Gewalt an, und mich erregt es, ihm Widerstand zu leisten. Ich finde Schmerzen aufregend, aber er tut mir nun auch in anderem Zusammenhang weh, und ich habe Angst davor, wie weit es noch gehen wird.« Leider ist unser Liebesimage, wie schon mehrmals erwähnt, in bezug auf die sehr realen Aggressionselemente bei der normalen Sexualität verkrampft. Das verleitet uns dazu, erotische Gewalttätigkeit mit wirklichem Groll oder echtem Zorn zu vermischen und zwei ganz getrennte Dinge – den Streit, der Dampf abläßt oder ein Hilferuf ist, und sexuelle Reizung – zu verwechseln. Wir sprechen hier nicht von Menschen an der Grenze zum Sadismus. Es gibt Frauen, die sich unbewußt Gewalttätigkeit wünschen (und schüchterne Partner haben), die den Mann zu einem Streit aufstacheln, ohne zu wissen, warum. Das führt zu nichts Gutem.

Statistisch gesehen, ist es ziemlich normal, wenn man im Sex eine gewisse Gewalttätigkeit eher braucht als die herkömmliche klebrige, unkörperliche Art von Liebe. Aber diesem Bedürfnis begegnet man nicht, indem man Streitigkeiten dazu benutzt, es anzuheizen, sondern besser dadurch, daß man die zweckdienlichen Verwendungen des Spiels lernt. Der allzu sanfte Ehemann wird wahrscheinlich vor aggressivem Verhalten zurückschrecken und von dem Ansinnen »Nun probier mal, mich zu vergewaltigen!« verblüfft sein. Er hat gelernt, Mädchen anders zu behandeln – falls er übertrieben schonungsvoll ist, hat er vielleicht sogar ein starkes Bedürfnis zu diesem Verhalten. Wenn man aber einmal darüber sprechen kann, sollte man ihn (oder sie) die Verwendung von Sexspielen lehren – deshalb haben wir einige, im Vergleich mit den Normen des Eheberaters recht rauh wirkende Spiele in unseren Text aufgenommen –, und zwar ohne sie mit echt alltäglichem Ärger und Enttäuschungen zu verwirken, die besonders mit dem falschen Partner außer Kontrolle geraten können. Wenn er allzu sanft ist, sticheln Sie nicht, sondern führen Sie ihn ein.

Mit anderen Worten, schämen Sie sich nicht, wenn Sie wirklich streiten (das tun die meisten), aber behandeln Sie es nicht als Reizmittel oder als eine Methode, um die Aggression eines Partners auszulösen. Tun Sie das im Spiel und halten Sie an der Sexsituation fest. Denken Sie auch daran, daß die Menschen verschieden sind und daß Aggression heute für uns etwas viel Erschreckenderes ist als Sex – so daß ein blaues Auge bei einem Paar ein Beweis für Zuneigung und bei einem anderen ein Scheidungsgrund ist. Betreiben Sie Bettgespräche, um Ihre geheimen Wünsche bloßzustellen. Fragen Sie einander knapp vor dem Orgasmus: »Was möchtest du mir jetzt tun, was soll ich dir tun?« –, wobei das »jetzt« die Stufe des geheimen Wunsches bedeutet (siehe unter »Vogelgesang am Morgen«).

Auch sind Symbolismen, wie fast immer beim Menschen, im allgemeinen stärkere Reize als allzu wörtliche Darstellungen. Manchen Paaren machen jedoch längere, vorsätzliche oder improvisierte Kämpfe (»Liebesringen« in der Alt-Wiener Athletentradition) großen Spaß. Begeisterte Anhänger dieses Sports haben eine Vorliebe für wohldurchdachte Hindernisse: Zeitbeschränkungen, Nicht-Beißen- oder-Kratzen und so fort. Den meisten Menschen genügt ein ziemlich robustes, aber annehmbares Balgen, andere betreiben komplizierte Spiele mit Schlägen für gefundene Fehler (spielen Sie die nicht mit wirklichen Fehlern). Frauen, die bei Gewalttätigkeit und/oder Hilflosigkeit ein besonderes Lustgefühl verspüren, können es sowohl dann empfinden, wenn sie niedergehalten, wie auch dann, wenn sie gefesselt werden; Männer können ziemlich viel von der Gewaltkomponente in den eigentlichen Vorgang des Eindringens und die Bemühung zum Orgasmus verlegen. Hat man das einmal begriffen, so ist nichts von diesem Bedürfnisrahmen schreckenerregend und läuft auch nicht Gefahr, vom Sex in Grausamkeit oder die normalen Verstimmungen zwischen zwei Menschen, die zusammenleben, überzugehen.

Nichts von dem, was wir sagten, schließt Zärtlichkeit im Sex aus. Wenn Sie nicht gelernt haben, daß sexuelle Gewalttätigkeit zart und Zärtlichkeit gewalttätig sein kann, haben Sie noch nicht begonnen, als echte Liebende zu spielen, es sei denn, Sie gehören zu den Menschen (und solche gibt es), deren Zärtlichkeit völlig ungemischt ist: Sie brauchen sich wegen des Risikos von Streitigkeiten keine Sorgen zu machen (siehe unter »Fesselung«, »Disziplin«).

Wenn Sie einen echten Streit haben, sorgen Sie dafür, daß er im Bett endet. Das ist zumindest die beste Art, ihn zu beenden.

Hauptgerichte

Stellungen

Im Lauf der Geschichte wurde – vor allem von nichtspielenden Beobachtern – unendlich viel Zeit darauf verwendet, bis zu sechshundert Stellungen zu beschreiben und mit Phantasiebezeichnungen zu versehen: Es ist offenkundig ein menschliches Hobby, sie zu sammeln und einzuordnen. Nun kennen die meisten Leute die üblichen Positionen und haben gelernt, welche sich zum schnellen oder langsamen Orgasmus eignen und wie man sie nacheinander einnimmt. Manche Menschen können aus symbolischen oder anatomischen Gründen nur bei einer oder zwei davon einen Orgasmus haben.

Wir gehen hier nicht im Detail auf Stellungen ein. Die meisten nicht grotesken ergeben sich ganz natürlich, und von den ungewöhnlichen sind nur wenige mehr als einen kurzen Versuch wert, aus Neugier. Wir bedauern bloß, daß dadurch auch die phantastischen Namen aus dem Arabischen, Sanskrit oder Chinesischen entfallen, die dazugehören. Eine Durchsicht zeigt Ihnen, welche für spezielle Situationen wie Schwangerschaft, dicker Mann mit schlankem

125

Mädchen, Größenunterschiede und dergleichen geeignet sind, und nur ein Versuch wird zeigen, welche für den Orgasmus am besten oder überhaupt geeignet sind. Sehr oft beginnen Paare damit, alle zu probieren, enden aber unvermeidlich bei einer oder zweien und kommen nur zu speziellen Gelegenheiten wieder auf das Buch zurück. Manche der ungezügelten Phantasien in orientalischen Manuskripten

Stellungen
Die meisten ergeben sich ganz natürlich.

haben etwas für sich – das Mädchen rittlings auf den Bildern von Mughal, das auf Händen, Kopf und Schultern brennende Lampen balanciert oder mit einem Bogen auf Zielscheiben schießt, zeigt nur, daß es den Mann mit den Vaginalmuskeln allein befriedigen kann, während ihr übriger Körper stillhält (siehe unter »Pompoir«), und so fort. Andere sind mystisch oder bloß gymnastisch. Alle Posen, die wir zeigen, sind ausführbar (wir haben sie ausprobiert, wenn auch nicht bis zum Orgasmus) und mehr oder minder lohnend.

Mundmusik

Vor nicht allzu vielen Jahren waren Genitalküsse oder vielmehr die darauf lastenden Tabus ein Hauptvorwand für Scheidungen wegen Perversität, Grausamkeit und dergleichen. Wir sind seither um einiges weitergekommen – es gibt Lehrbücher, der Film bedient sich ihrer. Abgesehen von persönlicher Vorliebe oder Abneigung, wissen heute die meisten Menschen, daß sie zu den besten Dingen in der sexuellen Intimität gehören. Im Hinblick auf AIDS, dem derzeit alles beherrschenden Thema, gibt es anscheinend keinen eindeutigen Nachweis für eine Übertragung durch oralen Sex, doch falls die Partner einander nicht sehr gut kennen, ist es klüger, davon Abstand zu nehmen – besonders aber ist der Kontakt mit Sperma zu vermeiden.

Neunundsechzig ist großartig, hat aber praktische Schattenseiten. Vor allem gehört diese Art des Liebesaktes viel eher zu der Kategorie des Spielens auf dem Instrument als zu völliger Gegenseitigkeit. Sie erfordert verstärkte Aufmerksamkeit und die Bemühung, dem Partner seine besten Fähigkeiten zu zeigen. Infolgedessen kann man dabei nicht so aus sich herausgehen wie beim gegenseitigen Genitalorgasmus; der bevorstehende Orgasmus, besonders bei der Frau, ist mit sorgfältiger Technik unvereinbar, und der Mann kann sogar gebissen werden. Ein anderer leichter, bei manchen Männern aber wirklicher Defekt besteht darin, daß die Frau bei *Soixante-neuf* für Zungenarbeit an der empfindlichsten Stelle der Eichel verkehrt liegt (das erklärt die akrobatischen Verrenkungen bei manchen indischen Tempelstatuen, die darauf abzielen, beiden Gegenseitigkeit und der Frau eine bessere Zugangsmöglichkeit zu bieten). Unsere eigene Erfahrung ist, daß gegenseitige Genitalküsse herrlich sind, aber wenn man zum Orgasmus kommen will, ist es gewöhnlich besser, man wechselt einander ab.

Wer zuerst drankommt, ist natürlich Geschmackssache, aber man kann der Frau auf diese Weise Dutzende vorbereitender Orgasmen bereiten, so viele sie haben will, und sie wird dann immer noch weitermachen wollen, so daß es besser ist, der Mann spart sich für später auf. Manche Männer vertragen nicht einmal den kürzesten Genitalkuß vor dem Samenerguß – sie sollten warten, bis sie eine neue Erektion wollen, dann ist er eine unerhört wirkungsvolle Methode der Totenerweckung.

Manche Mädchen mögen es, wenn der Mann bis zum Schluß geht und ejakuliert, manche nicht (der Unterschied kann, wenn auch nicht immer, darin liegen, daß sie ihn sehr liebt). Wenn Sie knapp vor dem Höhepunkt nicht leicht aufhören können, wechseln Sie zu einem anderen »Unterschlupf« über (zwischen den Brüsten zum Beispiel), oder Sie können auch den Penis mit beiden Händen zusammendrücken, um Zeit zu gewinnen – das erfordert Flinkheit und funktioniert nicht immer. Sein Orgasmus wird wahrscheinlich auch beim Teufel sein. Andere wieder, die daran gewöhnt sind, finden die Sache unvollständig, wenn ihr Geliebter nicht ejakuliert. John Hunter schrieb: »Der Samen würde geruchs- und geschmacksmäßig als leicht widerliche Substanz erscheinen, aber im Mund erzeugt er eine ähnliche Wärme wie Gewürze.« Wenn die Frau nicht von der ganzen Vorstellung, sondern eher von dem leicht bitteren Geschmack abgestoßen wird, kann sie dem begegnen,

Mundmusik
Für den Mann ist ein spontaner Genitalkuß eine der eindringlichsten Gesten im ganzen Sexualleben.

wenn sie den Penis wirklich tief nimmt. Wir schätzen die Bereitwilligkeit, ihn kommen zu lassen, bei erfahrenen Frauen auf etwa fünfzig Prozent; jedenfalls kann man immer fragen, und die Partner erlernen bald den Geschmack des anderen. Sie sagt: »Zwei wichtige Punkte, die man nicht vergessen sollte: Man würgt als Reflexhandlung, wenn einem etwas Großes in die Kehle gesteckt wird; wenn sie also würgt, tut sie es vielleicht nicht, weil sie es nicht mag, sondern weil sie nicht anders kann. Ein großer Penis dehnt auch den Mund beträchtlich, und sie bedeckt ihre Zähne mit den Lippen, um Sie zu schützen, heftige Bewegungen könnten Sie verletzten. Seien Sie rücksichtsvoll!«

Der normale Genitalgeruch ist für beide Partner ein wichtiger Bestandteil des Genitalkusses, das heißt, daß die Beteiligten sich oft waschen sollen, nicht jedoch kurz vorher: Sie sollten einander gut genug kennen, um es zu sagen, wenn er unangenehm ist, und die Stellung wechseln oder warten. Ein kräftiger Koitus wird das oft nach wenigen Minuten in Ordnung bringen, wenn sich auch der Charakter des weiblichen Geruchs ändert. Auch Verhütungsmittel können in beeinträchtigen. Die Händler von Intimsprays und parfümierten Vaginalduschen zeigen nur sexuelle Unerfahrenheit – kein Mensch möchte zum Beispiel Pfirsichsauce auf Scampi. Seegrasgerüche oder Moschus wären besser geeignet. Die »Cassolette« der Frau ist ihre Geheimwaffe, was die Frauen in Amerika anscheinend noch nicht erkannt haben – französische Frauen wissen es besser. Manche Männer reagieren heftig darauf, ohne sich der Tatsache bewußt zu sein; es ist auch das ideale Parfümfixativ, und eine Spur davon hinter die Ohren beim Tanzen vor oder statt der Anwendung von Parfüm aus dem Flakon kann durchschlagenden Erfolg bringen. Sein Genitalgeruch dagegen wird ihr desto mehr gefallen, je länger sie ihn liebt.

Waschen Sie sich mit neutraler Seife, und behandeln Sie Deodorants so, wie ein Küchenchef Entaromatisierstoffe verwenden würde. Wie die Hippiegeneration meinen konnte, daß man ein gutes Sexleben führen kann, ohne sich zu waschen, ist unerklärlich.

Für manche Paare stellt der gegenseitige Genitalkuß nach der Art von Neunundsechzig den Gipfel der Gefühle dar. Bei ihm darf die Frau, da sie völlig die Kontrolle verlieren würde, nicht von dem Typ sein, der rasend wird, aber auch nicht verlangen, daß er kurz vor dem Samenerguß aufhört. Die Stellung mit der Frau oben, die in den meisten Büchern beschrieben wird, ist richtig, besonders wenn sie die Mund- mit Handarbeit kombiniert, aber der Mann bekommt dabei einen steifen Nacken. Wir bevorzugen die Stellung ohne Kissen, d. h. umgekehrt einander gegenüber

Mundmusik
Man kann der Frau Dutzende Orgasmen bereiten, und sie wird dann immer noch weitermachen wollen.

auf der Seite liegend, wobei jeder den unteren Oberschenkel als Kissen für den Kopf des Partners hochgezogen hat. Der Mann kann sie weit öffnen, indem er seinen Arm in ihre obere Kniekehle schiebt.

Der gegenseitige Kuß kann lang oder kurz sein; der kurze ist bloß vorübergehend – der lange kann je nach Geschmack und Tempo Minuten oder Stunden dauern. Beide passen gut in die Zeit zwischen den Koitusrunden und wirken auch als Hors d'œuvre oder als Totenerwecker.

Wenn sie jedoch abwechseln, sollte er am besten in der gleichen Stellung ohne Kissen beginnen, während sie sehr wenig tut. Dann kann sie an die Reihe kommen, oder sie können zum Koitus übergehen und die Fellatio verschieben, bis er einen Orgasmus gehabt, sich ausgeruht hat und zu seiner nächsten Erektion bereit ist. Auf diese Weise kann sie sich gehenlassen und dann auf ihre Technik achten, wenn sie ihn saugt. Die besten Ergebnisse wird sie wahrscheinlich mit der Stellung erzielen, welche die Chinesen als »Jadeflöte« bezeichnen – ein Instrument, dessen Name alles erklärt, und das gespielt wird wie eine Blockflöte, ihm gegenüber, die Daumen unterhalb, die Finger oben. Ihre Technik hängt von ihrem Mann ab – zum Beispiel davon, ob er beschnitten ist oder nicht. Nicht alle Männer finden Zungen- oder Lippenberührungen mit der Eichel angenehm. Manche geraten in Ekstase, anderen ist es lieber, wenn der Schaft festgehalten und dabei die Vorhaut über der bedeckten Eichel auf und ab gezogen wird. Auf die verschiedenen Arten von Knabbern und dergleichen, die in Sexbüchern beschrieben werden, kommen die meisten instinktmäßig. Man findet sie durch Lernen und Anweisung heraus. Für eine aktivere Stellung des Mannes und einen schnelleren Orgasmus legt sie sich zurück, und er führt einen Oralkoitus durch, so gründlich und tief sie es ertragen kann. Sie muß ihre Zähne weit öffnen und mit Lippen und Zunge eine Vagina bilden. Er muß ein wenig Übersicht behalten, um nicht unwillkürlich gebissen zu werden.

Beim Gegenstück kniet sie rittlings über ihm und bietet sich ihm genau wie bei einem leidenschaftlichen Mund-zu-Mund-Kuß an, zuerst rasch und oberflächlich, dann offen und tief, während er lange Zungenstriche von der Vagina zu Klitoris ausführt und jedesmal, wenn er zu ihrer Eichel kommt, daran zieht.

Wenn er die Initiative ergreift, nimmt er, falls er die Partnerin tragen kann, am besten die Kaskadenstellung ein. Die ist eigentlich nur ein Neunundsechzig in aufrechter Stellung, aber sie vermittelt ihr die einzigartige Sensation eines Orgasmus mit dem Kopf nach unten. Zu diesem Zweck legt er sie mit dem Gesicht nach oben auf das Bett, den Kopf über den Rand, stellt sich mit gespreizten Beinen über ihr Gesicht, neigt sich vor und hebt hoch, dabei legt sie die Beine um seinen Nacken. Sie kann seinen Kuß erwidern, sollte aber kurz vor dem Orgasmus den Penis lieber zwischen ihre Brüste oder in die Hand nehmen und sich dem vollen Orgasmus hingeben.

Der erste Genitalkuß ist für ein unerfahrenes Mädchen ein neuer »Höhepunkt«. Wenn man vor ihr kniet, »vers le buisson ardent des femmes« (dem weiblichen Feuerdorn zugewandt), sieht es gut aus, aber man kann bestenfalls den Kopf daranschmiegen. Wir empfehlen: Setzen Sie sich, während die Dame mit dem Gesicht nach oben auf dem Bett ausgestreckt liegt, an den Bettrand, halb gegenüber ihren Füßen. Küssen Sie sie am ganzen Körper, dann heben Sie ihr entfernteres Bein hoch und küssen ihren Fuß. Schieben Sie rasch Ihren Ellbogen unter das erhobene Knie, öffnen Sie sie und küssen Sie sanft die geschlossenen Schamlippen, bis sie für immer tiefere Zungenstreiche bereit ist.

Heute zeigen immer weniger Frauen Hemmungen davor, Genitalküsse zu empfangen, wenn es auch mehr gibt, die am Küssen des Mannes kein Vergnügen finden. Eine erstaunliche Zahl von Mädchen läßt sich anfangs nicht dazu bewegen, ohne vorher längere Genitalküsse empfangen zu haben, eine Tatsache, die indische Liebesbücher zugeben. Bei einem sehr schüchternen Mädchen (oder einem solchen Mann) versuchen Sie es im Dunkeln – aber versuchen Sie es unbedingt. In der anderen Richtung ist gute Mundarbeit vielleicht eine der geschätztesten Gaben, die eine Frau ihrem Mann schenken kann, und es lohnt sich, sie auszuführen. Für den Mann ist ein spontaner Genitalkuß eine der eindringlichsten Gesten im ganzen Sexualleben.

Mannigfaltigkeit

Planen Sie Ihre Speisenfolge. Kein Mensch wünscht jedesmal eine Mahlzeit mit sieben Gängen. Mindestens fünfundsiebzig Prozent wird Ihre völlig normale, abend- oder morgendliche Methode ausmachen. Für längeres Beisammensein müssen Sie ausgeruht sein – Wochenende, Urlaub und improvisierte besondere Gelegenheiten. Wenn Sie den Entschluß fassen, im Lauf der Zeit alles zu versuchen und überall Sex zu betreiben, werden sich Gelegenheiten ergeben: Wenn Sie spüren, daß eine bevorsteht, oder wissen, daß Sie eine Gelegenheit haben werden, planen Sie sie gemeinsam – wenn Sie wollen, mit diesem Buch –, aber erwarten Sie nicht unbedingt, daß Sie alles einhalten können, was Sie sich vorgenommen haben. Halten Sie sich jedoch manchmal daran, damit Ihnen nichts entgeht. Die meisten Paare werden vielleicht ein Drittel unserer Vorschläge streichen, weil sie sie nicht reizen, und drei oder vier auswählen unter dem Motto »Das müssen wir versuchen«, wenn sie es noch nicht getan haben.

Beginnen Sie gewöhnlich mit Sex in der Vagina, gehen Sie zu Handarbeit über, verwenden Sie Mundarbeit für eine zweite Erektion – vielleicht erzielen Sie einen letzten Orgasmus durch gemeinsame Masturbation. Längere Ausdehnung durch Verstellung, Experimente und dergleichen klappt oft am besten kurz nach dem Aufwachen – ebenso Stellungen, die eine sehr harte Erektion erfordern. Eine ausgeruhte und bereite Frau kann es sich leisten, anders als ein Mann, Orgasmen aus jeder Quelle in jeglicher Aufeinanderfolge zu haben, es sei denn, ihre Anlage bringt ihr nur einen, überwältigend starken Orgasmus – in diesem Fall sparen Sie ihn bis zum Schluß auf (siehe unter »Noch einmal«). Es ist der Mühe wert, verschiedene Tageszeiten zu wählen, aber es hängt von Ihren Verpflichtungen ab und davon, inwieweit Sie ungestört sein oder Ihre Gedanken von anderen Dingen freimachen können. Versuchen Sie jedoch, es nie aufzuschieben, wenn beide es wünschen, es sei denn, um es für etwas »aufzusparen«. Das Planen und Denken an kommenden Sex gehört zur Liebe. Ebenso das Beisammenliegen nachher in vollständigem Genuß.

Missionarstellung

Jede Kultur hat ihre Launen hinsichtlich der besten Stellungen, und Experimente sind unbedingt notwendig. Wenn wir auf die gute alte Missionarstellung aus Adams und Evas Zeiten zurückkommen, bei der er oben, rittlings oder zwischen ihren Beinen, und sie unten mit dem Gesicht zu ihm gewandt liegt – und wir kommen auf sie zurück –, so deshalb, weil sie einzigartig befriedigend ist. Vor allem

Missionarstellung
Sie ist unerreicht in ihrer Anpassungsfähigkeit zur Stimmung.

ist sie unerreicht in ihrer Anpassungsfähigkeit zur Stimmung: Sie kann unbändig heftig oder sehr zart, lang oder rasch, mehr oder weniger tief sein. Sie ist der Ausgangspunkt für alle Stellungsreihen, übertroffen nur von den Seitenlagen, und der verläßlichste gegenseitige Endpunkt für den Orgasmus. Wenn man damit beginnt, kann man die Stellung vertiefen – indem man die Beine der Partnerin hochlegt, zur Klitoris übergeht, indem man ein Bein zwischen ihre Beine legt, sich zur Seite oder ganz herumwälzt, um mit ihr in der oberen Stellung zu enden –, auf die Knie gehen und sich zum Buchstaben X zurücklehnen, bei dem jeder Partner zwischen den Beinen des anderen liegt (siehe unter »X-Stellung«), zu Rücken-, Seiten- oder Stehstellung übergehen und dann für das Ende wieder zurückkommen. Sie ist auch, ebenso wie die tieferen Versionen, die ideale Stellung für einen schnellen Orgasmus bei beiden Geschlechtern. Die einzige ebenso schnell wirkende Stellung für ihn ist von hinten, wenn sie sehr eng gebaut ist, und die einzige schnellere für sie ist rittlings oben. Tatsächlich ist der Grund für die Verwendung der sechshundert anderen Stellungen die Absicht, den Endorgasmus des Partners hinauszuschieben und die Orgasmen der Partnerin zu vermehren. Das Experimentieren wird Ihnen zeigen, was Ihnen am besten zusagt.

Diese Stellung hat mehr Medaillen bei internationalen Ausstellungen errungen als irgendeine andere. Andererseits gibt es keine zuverlässige Sexstellung, die jedem paßt. Es gibt nichtfrigide Frauen, die nie in dieser Stellung kommen oder nur selten; ob dies unbewußten Kräften oder der Lage der Vulva zuzuschreiben ist, die ein Problem darstellen kann, spielt gar keine Rolle – versuchen Sie eine andere Stellung, besonders wenn der Mann übergewichtig ist. Die Missionarstellung sowie alle tiefen oder gewichttragenden

137

Stellungen sind, wie man jetzt weiß, in der Schwangerschaft ungesund; für manche nichtschwangere Frauen, die
dabei nicht reagierten, veränderte sich alles durch das Un-
terlegen von einem oder zwei harten Kissen unter die Hinterbacken. Es gibt Frauen, bei denen die Missionarstellung
nicht taugt, die muß man sitzend, einander gegenüber oder
von hinten, mit einem Finger an der Klitoris, befriedigen,
oder sie müssen reiten. Wenn der Mann sie in flacher Lage
braucht, um zum Ende zu kommen, soll er ihr vorher mehrere Orgasmen in ihrer Lieblingsstellung verschaffen und
sie dann umdrehen. Ein Gentleman läßt sich dadurch definieren, daß er sein Gewicht auf seine Hände lagert. Das Beenden des Aktes in einer Stellung, bei der sich beide ohne
Anstrengung in den Armen des Partners einnisten können,
hat jedenfalls große Vorteile.

Die Accessoires bei der Missionarstellung können höchst
wichtig sein – genügend hartes Bett, Verwendung von Kissen, wenn sie zu schlank oder so gebaut ist, daß man sie
braucht. Bett, Kissen und Fleisch sollten zusammen die
Konsistenz von Pobacken ergeben, die, ästhetisch gesehen,
zu dick wären. Kräftig oder zart, wie hoch Sie reiten, niedergehalten (falten Sie ihre Arme vorsichtig hinter ihr, und
halten Sie mit je einer Hand einen ihrer Daumen fest) oder
nicht, rittlings über ihren Beinen (halten Sie sie offen, indem Sie einen Fuß unter jede ihrer Fußwölbungen legen)
oder dazwischen, wobei Sie sie mit Ihren Beinen spreizen –
all das ergibt subtile Unterschiede. Wenn Ihr Schambein
nicht sehr hart ist und sie ein wenig mehr Klitorisdruck
braucht, versuchen Sie eine Stellung mit einem Bein dazwischen, oder verwenden Sie zusätzlich Ihre Finger. Sie kann
ihrerseits Ihre Vorhaut halten oder die Schafthaut des Penis
mit der Hand zurückziehen (siehe unter »Florentinisch«).

Die Stellung erhielt ihren Namen von belustigten Polynesiern, welche den Koitus in hockender Stellung der europäischen »Missionarstellung« vorzogen. Eine Verunglimpfung einer der lohnendsten Sexstellungen.

Den Ton angeben

Wenn die Missionar- die Königsstellung ist, so ist ihre Umkehrung, »Reiten auf dem heiligen Georg«, die Königin. Die indische Erotologie ist die einzige alte Tradition ohne alberne, patriarchalische Hemmungen hinsichtlich der Notwendigkeit, daß die Frau unten sein muß, und die sich auch nicht schämt, deren volle aggressive Rolle im gegenseitigen Sex gelten zu lassen. Für den Mann kann es phantastisch sein, wenn die Frau über gute vaginale Muskelkontrolle verfügt, für sie es jedoch einfach spitze, da es ihr völlige Freiheit der Kontrolle über Bewegung, Tiefe und ihren Partner verleiht. Sie kann sich für Brust- oder Mundküsse vorneigen, zurück, um ihm ihren Anblick zu bieten, ihre eigene Klitoris bei der Bewegung streicheln, es hinauszögern, wenn sie will, um noch stärker zu empfinden – einfach alles. Sie kann auch auf ihm reiten, mit dem Gesicht oder dem Rücken zu ihm gewandt, einmal oder auch mehrmals von der einen zur anderen Stellung wechseln.

Reitstellungen erfordern eine steife Erektion (sonst könnte sie den Penis bei übereiltem Einführen schmerzhaft abbiegen). Dies ist ungefähr die einzige Art des Koitus, bei dem einer oder beide Partner durch Ungeschicklichkeit oder Abgleiten verletzt werden können, somit sollten Sie sich schrittweise testen. Wenn der Penis einmal eingeführt ist, kann sie dem Partner gegenüber mit dem Rücken, kniend, sitzend, mit gekreuzten Beinen auf ihm, seitlich oder sich rundherum bewegend und mit ihren Hüften Be-

Den Ton angeben
Die Königin der Stellungen.

Den Ton angeben
Für sie ist es spitze, da es ihr völlige Freiheit der Kontrolle über Bewegung, Tiefe und ihren Partner gibt.

wegungen in drei Dimensionen und im Kreis ausführen. Sie kann auch auf ihm liegen (die umgekehrte Missionarstellung), die Beine rittlings auf ihm oder zwischen den seinen. Wenn sie ihren Hauptorgasmus gehabt hat, kann er sie entweder umdrehen, oder sie kann sich rittlings zurücklegen, mit dem Kopf zwischen seinen Füßen, ohne sich von ihm zu lösen, und in der X-Stellung oder völliger Missionarstellung bis zu seinem Orgasmus weitermachen. Da dafür eine steife Erektion erforderlich ist und manche Frauen lieber von dem Vorspiel seitlich oder unten liegend ausgehen, ist diese Stellung eine gute Nummer zwei in einer Serie. Wenn sie ihn auf diese Weise zum Orgasmus bringen will, sollten sie es vorher zuerst, am besten beim Erwachen und wenn er frisch ist, mit einer harten Erektion ausprobieren. Die kreisförmigen, dem Aschesieben ähnlichen Bewegungen der weiblichen Hüften – was die Franzosen *la diligence de Lyon* (die Lyoner Postkutsche) nennen – lernt man leicht, wenn man über die richtige Einstellung verfügt.

Frontal

Die Stellungen einander gegenüber, wobei ein Partner beide Schenkel zwischen denen des anderen hat – er rittlings über den ihren oder dazwischen. Dazu gehören die verschiedenen Formen der »Missionarstellung« sowie die meisten komplizierten Stellungen mit Tiefenwirkung. Sie gibt (gewöhnlich) mehr Tiefe, aber weniger Druck auf die Klitoris als die Flanquette. Um eine komplizierte Stellung klassifizieren zu können, drehen Sie die Partner im Geist herum und sehen Sie, ob sie, ohne die Beine zu kreuzen, einander gegenüber in Missionarstellung enden können. In diesem Fall ist es eine Frontale. Enden sie einander gegenüber mit gesprezten Beinen über einem Bein, ist es eine Flanquette; einfach von hinten (Croupade) oder rittlings über einem Bein von hinten (Cuissade). So einfach ist das.

Wir treiben hier keine intellektuellen Klassifikationsübungen. Stellungen sollen abwechselnd verwendet werden, und man muß radikale Veränderungen wie das Klettern über Beine oder Umdrehen des Partners nach Möglichkeit vermeiden – denken Sie an den Unterschied zwischen einem Drehschwung und einer natürlichen schnellen Dre-

Frontal
Alle Stellungen einander gegenüber, wobei ein Partner beide Schenkel zwischen denen des anderen hat.

hung beim Tanz. Das ist wichtig bei der Planung der Aufeinanderfolge. Wenn man es aber einmal gewohnt ist, fünf,
zehn oder zwanzig Stellungen nacheinander einzunehmen,
so tut man dies automatisch. Zuerst müssen Sie, welcher
Partner auch die Leitung übernimmt, alle Stadien in Betracht ziehen, die Sie durchlaufen wollen, um Ungeschick-
lichkeiten und Unterbrechungen, mit Ausnahme der natürlichen und beabsichtigten, zu vermeiden.

Umkehrung

Nicht Homosexualität, die in unserem Buch nicht vorkommt, sondern die Stellung, bei der er sie oder sie ihn
kopfüber nimmt. Er kann auf einem Stuhl oder Schemel
oder sie rittlings ihm gegenüber sitzen – dann legt sie sich
zurück, bis ihr Kopf auf einem auf dem Boden liegenden
Kissen ruht. Oder sie kann sich hinlegen und ihre Hüften
hochheben – er steht zwischen ihren Beinen und dringt entweder von vorn oder hinten in sie ein, während sie auf ihren Ellbogen aufliegt oder auf ihren Händen vorwärts geht
(die Schubkarre). Er kann sich mit dem Gesicht nach oben
auf den Bettrand legen, während sie rittlings auf ihm sitzt
oder über ihm steht. Der Druckanstieg in den Gesichts- und
Halsvenen beim Orgasmus kann erstaunliche Gefühle auslösen. Versuchen Sie das nicht mit einem Generaldirektor
mit hohem Blutdruck, es sei denn, Sie wollen mit einer Lei-
che zu tun haben – denken sie an die junge Konkubine At-
tilas, des Hunnenkönigs; es sollte jedoch für junge Leute
ganz ungefährlich sein. Auf diese Weise verfährt man mit
den albernen Frauenzimmern, die einen Liebhaber überre-
den wollen, ihren Orgasmus anzukurbeln, indem er sie
würgt – wenn Sie es mit einer solchen zu tun bekommen,

Umkehrung
Für die Jungen und körperlich Fitten – der Druckanstieg beim Orgasmus kann erstaunliche Gefühle auslösen.

dann hören Sie keinesfalls auf sie, sondern zeigen Sie ihr diese andere, ebenso lohnende Methode. Damit können Sie zwei Leben retten – ihres und, da sich der Griff der meisten Menschen beim Orgasmus verstärkt, das ihres nächsten Liebhabers, der es leicht im Gefängnis wegen Mordes verlieren könnte.

Umgekehrtes Neunundsechzig wird an anderer Stelle (siehe unter »Mundmusik«) beschrieben. Das ergibt eine gute Probe. Funktioniert immer, wenn Sie sie aufheben können, und wird ihr eine Ahnung von der Art der Empfindung geben, die dabei im Spiel ist und die nicht jedermann mag.

Flanquette

Die Gruppe der Sexualstellungen, bei denen die Partner einander halb zugekehrt sind – sie liegt mit dem Gesicht ihm zugewandt und mit einem Bein zwischen seinen, infolgedessen eines seiner Beine zwischen ihren, das frontale Gegenstück der Cuissade. Die Stellung ergibt durch den pressenden Oberschenkel des Mannes einen zusätzlichen Druck auf die Klitoris.

X-Stellung

Ein Hit für ausgedehnten, langsamen Koitus. Beginnen Sie damit, daß die Partnerin rittlings auf Ihnen sitzt, wobei der Penis ganz eingeführt ist. Dann legt sie sich zurück, bis Kopf und Oberkörper beider Partner zwischen den geöffneten Beinen des anderen liegen, und sie falten die Hände. Langsame, koordinierte, schlängelnde Bewegungen halten

Flanquette
Die Partner sind einander halb zugekehrt; die Stellung ergibt durch
den pressenden Oberschenkel des Mannes einen zusätzlichen
Druck auf die Klitoris.

X-Stellung
Ein Hit für ausgedehnten, langsamen Koitus.

lange Zeit seine Erektion aufrecht und sie nahe dem Orgasmus. Um zu anderen Stellungen überzuwechseln, kann sich einer der beiden aufsetzen, ohne sich von dem anderen zu lösen.

148

Im Stehen

Die herkömmliche »aufrechte« Stellung ist eine Kurzversion und verursacht bei dem Mann, wenn die Partnerin nicht groß ist, steife Muskeln. Viele Frauen muß man auf zwei Telefonbücher oder etwas dergleichen stellen. Läßt sich am besten gegen einen festen Hintergrund ausführen, wie eine Wand oder einen Baum (nicht gegen eine Tür, in welcher Richtung sie auch aufgehen mag). Man kann aber auch frei stehen mit gespreizten Beinen, um genug Standfestigkeit zu haben, und einander an den Hinterbacken festhalten – ein Blick nach unten, während man sich bewegt, kann wirklich aufregend sein.

Es gibt zwei Arten von Stellungen – die angeführte, vorausgesetzt die Partner passen größenmäßig gut zueinander, und die Hindu-Versionen, bei denen er sie hochhebt; sie gelingen vorzüglich, wenn sie so leicht ist wie ein Oriya-Tanzmädchen, sonst müssen sie im Wasser ausgeführt werden, um die Partnerin gewichtslos zu machen (siehe unter »Baden«). Mit einem großen Mädchen versuchen Sie es folgendermaßen: Sie legt Ihnen die Hände um den Hals, läßt einen Fuß am Boden und legt den anderen auf Ihren Ellbogen. Sie kann auch beide Beine um Ihre Taille schlingen, beide Beine über Ihre Arme und sogar um Ihren Hals legen und, wenn Sie kräftig genug sind, eine Stellung mit dem Kopf nach unten einnehmen. Versuchen Sie das über einem Bett, für den Fall, daß Sie sie fallen lassen sollten. Stellen Sie sich aber auf festen Boden, nicht auf eine Matratze. Wenn Sie sich mit dem Rücken an eine Wand lehnen, kann sie mit einem Fuß hin und her schwingen. Keine guten Orgasmusstellungen – eher dazu bestimmt, den Koitus in die Länge zu ziehen. Für stehende Stellungen von hinten ist keine besondere Erklärung erforderlich – sie

Im Stehen
Eher dazu bestimmt, den Koitus in die Länge zu ziehen.

braucht etwas Stabiles, über das sie sich beugen oder woran sie sich festhalten kann. Wenn Sie echte Größenprobleme haben, versuchen Sie die stehenden Stellungen auf einer Treppe. Der Genitalkuß im Stehen kommt gut an, wenn Sie kräftig genug sind, um sie hochzuhalten, und sie sich mit den Beinen gut festhält.

Von hinten

Die andere Möglichkeit für Menschen – bei den meisten Säugetieren ist es die einzige. Sie funktioniert hervorragend im Stehen, Liegen, Knien, Sitzen oder mit der Frau rittlings oberhalb. Daß man einander nicht ins Gesicht sieht, wird mehr ausgeglichen durch besondere Tiefe und Pobackenstimulierung, Zugang zu den Brüsten und Klitoris für die Hände sowie den Anblick einer hübschen Rückansicht. Für die Stellungen im Stehen braucht sie etwas in der richtigen Höhe – bei knienden Stellungen mit dem Kopf unten muß man darauf achten, ihren Kopf nicht in die Matratze zu stoßen, und bei allen Varianten muß man vermeiden, zu kräftig allzu tief einzudringen, sonst stößt man an einen Eierstock, was ebenso schmerzhaft ist wie ein Schlag auf einen Hoden. Manche Frauen lassen sich durch Symbolismus abstoßen – »wir machen es wie Tiere«, »nicht respektiert werden, wenn wir einander nicht ansehen« –, aber der körperliche Genuß ist so stark, daß sie sich durch diese Ansichten nicht davon abhalten lassen sollten. Sie könnten es das erstemal so versuchen, daß der Mann auf dem Rücken liegt und das Mädchen mit dem Gesicht nach oben auf ihm oder mit abgewandtem Gesicht rittlings auf ihm kniet, wenn auch diese beiden Stellungen keine so einzigartige Tiefe und vollkommene Stimulierung der Dammgegend bieten wie

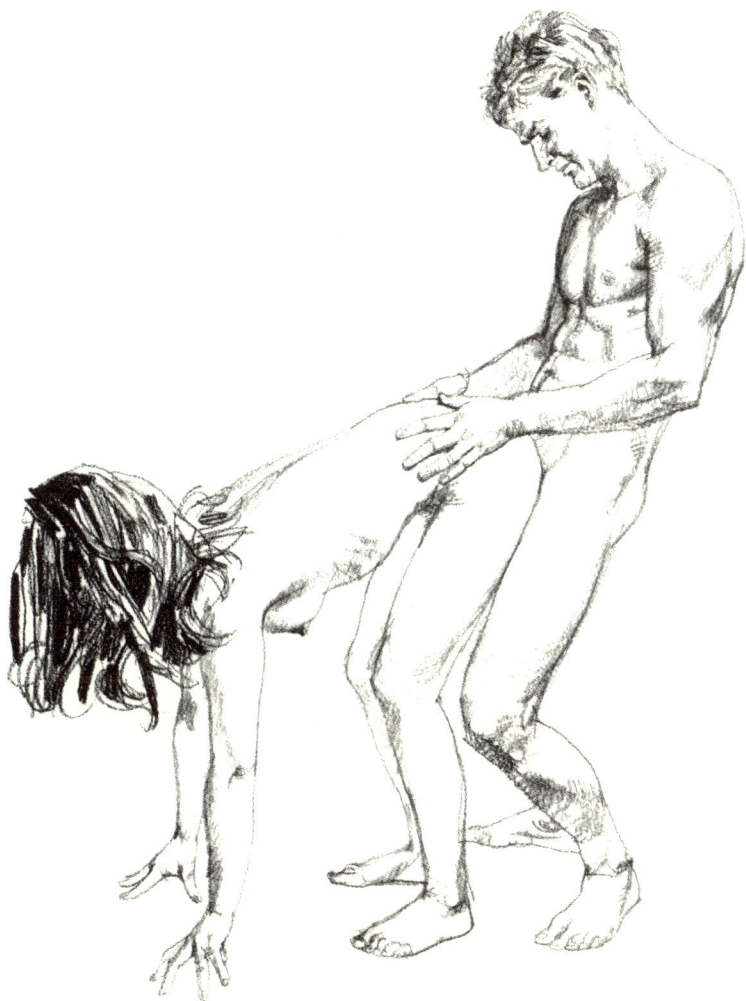

Von hinten
Funktioniert hervorragend im Stehen, Liegen, Knien oder Sitzen.

die knienden Stellungen von hinten (siehe unter »Né-gresse«). Der Mann kann ihre Brüste oder Schamgegend umklammern, oder wenn sie sich gern festhalten läßt, ihre Handgelenke hinter ihrem Rücken fassen. Einige harte Kissen unter ihrer Mitte werden verhindern, daß die Stellung mißlingt, wenn das Mädchen sich nicht gern festhalten läßt. Sie kann auch auf dem Fußboden knien, mit der Brust auf dem Bett oder der Sitzfläche eines Stuhls. Die Stellung mit dem Kopf unten eignet sich am besten für Tiefe und völlige Berührung – vermeiden Sie sie, wenn sie der Frau Schmerz verursacht, wenn sie einen schwachen Rücken hat oder schwanger ist. Manche Frauen haben es gern, wenn man während des Koitus mit dem Finger an der Klitoris spielt, und das ist bei allen Stellungen von hinten leicht. Je-

Von hinten
Vermeiden Sie, allzu tief einzudringen.

denfalls lohnt es den Versuch, zumal es den Empfindungs-
bereich völlig verändert. Das Umfassen der ganzen Vulva
mit einer Hand verursacht wieder ein anderes Gefühl und
vermittelt nicht die übertriebene Schärfe, die durch starke
Klitorisreizung erzielt wird. Oder Sie können den Penis
kurz herausziehen und ein paarmal mit der Eichel, die Sie
mit der Hand führen, über die Klitoris streichen.

Während die tiefe, kniende Stellung eine der kräftigsten
ist oder sein kann, ist die in Seitenlage von hinten die weitgehend sanfteste (*à la paresseuse* – die träge Stellung) und
kann sogar im Schlaf ausgeführt werden – am besten, wenn
sie den oben liegenden Schenkel ein wenig hochzieht und
das Hinterteil vorstreckt. Das ist eine Stellung, die mit sehr
geringer oder fast gar keiner Erektion durchführbar ist; sie
kann dazu beitragen, eine zeitweilige Impotenz oder Nervosität des Mannes zu kurieren. Sie eignet sich auch vorzüglich, wenn man aus gesundheitlichen Gründen sanft
vorgehen will, sowie für Fettleibige oder leicht Behinderte.

Es lohnt sich, mit allen Positionen von hinten zu experimentieren, zumindest ebenso gründlich wie mit den einander zugewandten Versionen, denn es wird mindestens eine
geben, die Sie fast sicher neben der Missionarstellung und
deren Varianten sowie den Stellungen, bei denen die Frau
rittlings sitzt, anwenden werden.

Postillonage

Man legt kurz vor dem Orgasmus einen Finger an den Anus
seines Partners oder steckt ihn hinein. Beliebt in französischen Sexbüchern und wirkt bei manchen Leuten. Den meisten ist ein fester Fingerdruck knapp vor dem Anus lieber;
bei Männern kann das, allein angewandt, eine Erektion be-

wirken. Benutzen Sie, wenn Ihnen das lieber ist, eher einen kleinen Vibrator – stecken Sie ihn nicht danach in die Vagina, wenn Sie ihn tatsächlich eingeführt haben. Kräftiger Druck mit einer Ferse hinter dem Hodensack oder zwischen Anus und Vulva wirkt bei manchen Stellungen ebensogut.

Négresse

À la négresse (auf Negerart) – von hinten. Sie kniet, die Hände hinter dem Nacken gefaltet. Brüste und Gesicht auf dem Bett. Er kniet hinter ihr – sie hakt ihre Beine über seine und zieht ihn damit an sich – er legt eine Hand auf jedes ih-

Négresse
Sie kniet, die Hände hinter dem Nacken gefaltet. Eine sehr tiefe Stellung.

rer Schulterblätter und drückt sie nach unten. Eine sehr
tiefe Stellung – dabei kann es vorkommen, daß er sie mit
Luft vollpumpt, die später auf beunruhigende Weise ent-
weicht – ansonsten hervorragend.

Croupade

Jede Stellung, die sie einfach von hinten nimmt, d. h. alle
Stellungen, bei denen man von hinten eindringt, außer jener, bei denen sie ein Bein zwischen seinen hat oder halb
abgewendet auf der Seite liegt (siehe unter »Cuissade«).

Croupade
Unmittelbar von hinten.

157

Cuissade

Die Stellungen, bei denen man halb von hinten eindringt, wenn sie ihm den Rücken zuwendet und er in sie eindringt, wobei eines ihrer Beine zwischen seinen und das andere mehr oder minder hochgezogen ist; bei manchen Varianten liegt sie halb auf der Seite, noch von ihm abgewandt.

Cuissade
Halb von hinten, halb von der Seite.

Florentinisch

Koitus auf Florentiner Art: Dabei hält die Frau die Penis-haut (und die Vorhaut, wenn er eine hat) bei Ein- und Aus-wärtsbewegung mit dem Finger und Daumen an der Penis-wurzel kräftig zurück und dauernd gespannt. Eine ausge-

158

zeichnete Methode, um die Ejakulation zu beschleunigen. Verstärkt, wenn man die richtige Spannung bewirkt, die Empfindung des Mannes beträchtlich.

Florentinisch
Verstärkt die Empfindung des Mannes beträchtlich.

Saxonus

Coitus saxonus – ein kräftiges Drücken auf die männliche Harnröhre nahe der Peniswurzel, um den Samenerguß und (wie man hofft) eine Befruchtung zu verhindern. Als Empfängnisverhütungsmittel jedoch unbrauchbar, da die Spermatozoen lange vor der Ejakulation auftauchen. Aber

159

manche Frauen haben den Trick heraus, beim Masturbieren aufzuhören und die Ejakulation wieder einsetzen zu lassen, wodurch sie den Höhepunkt des Mannes hinauszögern. Das geschieht am besten durch Drücken mit zwei oder drei Fingern auf den Schaft nächst der Wurzel. Sie müssen kräftig drücken (aber nicht so kräftig, daß blaue Flecken entstehen). Manche drücken in der Mitte zwischen Hodensack und Anus. Damit will man erreichen, daß die Ejakulation langsam vor sich geht. Wenn man sie völlig stoppt, wird der Partner schließlich in die Blase ejakulieren. Es gibt keinen Beweis für die Schädlichkeit dieses Vorgangs, außer er tritt zu heftig und zu häufig ein; wahrscheinlich sollte man ihn überhaupt besser vermeiden. Das Unterbrechen des Samenergusses dürfte ebenfalls harmlos, aber schwierig und nicht bei jedem durchführbar sein. Frauen, welche diesen Trick beherrschen, erklären, daß er beliebt sei, aber das mag vom Partner abhängen. Man kann auch knapp vor der Ejakulation aufhören und nach einigen Minuten von neuem beginnen.

Pompoir (Saugvagina)

Die begehrteste von allen weiblichen Sexreaktionen. »Sie muß ... das Yoni schließen und verengen, bis es den Lingam wie mit einem Finger festhält, nach Belieben öffnen und schließen, und schließlich verfahren wie die Hand des Gopalamädchens, das die Kuh melkt. Das läßt sich nur durch lange Übung erlernen, und insbesondere, indem man den Willen in den betreffenden Körperteil verlegt, so wie Männer sich bemühen, ihr Gehör zu schärfen ... Dann wird ihr Mann sie höher schätzen als alle Frauen, und er würde sie nicht für die schönste Königin der Drei Welten

Pompoir
Von allen weiblichen Sexreaktionen die begehrteste.

eintauschen ... Bei manchen Völkern sind die Vaginal-schließmuskeln abnorm stark entwickelt. In Abessinien zum Beispiel kann eine Frau sie so anspannen, daß sie dem Mann Schmerzen zufügen, und sie kann, wenn sie auf seinen Schenkeln sitzt, einen Orgasmus herbeiführen, ohne sonst einen Körperteil zu bewegen. Eine solche Künstlerin wird von den Arabern Kabbazah, wörtlich Halterin, genannt, und es ist nicht erstaunlich, daß Sklavenhändler große Summen für sie bezahlen.« Soweit Robert Burton. Es hat nichts mit »Völkern«, aber sehr viel mit Übung zu tun (siehe unter »Trainieren«).

Vogelgesang am Morgen

Was Ihr Partner im Orgasmus sagt, sollte ihm oder ihr nie vorgehalten werden – man kann es rekapitulieren, wenn beide in entsprechender Laune sind, aber nur dann. Es ist der Augenblick, in dem die Menschen geistig am nacktesten sind. Was Frauen beim Orgasmus sagen, stimmt über Zeit und Kontinente hinweg erstaunlich überein. Japanerinnen und Inderinnen, Französinnen und Engländerinnen, sie alle stammeln vom Sterben (»Manche von ihnen«, sagte Abbé Brantôme, »schreien laut ›Ich sterbe‹, aber ich glaube, diese Todesart macht ihnen Vergnügen«), von der Mutter (sie rufen im kritischen Augenblick oft nach ihr) und von etwas Religiösem, auch wenn sie Atheistinnen sind. Das ist natürlich – der Orgasmus ist der religiöseste Augenblick unseres Lebens, alle anderen mystischen Anfälle sind eine bloße Übertragung davon. Männer können knurren wie Bären oder aggressive, einsilbige Wörter hervorstoßen wie »Drin, drin, drin!«. Die Frau des »Leoparden« im Roman schrie immer »Jesusmaria!«, und es gibt eine unendliche Zahl von Tönen, die an Sprechen grenzen. Warum diese bei beiden Geschlechtern so reizvoll sind, läßt sich schwer sagen. Die Inder verglichen sie mit Vogelrufen und warnten davor, wie leicht Papageien und Stare sie lernen und im unpassenden Augenblick zum besten geben – also keine Papageien ins Liebeszimmer! Es ist wichtig, die Modulation verstehen zu lernen, während man sich an der Musik ergötzt, insbesondere zu wissen, wann »Stop!« bedeutet, daß man aufhören soll, und wann »Um Himmels willen, mach weiter!« gemeint ist. Es ist eine individuelle Sprache. Man muß nur ein sensibler Beobachter sein.

Manche der »Wörter« verstehen sich von selbst – ein Keuchen, wenn eine Berührung richtig ankommt, ein bebendes Ausatmen, wenn man fortfährt. Frauen und manche Männer reden dauernd in einer Art Babyflüstern, oder sie wiederholen die unwahrscheinlichsten obszönen Ausdrücke – manche kann man mehrere Häuserblocks weit hören, andere sind totenstill oder lachen und schluchzen beunruhigend. Manche der wirklich lärmenden Musikerinnen wollen, daß man sie schreien läßt, anderen ist es lieber, wenn man sie knebelt oder ihnen – wie auf japanischen Stichen – ihr Haar in den Mund stopft (japanische Häuser haben Papierwände). Männer können ebenso geräuschvoll sein, schreien aber gewöhnlich nicht so ausdauernd.

Es ist wichtig, bei gemeinsamem ungeniertem Koitus so viel Lärm zu machen, wie es einem gefällt. Merkwürdig, daß wir das schreiben müssen, aber Leute, die Häuser und Hotels entwerfen, haben das noch nicht erkannt – sie alle scheinen mit lautlosen, kinderlosen Partnern verheiratet zu sein, sonst würden sie die Wände nicht so dünn bauen. Ein völlig lautloser Koitus, bei dem jeder Partner die Hand auf den Mund des anderen hält, kann spaßig sein, wenn man einfach nicht riskieren darf, gehört zu werden.

Eine andere Variante besteht darin, zwei Arten des Geschlechtsverkehrs zugleich zu betreiben – normalen, sanften Koitus, wobei jeder Partner in der Phantasie, vielleicht
für das nächstemal, einen anderen, viel zügelloseren Akt
beschreibt. Die Phantasie kann so wild sein, wie es einem
gefällt. Es ist der Ort, an dem man Dinge, die man unmöglich ausführen kann, erproben und die exzentrischen Bedürfnisse seines Partners erfahren kann. Diese Träume
können heterosexuell, homosexuell, blutschänderisch,

Vogelgesang am Morgen
Keine Papageien ins Liebeszimmer!

zart, wild oder blutdürstig sein – unterdrücken Sie sie nicht, und fürchten Sie sich nicht vor der Phantasie Ihres Partners; es ist ein Traum, in dem Sie inbegriffen sind. Aber seien Sie vorsichtig mit dem Festhalten solcher Träume, denn sie können bei Tageslicht beunruhigend sein. Lassen Sie sie mit der Auslösung des Orgasmus verschwinden.

Liebende, die einander wirklich kennen, werden nicht erschrecken und auch keinen Vorteil daraus ziehen. Wenn Sie diese doppelte Nacktheit beunruhigend finden, setzen Sie Regeln fest – nur durchführbare oder erfreuliche Phantasien; erwähnen Sie nie, absolut niemals später im Zorn die Bettgespräche (»Ich wußte immer schon, daß du lesbisch bist« oder dergleichen). Das wäre niederträchtig. Von der Phantasie abgesehen, ist die einzige beunruhigende Kundgebung bei der Liebesmusik, wenn die Frau unbändig lacht – manche tun es. Halten Sie sich diesbezüglich nicht zu streng an die Konventionen. Sie lacht nicht über Sie.

Der kleine Tod

La petite mort, der »kleine Tod« in der französischen Poesie. Manche Frauen verlieren tatsächlich das Bewußtsein. Auch Männer tun es gelegentlich. Die Erfahrung ist nicht unangenehm, kann aber einen unerfahrenen Partner mit eisigem Schrecken erfüllen. Einem unserer Freunde widerfuhr das bei dem erstem Mädchen, mit dem er schlief. Als sie sich erholte, erklärte sie: »Es tut mir schrecklich leid, aber das tue ich immer.« Er hatte inzwischen die Polizei und den Krankenwagen gerufen. Es besteht also kein Grund zur Panik, ebensowenig wie bei Schreien, Krämpfen, hysterischem Gelächter oder Schluchzen oder irgendeiner der sonstigen ganz unerwarteten Reaktionen, die sich bei manchen Menschen beim vollen Orgasmus zeigen. Andere dagegen schließen bloß die Augen, empfinden aber nicht weniger Vergnügen. Heulen und Zähneklappern können ein schmeichelhaftes Zeugnis für das Können eines Partners sein, aber ein trügerisches, denn es ist nicht von der Stärke des Gefühls, dieses aber auch nicht von ihnen abhängig.

Männer werden nicht sehr oft ohnmächtig – das ist ein Vorrecht der Frauen, aber Männer können einen großartigen Ohnmachtsanfall vortäuschen. Jedenfalls werden Sie das Muster Ihres Partners bald kennenlernen.

Noch einmal

Das können nicht alle, wir sind aber sicher, daß es viel mehr könnten, als tatsächlich der Fall ist, vor allem viel mehr Männer.

Multiple Orgasmen kommen bei vielen, wenn auch nicht bei allen Frauen vor, entweder beim Koitus oder im Nachspiel nach einem Orgasmus. Das heißt, wirklich leicht reagierende Frauen, die wie Männer in die Kategorie »Einmal und damit genug« fallen, sind verhältnismäßig selten. Manche haben eine andauernde Reihe von Orgasmen, ohne einen einzigen, starken Höhepunkt. Die Reaktionsfähigkeit ist eine undefinierbare Mischung von Physiologie, Stimmung, Kultur, Erziehung und Zusammensein mit dem begehrten Mann. Falls man einen wirklich intensiven Höhepunkt erreichen kann, bleibt es nicht bei diesem einen, wenn man weitermacht. Ausnahmen sind vor allem Frauen, die zart sind und leicht ermüden, oder Frauen, die nach jedem Orgasmus die Periode intensiver Entspannung lieber genießen, als zu einer neuen Erregung überzugehen.

Bei Männern ist es noch komplizierter. Es gibt welche, die in einigen Stunden sechs oder mehr volle Orgasmen erreichen können, wenn sie nicht in Zeitnot sind und es nicht täglich probieren. Manche können täglich einen Orgasmus haben, andere bekommen für eine bestimmte Zeit keine zweite Erektion. Es lohnt sich festzustellen, wie lange das dauert – es kann kürzer sein, als man annimmt. Niemand weiß, ob sich das ändern läßt – auch nicht, ob individuelle Unterschiede von körperlichen oder geistigen Faktoren abhängen. Ganz gewiß aber wurden viele Männer durch die Behauptung, Sex sei erschöpfend, zu einer geringeren Leistung veranlaßt, als im Bereich ihrer Möglichkeiten liegt.

Da Übung und Training fast alle Leistungen heben, wäre es merkwürdig, wenn sie das gerade auf diesem einen Gebiet nicht zustande brächten. Jedenfalls kommt es für den Mann nicht auf die Anzahl der Orgasmen an – die meisten Männer können durch langsame Handarbeit einen zweiten und innerhalb einer Stunde nach vollendetem Koitus einen dritten durch Selbstreizung bekommen –, sondern eher auf die Fähigkeit, den eigenen Orgasmus zu verzögern, solange

Noch einmal
Die Toten erwecken.

man es wünscht, oder nachher bzw. bald danach weiterzumachen, auch wenn man nicht ein zweites Mal kommt. Tut man das nicht, so kann man eine Frau nicht zum Höhepunkt bringen. Viele Liebhaber versuchen es nicht, sondern ändern, um sich zu schonen, ihre Technik. Das ist nur dann zu vertreten, wenn beide zugleich oder wenigstens ziemlich bald nacheinander zum Ende kommen.

Besonders wichtig ist die Fähigkeit, sich zurückzuhalten und noch einmal zu kommen, für die vielen (gewöhnlich allzu enthaltsamen) Männer, die unter Überempfindlichkeit leiden. Lassen Sie es nicht dazu kommen, daß es eine immer schlimmer werdende Qual wird. Die Zeit spielt nämlich dabei gar keine Rolle, vorausgesetzt, Sie können in einer halben Stunde wieder eine Erektion bekommen – es gibt genug anderes zu tun, während Sie warten. Vermeiden Sie Ängstlichkeit vor der Leistung; finden Sie lieber durch Probieren heraus, wie bald Sie wieder eine brauchbare Erektion bekommen können – sie wird gewöhnlich lang andauern und nicht mit einem vollen Höhepunkt enden, Sie jedoch in den Stand setzen, Ihrer Partnerin zehn, zwanzig oder mehr Minuten vollen Koitus zu geben, während Sie sich mit ihr beschäftigen.

Wenn er nicht kann, es nicht tut oder darüber beunruhigt ist, hat es keinen Zweck, mit ihm zu diskutieren. Sie müssen die Initiative ergreifen, Madame. Genaue technische Details werden unter »Überempfindlichkeit« angegeben. Wenn Sie ein enttäuschtes Gesicht machen, ist es aus für diese Nacht und vielleicht für immer. Schlagen Sie ein Ablenkungsmanöver vor, lassen Sie ihm eine halbe Stunde Zeit, dann machen Sie ihn selbst mit Hand- und Mundarbeit fit. Erzählen Sie zu anderer Zeit, was Sie beabsichtigen; Sie wollen sehen, wie bald er wieder zu einer Erektion fähig ist (sonst sieht es so aus, als wären Sie unbefriedigt, dann fühlt er sich schuldig und schaltet sich selbst aus). Wenn Sie das nett formulieren, fügen Sie Ihrer beider Leben eine neue Dimension hinzu. Zwei wichtige Punkte müssen Sie beachten: Erstens, manche Männer können unmittelbar nach einem vollen Orgasmus keine Genitalerregung ertragen – sie empfinden sie als heftigen Schmerz. Wenn es so ist, lassen Sie ihm eine halbe Stunde oder länger Zeit. Zweitens, wenn er dabei wirklich schwach reagiert, versuchen Sie es trotzdem, denn bei ziemlich vielen Frauen kann man durchaus mit einer schwachen Halberektion eindringen, wenn man sie, auf der Seite liegend, von hinten nimmt. Wenn es einmal so begonnen ist, erfolgt gewöhnlich später eine volle Erektion.

Manche Männer können, wenn sie müde sind, keine Erektion bekommen, wohl aber mit Hand- und Mundarbeit zum Samenerguß gelangen; andere bekommen eine Erektion, die unendlich lang dauert, erreichen aber keinen Orgasmus. Die letztgenannten, die tatsächlich langsam reagieren, werden Sexualathleten. Ob sich das wahlweise entwickeln läßt, ist unklar, aber häufiger Sex und ein gewisses Maß an Masturbationstraining im Hinauszögern des Höhepunktes wird helfen. Die meisten Überempfindlichen haben zu selten Geschlechtsverkehr.

Wiederbelebung: Die beste Wirkung erzielen geschickte Hand- und Mundarbeit und direktes Saugen. Eine Frau kann nicht nur den Penis, sondern auch den ganzen Hodensack vorsichtig in den Mund nehmen und mit den Lippen halten, dann am Penis selbst fest saugen und dabei hinten an dessen Wurzel mit einem Finger drücken. Wenn sie dann ein Steifwerden spürt, kann sie zu Ein- und Auswärtsbewegungen übergehen. Kräftiges Masturbieren wird mit der Zeit stets einen zweiten Samenerguß verursachen, auch wenn es keine brauchbare Erektion hervorbringt. Manche

Paare, die ihre ganze Leidenschaft verbraucht haben, aber noch einen Orgasmus wünschen, ehe sie aufhören, liegen gern einander gegenüber und sehen zu, wie sie sich zum Höhepunkt bringen. Das ist ein zusätzliches Erlebnis, kein Eingeständnis eines Mißerfolgs, und kann unerhört und unerwartet aufregend sein.

Entspannung

Wahrscheinlich ist eine allgemeine Erfahrung – und wir nehmen sie hier als gegeben hin –, daß das Orgasmusgefühl mit höchster Muskelanspannung einhergeht. Eine große Zahl von Methoden (Stellungen, Fesselung und dergleichen) sind darauf gerichtet, diese Spannung zu verstärken. Aber diese Absicht darf man nicht verallgemeinern, denn ihr steht eine andere Erfahrung gegenüber: Der Orgasmus völliger Entspannung läßt sich eher schwerer erreichen, vor allem deswegen, weil man ihn nicht künstlich verstärken kann, aber er ist anders und – wenn er funktioniert – überwältigend. Es gibt auch manche Menschen, vor allem Frauen, bei denen die Spannung anscheinend eine volle Reaktion verhindert.

Wir haben ideologische Schriften zu diesem Thema gelesen, die zum Beispiel andeuten, daß Spannungsorgasmen Angst vor aller Preisgabe, latenten Sadismus und dergleichen darstellen. Ein Autor war der Ansicht, daß Schreie, Grimassen und Zuckungen eher Angst und Pein anzeigen als Liebe und Lust – vermutlich hat er sich beim Liebesakt nie selbst gesehen oder niemals einen wirklich stürmischen Orgasmus erlebt. Tatsächlich scheint die einzige akzeptable Generalisierung über Sex darin zu bestehen, daß kein Modell für alle Menschen anwendbar ist. Inwieweit diese Unterschiede zwischen den Individuen von der Physiologie abhängen oder von latenter Aggression und dergleichen, ist wahrscheinlich keine wirkliche Frage – manche brauchen das eine und manche das andere. Unserer Ansicht nach können die meisten Menschen ihr Repertoire durch Übung erweitern, indem sie beides zu verwenden lernen und die Erfordernisse des Augenblicks so spüren, daß sie sie abwechseln, dadurch das Gebiet ihrer physischen Empfindungen verdoppeln und den Sex noch offenherziger machen. Sicher ist manche Spannung mit Angst vor dem Sichgehenlassen gleichzusetzen, und manche lassen sich lieber freiwillig »zwingen«, Orgasmen zu haben. In diesem Fall ist es – zumindest anfangs – vernünftig, die Reaktionen, die man hat, zu nutzen. Wenn Sie aber diese Art von Reaktionen erkennen, müssen Sie auch die andere Methode versuchen. Säugetiere wählen offenkundig je nach Gattung zwischen Kampf und Vergewaltigung und einer Version, bei der das Weibchen nahezu indifferent erscheint, so daß sich also aus der Zoologie nicht viel lernen läßt.

Der einfache, schläfrige, gewöhnliche Koitus auf der Seite oder in der »Missionarstellung« ist entspannt, aber das meinen wir nicht. Bei einem angestrebten entspannten Orgasmus ist entweder ein Partner völlig passiv und der andere ist ein Solist, oder beide erreichen einen Zustand der Gelöstheit, bei dem ganz automatische – bei der Frau innere – Bewegungen erfolgen. Versuchen Sie beides – es ist leichter, anfangs beide Methoden gemeinsam auszuführen.

Wahrscheinlich die leichteste Anfangsmethode besteht darin, daß der weniger aktive Partner im gewöhnlichen Koitus (das heißt meistens, aber nicht immer, der untenliegende), sobald der Orgasmus einsetzt, versucht, jede Bewegung zu stoppen und völlig schlaff zu werden (warnen Sie Ihren Partner vor). Manche Leute machen das von Natur

Entspannung
Manche Leute lernen, einen Orgasmus zu bekommen, bei dem sie völlig verschmelzen.

172

aus: Wenn Sie irgendeine der modernen Entspannungs-
übungen trainiert haben, bei der Sie zuerst einen Finger
schwer werden lassen und so fort, so verwenden Sie hier die
gleiche Technik. Möglicherweise stellen Sie fest, daß diese
Tatsache bei den ersten Malen eine andere Art von Spannung hervorruft, aber nach einigen Versuchen können die
meisten leicht erregbaren Menschen erlernen, ihren Orgasmus kommen zu lassen, und werden finden, daß es ein anderes Gefühl ist als der gleichfalls lustvolle Orgasmus, den
man durch Anstrengung oder durch eifrige Bewegung und
Hinausschieben des Höhepunktes herbeiführt. Schieben Sie
ihn nicht hinaus – verhalten Sie sich überhaupt nicht aktiv!
Dann üben Sie die gleiche Art von Entspannung, während
Ihr Partner Sie masturbiert oder saugt. Die Bewegungen,
die er oder sie vollführt, werden physisch die gleichen sein
wie für »langsames Masturbieren«, wie wir es auf Seite
221 ff. beschreiben, aber der aktive Partner erwartet eine
ganz andere Reaktion. Bei der »harten« Version, egal, ob
der Partner gefesselt ist oder frei, halten Sie ihn absichtlich
zurück oder treiben ihn an und bleiben ein wenig hinter seinen Reaktionen zurück. Bei der »sanften« Version müssen
Sie diesen Reaktionen um einen Bruchteil zuvorkommen,
so daß der andere sich nicht zu bewegen oder zu sträuben
braucht. Der Unterschied läßt sich nicht beschreiben, nur
fühlen. Praktisch bedeutet es einen schnelleren, gleichmäßi-
geren Stimulationsrhythmus – kein langsames Hochbringen und keine plötzlichen Ausbrüche. Sie vollziehen es, und
der Partner läßt es kommen.
   Wenn Sie dies einmal beim Koitus und bei anderen Arten
der Erregung, einschließlich aller von uns erwähnten Spezialfälle, richtig erkannt haben, können Sie zum »bewe-
gungslosen« Koitus übergehen. Anfangs wird er natürlich
nicht ganz bewegungslos sein, aber probieren Sie nach den

ersten sanften Bewegungen, was geschieht, wenn Sie zu denken aufhören. In gewissem Grade werden die Bewegungen weitergehen, aber mit der Zeit und durch Übung immer weniger bewußt werden, besonders wenn die Frau über eine gute Kontrolle der Vaginalmuskeln verfügt. Manche Leute lernen schließlich, einzudringen und nichts zu tun, aber dennoch einen Orgasmus zu bekommen, bei dem sie völlig verschmelzen, so daß sie das Gefühl haben, eine einzige Person zu sein – was sich wieder nicht beschreiben und wahrscheinlich nicht immer verwirklichen läßt, aber phantastisch ist, wenn es passiert. Wir betonen, daß es dabei nicht nötig ist, langsam vorzugehen, zurückzuhalten oder sonst irgendwie willkürlich zu verfahren. Wenn Sie finden, daß es nicht klappt, gehen Sie wieder zur gewöhnlichen Bewegung über, ohne jedoch zu viel zu denken – manchmal werden Sie beide spüren, daß der Augenblick gekommen ist, die Stellung zu ändern und einen großen Orgasmus anzustreben; völliges Verschmelzen läßt sich nicht auf Bestellung erreichen, und gewöhnlicher, kräftiger Sex ist schön. Wenn man andererseits die Entspannung erlernt hat, wird man einen solchen Orgasmus wieder erleben wollen.

Worauf es die meisten Sexualjogis abgesehen haben, ist zuverlässige Entspannung und das damit verbundene, fast erschreckende Selbstverlieren, nur daß sie gewöhnlich versuchen, den Samenerguß zu verhindern. Manche dieser Sexualmystiker empfehlen eine besonders entspannte Stellung (der Mann liegt auf seiner linken Seite, die Frau in rechtem Winkel auf dem Rücken mit angezogenen Knien, die Beine über seinen Hüften, die Füße flach auf dem Bett). Ob das hilft, dürfte von Ihrem Körperbau abhängen. Was sich für Leute, die sich nicht ganz entspannen können, als Vorschlag lohnt, ist das Durchspielen aller von uns beschriebenen Methoden mit der Absicht, sich zu entspannen, statt Höchstspannung zu erreichen, und ihre Reaktion entsprechend anzupassen. Ebenso sollten Menschen, die sich beim Verkehr natürlich entspannen, gelegentlich versuchen, auf volle Spannung auszugehen – genauso wie Frauen, die gern um sich schlagen, manchmal versuchen sollten, stillzuhalten und umgekehrt. Ein derartiges Experimentieren entgegen der individuellen natürlichen Reaktion ist für die Erweiterung des eigenen Bereichs der Liebesbetätigung wertvoller als mechanische Stellungsänderungen oder das Ausprobieren von Apparaten und Tricks. Es ist ein Teil des Liebens, der mehr Mühe als bloße Neugier erfordert, aber unbedingt nötig, wenn man beim gemeinsamen Sex bis an die Grenzen der körperlichen und geistigen Fähigkeiten kommen will.

Beim Aufwachen

Sie sagt: »Die Art, wie man schläft, ist wichtig, und es ist der Mann, der mit einer Erektion erwacht. Es ist zwar herrlich, durch einen Koitus geweckt zu werden, nicht aber, wenn man einen schauderhaften Tag hinter sich hat und am nächsten Morgen eine wichtige Besprechung vor sich hat. Sei also vernünftig! Es ist auch nicht das Richtige, wenn man mitten in einem Traum ist, den man zu Ende träumen will.« Manche Frauen brauchen minuten- oder stundenlang, um aufzuwachen, und wenn sie auch Vergnügen daran haben, mit einem sanften Koitus aufzuwachen – und der wirkt weit besser als ein Wecker –, so dürfen Sie keine sportliche Betätigung erwarten. Der Haken daran ist, daß um diese Zeit viele Männer dazu bereit sind und erwarten, geritten, masturbiert, gesaugt und sonst allerhand zu werden. Sparen Sie diesen frühen Leistungssport beim

Erwachen für Sonn- und Feiertage auf und kochen Sie lieber, Erektion oder nicht, zuerst Kaffee. Manche Paare haben das Glück, ungefähr die gleichen Schlafenszeiten zu haben, wenn aber einer ein Frühaufsteher und der andere Partner ein Nachtmensch ist, könnte auch das sehr wohl zu wirklichen Problemen führen. Wenn Sie solche haben, sprechen Sie darüber. Manche Menschen benutzen den Schlaf als Ausflucht, um den Koitus zu umgehen, aber bei Liebenden, die unterschiedliche Zeiten bevorzugen, kann er echt sein und bedeutet keineswegs Ablehnung.

Wenn Sie Kinder haben, müssen Sie darauf vorbereitet sein, von ihnen geweckt zu werden, und sich entsprechend danach richten. Sperren Sie sie nicht aus. Richten Sie Ihr Sexualleben so ein, daß Sie zu anderen Zeiten ungestört sind – wenn sonst alles mißlingt, nehmen Sie einen Babysitter und bleiben Sie einmal monatlich in einem Hotel. Der ungestüme Lärm von fortwährender Sexbetätigung würde bei jedem Kleinkind Probleme verursachen, deshalb dürfen Sie das nicht riskieren. Die Art von Sex, die wir betreiben und hier beschreiben, schließt Fruchtbarkeit fast aus – es ist eine Entscheidung, die man unter den gegebenen Umständen der häuslichen und Familienstruktur treffen muß.

Beim Aufwachen
Manche Paare haben das Glück, ungefähr die gleichen Schlafenszeiten zu haben.

Saucen

Zeit zum Spielen

Wir haben es schon gesagt, aber wir wiederholen es noch einmal: Sex ist die wichtigste Art von Spiel für Erwachsene. Wenn man sich dabei nicht entspannen kann, tut man es nie. Fürchten Sie sich nicht vor einem Psychodrama. Seien sie der Sultan mit seiner Lieblingskonkubine, der Einbrecher mit dem Mädchen, sogar ein Hund mit dem flüchtenden Kaninchen – alles, was die Phantasie Ihnen eingeben mag. Legen Sie zusammen mit Ihren Kleidern auch Ihre Schale ab.

Manche Menschen werden außerordentlich erregt, wenn sie mit dem ältesten dramatischen Hilfsmittel der Welt, einer Maske, Sex betreiben (siehe unter »Masken«). Die meisten von uns können lernen, ohne Maske die gleiche Verän-

Zeit zum Spielen
Wahrscheinlich ist der Verlust der Angst beim Spiel die wichtigste Lektion des Sex.

derung zu bewerkstelligen, auch wenn dies gelingt, ist die geistige Nacktheit zwischen euch die erheiterndste Art von Nudismus – so vollständig, daß man zuerst gesunde Angst davor hat. Wahrscheinlich ist der Verlust der Angst die wichtigste Lektion des Sex. Ein Martini hilft – mehr davon kann alles verderben. Jedenfalls sind Alkohol, Rauschgift usw. nur Ersatz für das, was man bei richtiger Sexentspannung erreicht.

So lassen Sie ihn also einen Römer sein oder einen Hund oder eine Frau oder einen Gangster, und lassen Sie sie eine Jungfrau sein oder eine Sklavin, eine Sultanin oder Lolita oder jemand, den Sie vergewaltigen wollen oder sonst etwas, das einen von euch beiden erregt. Ihr wart nicht befangen dabei, als ihr drei Jahre alt wart – entwickelt euch wieder zurück aus der Erwachsenenumgebung. Die Regeln sind bloß die der Spiele als Kinder – wenn das Spiel bösartig, gehässig oder unheilvoll wird, hört auf damit; solange es wild und aufregend bleibt, hat es einen Höhepunkt, der kindlichen Spielen fehlt: Das ist das Vorrecht des Spielens für Erwachsene.

Chinesischer Stil

In den klassischen Abhandlungen, bemerkenswert ähnlich dem ungehemmten europäischen Sex, und das beste daran sind die köstlichen Namen für die Stellungen: »Heulender Affe, sich an einen Baum klammernd«, »Wildgänse, auf dem Rücken fliegend«, für zwei ganz gewöhnliche Stellungen (einander gegenüber sitzend; die Frau oben mit ihm zugewandten Rücken). Die wesentliche Verfeinerung besteht in verschiedenen komplizierten Mischungen aus tiefen und nicht tiefen Stößen, oft in magischer Anzahl – fünf tiefe, acht nicht tiefe, und so fort. Koitus nackt, auf einem chinesischen Bett, im Freien oder auf dem Fußboden. Die Frau wird im Sex weit weniger als in der indischen Erotologie wie eine Gleichgestellte behandelt. Mystische Schulen versuchten, den Samenerguß zu vermeiden (siehe unter »Karezza«).

Indischer Stil

Ist heute durch Kamasutra, Kokaschastra und dergleichen allgemein bekannt. Koitus auf einem Bett oder auf Kissen, völlig nackt, wobei aber die Frau all ihren Schmuck trägt. Zahlreiche komplizierte Stellungen, manche kommen vom

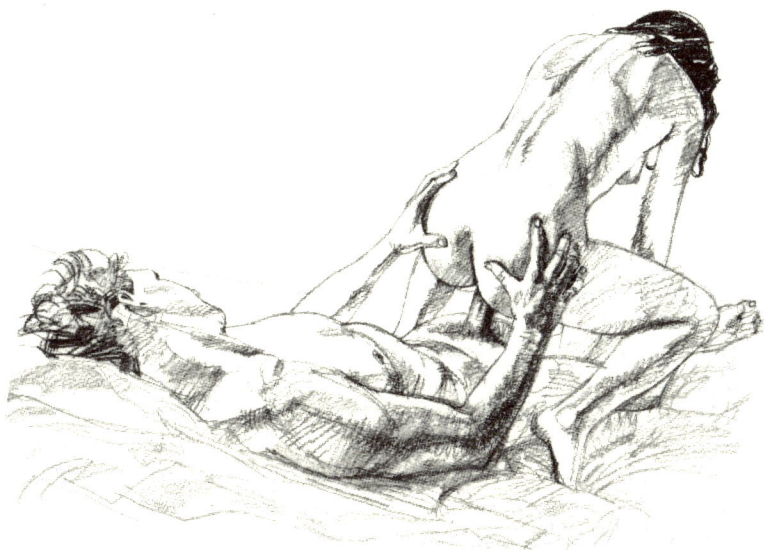

Chinesischer Stil
Das beste daran sind die köstlichen Namen für die Stellungen.

Yoga her und zielen auf Vermeidung des Samenergusses ab (siehe unter »Karezza«). Stehende Stellungen und solche mit der Frau obenauf *(puruschayita)* gelten als besonders hingebungsvoll, da im Tantrischen Hinduismus sie die Energie und er die Immanenz ist. Wenn Sie es im ursprünglichen Geiste und nicht nur der Abwechslung halber tun, ist alles eng mit der indischen Liebe für ein Leben auf mehreren Ebenen verbunden – nicht nur der Sex, sondern auch die Meditationstechnik, in der man versucht, zu mystischen Zwecken subjektiv sowohl Mann als auch Frau zu sein, sowie der modifizierte Tanz, bei dem man, abgesehen vom Liebesakt, eine Szene aus dem Heiligenleben Wischnus und dessen Avataras oder aus dem Leben Ramas spielt.

In der wichtigsten Abhandlung über klassischen Tanz gibt es einen Abschnitt über Sexualtechnik – die Tänzerinnen waren Tempelmädchen, Devadassis, die sich den Gläubigen als Teil einer religiösen Andachtsübung hingaben. Es ist für uns, obwohl uns die psychoanalytische Richtigkeit eines großen Teils der Hindu-Intuition allmählich klar wird, schwer zu begreifen. Zu den Besonderheiten gehören Liebesschreie (siehe unter »Vogelgesang am Morgen«), Liebesschläge (mit den Fingerspitzen gegenseitig auf Brust, Rücken, Hinterbacken und Genitalien), Liebesbisse als Besitzzeichen und erotische Kratzspuren (traditionell beschränkt auf Achselhöhlen und Hüftgegend – wo das Höschen sitzt –, dort sind Striemen durch die indische Tageskleidung unsichtbar).

Von allen indischen Stellungen lohnt es sich wahrscheinlich am ehesten, die stehenden zu lernen, wenn das Mädchen leicht genug ist. Nur wenige Frauen, die nicht von frühester Jugend dafür geschult wurden, könnten zum Beispiel in der »Brücke«, zurückgebogen auf Füßen und Händen, stehen, dann ihre Arme um ihre Beine legen und den Kopf zwischen die Schenkel biegen, um abwechselnd Penisstöße in Mund und Vagina zu empfangen – oder die von den Tempelmädchen verwendete Position auf einem Bein stehend, das andere Bein um die Taille gelegt, meistern. Die beste Leistung der Inderinnen, das vollkommene *pompoir*, kommt aus dem tamilischen Süden, wird aber leider nicht in den Texten gelehrt; allerdings lernen es die Devadassis von ihren Müttern (siehe unter »Pompoir«, »Trainieren«).

Japanischer Stil

Koitus auf dem Boden oder auf Kissen, wie bei den meisten orientalischen Stilarten; nur teilweise nackt, viele Hock- und Halbhockstellungen, viel Fesselung, viel Beschäftigung mit Zusätzen und allerlei Geräten. Wir sprechen hier von den Sexualgewohnheiten, welche die Holzschnitte aus dem achtzehnten und frühen neunzehnten Jahrhundert zeigen, nicht von der modernen, verwestlichten Version der Animiermädchen, die international ist. Was schwer zu kopieren wäre, ist die speziell japanische Mischung von Gewalttätigkeit und Zeremoniell. Andere Dinge sind: gründliche Fingerstimulierung der Frau, Daumen im Anus, Finger in der Vagina und eine ganze Reihe mechanischer Vorrichtungen – eine Eichelkappe aus hartem Material *(kabuto-gata)*, Penisschaftröhren *(do-gata)*, manche davon durchbrochen *(joroi-gata)* oder gleichfalls mit einer Eichelkappe versehen *(jaso-gata)*; Dildos *(engi)*, oft an der Ferse der Frau befestigt, während ihr Fußgelenk mit einer Schlinge um ihren Hals gehoben wird, um der Bewegung besseren Schwung zu verleihen; Riemen, die eng um den Penisschaft geschlungen werden, ihn rauh und dauernd steif genug für die Einführung in die Vagina zu erhalten, und *Merkins*, die in der

Hand gehalten werden *(azumagata)*. Die Stellungen umfassen alle Möglichkeiten, aber die Liebenden der »schwebenden Welt« finden besonderes Vergnügen an »Scheinnotzucht«, bei der die künstlerische Betonung auf riesigen Schamteilen, reichlicher Sekretion und dergleichen liegt.

Türkischer Stil

Der Sultan des Ottomanenreiches, das weit davon entfernt war, »in Saus und Braus« zu leben, war der Mann auf der Grundfläche einer riesigen Pyramide von Beamten und Eunuchen, die dauernd um sein Leben zitterten. Er mußte bei jedem Sexualakt ein Erbstammbuch unterschreiben. Häufig verbrachte er seine Jugend in der Gesellschaft von Mätressen, von denen bekannt war, daß sie unfruchtbar waren, während man darauf wartete, ob er an die Regierung gelangen oder bei der Thronbesteigung eines anderen Erben erdrosselt werden sollte. Die Mitglieder seines Harems wurden in den Künsten liebevoller Bereitwilligkeit unterwiesen. Die erwählte Dame kam nackt ins Schlafzimmer und glitt im Dunkeln unter die Decke am Fußende des Bettes, schlängelte sich neben ihn und wartete auf seine Wünsche. Widerspenstige Neuankömmlinge wurden vom Aga Baschi mit auf dem Rücken fest aneinandergefesselten Daumen hineingeführt und häufig durch Schläge auf die Fußsohlen zum Gehorsam gebracht. Pflichtvergessene Konkubinen wurden in Säcken ertränkt. Türkische erotische Szenen waren, im Gegensatz zu den Tatsachen, im christlichen Europa des neunzehnten Jahrhunderts sehr beliebt. Sie müssen nicht so sehr auf den Mann eingestellt sein – Sie können ebensogut Gulbeyaz sein, die einen ausgewählten christlichen Beschäler empfängt. Eines nach dem anderen.

Südslawischer Stil

Schriftlich gut belegt durch das sehr reiche erotische Volks-
liedgut des heutigen Jugoslawien. Nackter Koitus mit Betonung auf der Wichtigkeit des Genitalparfüms als Stimulans, mehrere bekannte Stellungen und Haltungen. Serbi-

Südslawischer Stil
Hart und zart – leidenschaftlich und liebevoll.

scher Koitus *(Srbski jeb)* ist Scheinvergewaltigung – man wirft sie nieder, faßt mit jeder Hand ein Fußgelenk und hebt sie über ihren Kopf, dann dringt man mit vollem Gewicht in sie ein (tun Sie das auf etwas Weichem – die traditionelle nackte Erde ist kein Spiel mehr). Kroatischer Koitus *(Hrvatski jeb)* ist eine Tätigkeit für Frauen – ein gründliches Zungenbad, bei dem der Mann frei oder an Pfosten gefesselt ist, nach gemächlicher Erregung gefolgt von Koitus rittlings auf ihm (von einheimischen Besserwissern als »erschöpfend« bezeichnet). Die Löwenstellung ist eine männliche Masturbationsmethode – in Hockstellung, die Fersen am Hodensack, nehmen Sie den Penis zwischen Ihre Fußgelenke, setzen Sie sich auf Ihre Hinterbacken und Hände, und bewegen Sie Ihre Beine gemeinsam. Der Stil ist leidenschaftlich und liebevoll, wie es zu einem Volk von bräutestehlenden Kriegern paßt, deren Frauen früher natürliche Partisanen waren und noch sind: hart und zart.

Ersatz

Handarbeit und orale Liebe sind kein Ersatz für vaginalen Koitus, sondern eigene Techniken. Die angegebenen »Ersatzmittel« sind das, was die Europäer früher als empfängnisverhütende Technik verwendeten, bei denen der Mann ohne Masturbation zum Samenerguß gebracht wurde und die weniger verpönt waren als oraler Sex. Die alten »Ersatzmittel« haben ihren Platz – manche, wie Brustkoitus, können beidseitig wirken, und alle machen gelegentlich Spaß – zum Beispiel während einer Menstruationsperiode oder wenn die Partnerin schwanger ist. Das *Paradis Charnel* aus dem Jahr 1903 gibt einige Möglichkeiten an: Hände (sie legt die Hände aneinander, verschränkt die Daumen und Finger und macht ihm eine Vagina, die sie mit Speichel befeuchtet – eine alte Methode zur Beendigung des normalen Koitus, ohne eine Empfängnis zu riskieren, obgleich es keine verläßliche Verhütungsmethode ist), die Brüste, die Achselhöhle und auch Armbeuge und Kniekehle. Eine andere Stelle ist das Haar (lange Haare oder Zöpfe lassen sich zu seiner Vagina zusammenrollen, oder man kann den Penis mit einer daraus gewundenen Schleife umschlingen; allerdings werden vielleicht manche Frauen dagegen Einwände haben, weil ihnen das Haarewaschen danach lästig ist). Derartige Praktiken sind zudem ein nützlicher Beitrag zum »Safer Sex«.

Karezza

Die Methode von Alice Stockham – man macht immerfort weiter und vermeidet den Orgasmus des Mannes.

In Wirklichkeit ist es eher eine gegen vorzeitigen Samenerguß gerichtete Übung als eine allgemeine Koitaltechnik. Lang dauernder Koitus ist großartig, aber er zielt doch auf schließliche Ejakulation ab. Er ist ungeheuer befriedigend für die Frau. Die ursprüngliche Stockham-Version, bei welcher der Mann nicht ejakulierte, sondern seine Erektion in der Vagina aufrechterhielt, besitzt keinen denkbaren Vorteil vor einem ebenso langen Koitus *mit* Orgasmus und dürfte wahrscheinlich eine eventuelle Reaktion kaputtmachen. Es lohnt sich aber, darüber Bescheid zu wissen, wenn man Berichte über Sex-Yoga aus orientalischen Quellen liest.

Das alte tantrisch-taoistische System vertrat die Ansicht, daß der Samen geistiger Brennstoff sei – der Mann sollte ihn sorgfältig bewahren, während er von der Frau »Tugend« beziehe. Ein Samenerguß könne diese angenommene

Tugend zerstören. Infolgedessen wurden viele Yoga-Sex-stellungen, bei denen Bewegung schwierig war, speziell für die Art von Vorgang ersonnen – die der Frau mehrere Orgasmen brachten, während der Mann seinen Samen behielt und eigentlich eine meditative Sexübung ausführte. Meisteryogis schulten sich auch darin, innerlich zu ejakulieren – eine undankbare Technik, welche den Samen in der Blase ablagert, aus der er mit dem Urin ausgeschwemmt wird; gelegentlich zeigt sich derselbe Trick selbsttätig als Unzulänglichkeit und läßt sich nur schwer abgewöhnen. Das erklärt den geringen Befriedigungswert der meisten ausgeklügelten Hindu-Stellungen. Wenn man den Koitus als Meditationstechnik versteht, kann man sie anwenden, aber es scheint keinen vernünftigen Grund gegen schließlichen Samenerguß zu geben.

Karezza wurde wahrscheinlich zusammen mit ähnlichen Ideen von der Oneida-Gemeinde entwickelt; sie setzte auch die Möglichkeit einer Empfängnis herab, wenngleich nicht allzu verläßlich, denn der Samen kann ohne Ejakulation aussickern.

Vor kurzem gab es einen extravaganten französischen Priester, der als Antwort auf die Skrupel des Vatikans gegenüber der Geburtenkontrolle den gleichen Gedanken unter der Bezeichnung *continence conjugale* (eheliche Enthaltsamkeit) erörterte. Die Methode besteht in völliger Kontrolle der Bewegungen des Mannes – wobei der Frau nur innere Bewegungen erlaubt sind und dem Mann nur gerade so viele Stöße, wie zur Erhaltung der Erektion erforderlich sind, wobei er sofort aufhören muß, wenn die Spannung steigt. Verwenden Sie es nur als Trainingstechnik für längeren Koitus, gehen Sie später zu voller Bewegung und gemeinsamem Orgasmus über, für den die Frau dann bereit sein wird (siehe unter »Pompoir«).

Pferd

Das Pferd ist ein erotisches Objekt (siehe unter »Kleidung«), und das Wetten auf Pferde ebenso wie das Reiten auf ihnen erregt bekanntlich manche Menschen. Ein solcher *aficionado* war Aristoteles, von dem es mehrere Darstellungen gibt, wie er von einer Freundin geritten wird. Die Moralisten im Mittelalter hielten das für ein furchtbar abschreckendes Beispiel, begriffen aber das Wesentliche nicht. Männer kostümieren Frauen gern als Pferde, wenn sie auch gewöhnlich nicht auf diese Weise geritten werden können. Das scheint ein zumindest ebenso gutes Reizmittel zu sein wie die Kostümierung als Häschen. Wir erwähnen es hier nur der Vollständigkeit halber – uns reizt es nicht –, aber das Spiel (*equus eroticus,* Ponygirl-Spiel) ist literarisch belegt. Jeder bei beiden Partner kann der Hengst sein. Es ist merkwürdig, wie oft die Spiele der Kinder und die Sexspiele Erwachsener einander ähnlich sind. Manche Leute kaufen eine ganze Ausstattung mit Zaum, Sattel und so fort. Siehe die Beschreibung aus erster Hand in *The Nightclerk.*

Goldfische

Zwei nackte Menschen, die gefesselt auf einer Matratze liegen, um einander nach Art der Fische, d. h. ohne Benutzung der Hände, zu lieben. Ursprünglich ein Bordellspaß aus dem neunzehnten Jahrhundert. Es läßt sich durchführen (wenn Sie die Opfer sind, versuchen Sie es auf der Seite liegend von hinten). Ein altes Partyspiel, aber spielen Sie es nicht mit Fremden, lassen Sie auch die Spieler nicht einmal für kurze Zeit unbeaufsichtigt. In dem Film *Soldier Blue* gab es eine hübsche Szene mit diesem Sexkunststück. So manche Frau kann auf diese Weise allein, einfach durch Zappeln und Sich-Winden, besonders wenn man sie vor einen Spiegel legt, einen Orgasmus bekommen. Fesseln Sie sich nicht selbst, auch wenn Sie es zustande bringen – es könnte Ihnen unmöglich sein, sich zu befreien.

Wiener Auster

Eine Dame, welche, natürlich auf dem Rücken liegend, ihre Füße hinter dem Kopf zu kreuzen vermag. Wenn sie das getan hat, fassen Sie sie mit den Händen fest um beide Riste und drücken nach, wobei Sie der Länge nach auf ihr liegen. Versuchen Sie nicht, eine ungelenkige Partnerin in diese Position zu bringen – mit brutaler Gewalt läßt sie sich nicht erzwingen. Sie können mit geringerem fachmännischem Geschick ein sehr ähnliches Gefühl erreichen – einzigartige Ruckbewegungen des Beckens –, wenn sie ihre Knie zu den Schultern hochzieht und die Fußgelenke auf dem Bauch kreuzt und Sie sich mit Ihrem ganzen Gewicht auf ihre gekreuzten Gelenke legen. Erträglich nur für kurze Zeit, aber es ergibt für beide einen phantastischen Genitaldruck. (Woher die Beifügung »Wiener« stammt, wissen wir nicht.)

Kleidung

Es ist ein Teil der Überwindung des Puritanismus, daß die meisten Menschen heute nackt Geschlechtsverkehr haben und die meisten Liebespaare nackt schlafen. Kleidung ist, wenn sie getragen wird, zum Ausziehen da – der Liebesakt kann sehr wohl damit beginnen, daß man einander entkleidet oder daß sich der eine Partner für den anderen auszieht.

Frauenillustrierte und Schallplatten geben heutzutage gewissermaßen Stripkurse nach Art der Nachtlokale als übliches Anreizmittel für den Mann, doch das ist eine konventionelle Routine – vor allem muß es nicht die Frau sein, die sich auszieht. Es sollte sich jedoch jeder Partner darin üben, den anderen ohne Ungeschicklichkeit oder Hemmungen und vorzugsweise mit einer Hand zu entkleiden.

Kleider und deren Entfernung haben als Anreiz, wenn man sich ernstlich damit beschäftigen will, eine ganze Palette von »Auslösern« an sich, wobei mit Auslöser gemeint ist, was einen stimuliert. Die Auslöser für den Mann sind Kleidungsstücke, welche Brüste und Popo betonen oder, wie enge Höschen, die weibliche »Kontur präzisieren«. Frauen sind auf diese Art konkreter Signale nicht so sehr angewiesen – den richtigen Mann zu haben ist ihr gesellschaftlicher und emotionaler Hauptauslöser –, aber viele von ihnen besitzen gewisse Neigungen. Ein gutgefülltes Suspensorium oder ein von der Taille abwärts nackter Mann kann als Teil des Vorspiels wirken, und gewohnheitsmäßige Nacktheit im Bett und in der Wohnung stumpft diese natürlichen Reaktionen nicht ab.

Davon abgesehen, reagieren manche Menschen sehr stark auf bestimmte Kleidungsfaktoren – es sind gewöhnlich Männer, seltener Frauen. Dies ist die Grundlage von exzentrischen Moden. Was genau auf eine bestimmte Person wirkt, ist höchst individuell; der Betreffende weiß es dann oft und wird es verlangen. Diese Kleiderreize wirken wie eine Lachsfliege auf den Lachs. Ein Paar zusammengebundene Federn sehen nicht wie etwas aus, das der Lachs frißt, aber das Bündel kann eine Reihe von Stimulanzien, die Neugier, Aggression und genügend andere Fischgefühle wecken, um zum Anbeißen zu führen. Menschliche Reizursachen sind ebenso kompliziert. Wie sie in einem bestimm-

Kleidung
Der Liebesakt kann damit beginnen, daß man einander entkleidet.

194

ten Individuum programmiert werden, ist unbekannt, es gibt jedoch ein identifizierbares Repertoire von Bestandteilen – wie das Repertoire der Federn, die man bei einem Köder verwenden kann –, aus dem die meisten dieser Stimulanzien bestehen. Eines davon ist die Super-Haut – Straffheit, Glanz und Zartheit –, ein anderes der Super-Genitalreiz – feste Vulva, Abstand zwischen den Schenkeln, außergewöhnliche Schambehaarung –, auch gelinde Drohung – Schwärze, Lederartigkeit, sadistisch aussehende Schnallen –, Unterwerfung – Fesselung, Sklavenspangen – und Anspielung auf die Genitalien anderwärts – rote Lippen, Betonung der Füße, die eine »gewisse Symmetrie zu dem aufweisen, was man ersehnt« –, Schimmern und Klirren – Ohrringe, Ketten –, Fraulichkeit – schmale Taille, große Brüste und Hinterbacken, langes Haar –, das alles wirkt anregend. Viele Menschen lieben es, mit dem Körperimage herumzuspielen und es zu verändern.

Andere Stimulanzien sind materieller Natur: Feuchtigkeit, Felle, Gummi, Kunststoff, Leder. Die meisten Männer, weniger die Frauen, reagieren auf solche Reize, und das ist eine Grundlage für sexuelle Moden. Manche reagieren so stark, daß sie ohne diese Hilfsmittel ihre volle Sexualfunktion nicht erreichen. Die Wahl ist jedoch ganz individuell, viel stärker als der Geschmack bei Speisen, und man muß, um die Fliege richtig anzufertigen, seinen Lachs kennen. Jeder derartige Köder hat wenigstens drei Schichten: enganliegendes, glänzendes schwarzes Leder ist eine Superhaut mit Frauengeruch und erweckt auch die Vorstellung der Billigung von Sexaggression. Kleine, enge »Minislips« betonen ihre »Mieze«, halten ihren Duft fest, verdecken sie aber, so daß man durch sie hindurch küssen kann, und deuten nicht auf keusche Schwesternfiguren, sondern eher auf lüsterne Sexkatzen hin. Korsetts verleihen der Partnerin die

Form von Stundengläsern und lassen auf Beklemmung und Hilflosigkeit schließen. Und so fort. Ein Pferd von hinten gesehen, ist ein »Auslöser« für Männer – es hat langes Haar, große Hinterbacken und einen wippenden Gang. Eine Kuh ist keiner.

Prostituierte, die diese elementare Biologie kennen, verwenden all diese Köder oder kleiden sich in einen davon und fangen Fische, die darauf reagieren. Frauen haben lange dazu geneigt, sich ein wenig vor solchen Reizmitteln zu fürchten, weil sie diese für »überspannt« hielten – es sei denn, sie empfangen selbst ähnliche Auslöser –, und besonders weil sie glaubten, »er ist in Handschuhe oder schwarze Unterwäsche verliebt, nicht in mich«. Das ist eine falsche Einstellung. Wenn Ihr Mann eine körperliche Vorliebe hat, die ihn erregt, hat es nichts mit seiner Einschätzung Ihrer Person zu tun, und er wird Sie um so mehr lieben, je geschickter Sie sie nutzen. Man kann sich die Dinge nicht aussuchen, die ihn reizen – es gibt sie für ihn, oder es gibt sie nicht. Wenn es sie gibt, können Sie jedesmal beim Auswerfen der Angel Ihren Lieblingsfisch fangen. Wenn er langes Haar liebt, lassen Sie es wachsen – vielleicht versuchen Sie sogar, schlank zu werden oder blond, um ihn anzuziehen. Sie können sich nicht groß machen, wenn Sie es nicht bereits sind. Wenn er aber eine Vorliebe hat, die Sie ihm bieten können, sollten Sie es tun. Die »Du-Rolle« besteht darin, ihn erkennen zu lassen, daß Sie es fühlen und ihm entsprechen. Wenn es auch für Sie Dinge gibt, die Sie reizen, sagen Sie es ihm und benutzen Sie sie.

Infolgedessen gilt hier die gleiche Taktik wie für sexuelle Vorlieben im allgemeinen. Ungehemmte Partner erzählen einander davon (versuchen Sie, wenn Sie schüchtern sind, den freien Gedankenaustausch kurz vor dem Orgasmus). Wirklich verbundene Partner suchen danach und

Kleidung
Es sollte sich jeder Partner darin üben, den anderen ohne Ungeschicklichkeit oder Hemmungen zu entkleiden.

bringen sie unangemeldet ins Menü – es gibt kein vollkommeneres Verbindungsmittel. Wenn die Sache selbst, wie bei anderen Launen, Sie nicht gleichfalls erregt, wird es die Reaktion Ihres Partners schaffen. Infantile, symbolische fetischistische und im allgemeinen ausgelassene Einfälle gehören zur Liebe und sind nur dann Probleme, wenn sie zuviel Zeit erfordern und das volle Ineinander-Aufgehen im Sex verhindern (siehe unter »Fetisch«). Für die meisten Menschen trifft das nicht zu, und es gibt sehr viele Leute mit solchen Eigenheiten. Gleichgültig, wie seltsam sie sein mag, gewöhnlich ist solche stimulierende Kleidung lohnend – lohnender als Schlips und Konfekt zum Geburtstag. Die Menschen sind mit Recht noch schüchtern hinsichtlich ihres Innenlebens; wenn Ihr Partner Ihnen befangen und gehemmt erscheint, bitten Sie ihn oder sie, Ihnen das zu geben, was Sie seinem Wunsch gemäß beim Liebesakt tragen sollen, und ziehen Sie es an. Wenn Sie diese wichtigen Kinderspiele nicht mitmachen oder über solche Reizmittel aus Angst vor gegenseitigen Reaktionen nicht sprechen wollen, sollten Sie gar nicht miteinander ins Bett gehen. Mangel an Verständigung führt die Menschen wegen unüberwindlicher Abneigung vor den Scheidungsrichter. Eine Schrulle, die einen wirklich abschreckt, kann nach einem Gespräch und durch Anpassung akzeptiert werden. So wie Männer dazu neigen, für konkrete Signale programmiert zu sein, sind Frauen darauf programmiert, das Signal zu erkennen, das ihren Partner in Erregung bringt – nach einigen großartigen gemeinsamen Orgasmen werden nahezu alle Schrullen gemeinsam genossen.

Wenn es ihm also gefällt, daß Sie aussehen wie eine Kreuzung zwischen einer Schlange und einer Robbe, tragen Sie das, was er Ihnen zu diesem Zweck gibt. Wenn Sie wollen, daß er etwas Besonderes trägt, sorgen Sie dafür, daß er es weiß. Manche Frauen sind besorgt darüber, daß ein Mann, der sich gern gelegentlich von ihnen ihre Kleider anziehen läßt, unmännlich ist (umgekehrt verursacht es weniger Ängstlichkeit). Aber in uns allen steckt ein Teil vom anderen Geschlecht – Königin Omphale zog dem Helden Herkules ihre Kleider an, und er war nicht gerade unmännlich. In anderen Kulturen ist das ein gebräuchliches Spiel oder eine Zeremonie. Wir lassen Sex als Vergnügen gelten und beginnen, ihn als Spiel hinzuzunehmen. Nun müssen wir akzeptieren, daß er eine Zeremonie ist, und dazu die Tatsache, daß wir alle bisexuell sind und daß Phantasie, Selbstverkörperung, Psychodrama und die anderen Dinge, die unsere Gesellschaft noch immer besorgniserregend findet, zum Sex gehören. Das Bett ist der Ort, um diese Dinge durchzuspielen – das ist eine der Aufgaben der menschlichen Sexualität.

Es lohnt sich, von spezieller Vorliebe abgesehen, mindestens so viel über die üblichen Reizmittel zu wissen wie ein Profi, denn sie besitzen für viele Paare als unvorhergesehene Zugaben bei besonderen Gelegenheiten erstaunlichen Überraschungswert. Wenn ein bestimmtes Reizmittel nicht wirkt, braucht man es nicht zu wiederholen, und Kleider lassen sich leicht auszuziehen.

Strümpfe

Können ein Reizmittel sein – oft sind nicht die modernen beliebt, sondern altmodische schwarze Stümpfe, die hurenmäßig aussehen. Strumpfhosen sind hinderlich, es sei denn, sie sind im Schritt offen, und für die meisten Männer nur erotisch, wenn sie ohne Höschen getragen werden, und dann liegt die Wirkung vor allem im Visuellen. Der Volksmund sagt, wenn Sie ihr einen Strumpf ausziehen können, sind Sie am Ziel. Tatsächlich werden moderne Nylonstrümpfe bei schnellem Ausziehen oder beim Liebesakt gewöhnlich zerrissen, wenn man aber auf Finger und Nägel achtgibt und sie vorsichtig herunterzieht, ergibt das im allgemeinen, in Verbindung mit gegenseitigem Entkleiden, ein gutes Vorspiel. Lange Handschuhe erregen manche Männer – sie deuten auf die große Dame alten Stils hin. Wenn man Schuhe nicht sexy findet, liebt man sich am besten mit nackten Füßen und Zehen.

Strümpfe
Können ein Reizmittel sein

Cache-sex (Minislip)

Nützliches Sexualzubehör – Verwendung siehe unter »Kleidung«. Um ihn, im Gegensatz zur Kostümierung, beim wirklichen Koitus zu benutzen, ist es am besten, selbst einen anzufertigen. Das beste Material ist weiße oder schwarze Reinseide. Er sollte völlig eng und hautglatt am Körper anliegen und nur Vulva und Schambein bedecken. Auch Baumwolle ist geeignet – Nylon hat die falsche Textur. Andere Materialien können zur Erregung, als Schmuck, benutzt werden, aber sie eigenen sich nicht zum Küssen – wenn Sie sie verwenden wollen, tragen Sie sie über dem »Seidenblatt«. Vorn offene Höschen sind nicht das gleiche.

Keuschheitsgürtel

Für manche Leute aufregend; sie wurden bis vor kurzem im Ernst zur »Verhütung von Masturbation« verkauft. Der eigentliche Spaß daran ist, wie bei Kleidern, das Ausziehen. Viele der handelsüblichen Modelle verhindern nicht einmal den Koitus. Solche mit eingebauter Reizung, Vibratoren und dergleichen, versprechen mehr Spaß, kosten aber eine Stange Geld. Das authentische Vorbild, wie es im dreizehnten Jahrhundert in Verwendung war, sollte nicht die Frau verschließen, sondern wurde von ihr als Abschreckungsmittel gegen Notzucht getragen – gewöhnlich hatte sie den Schlüssel, und manche Frauen wurden mit dem Keuschheitsgürtel begraben, um eine postume Schändung zu verhindern. Das einzige lohnende Keuschheitsgürtelspiel kann man versuchen, wenn sie menstruiert: Sehen Sie zu, wie viele Möglichkeiten Sie finden, um einen wirklich knapp sitzenden Minislip zu umgehen und beide zum Orgasmus zu bringen. Modelle für Männer werden verkauft und gefallen manchen Leuten vermutlich als Mittel, um die Dinge in die Länge zu ziehen. Kostspielige Spielzeuge, es sei denn, man will selbst einen herstellen.

Schuhe

Ein Reizmittel in Zusammenhang mit dem Fuß-Vagina-Äquivalent, das wir an anderer Stelle (siehe unter »Füße«) erwähnt haben. Vom Symbolwert abgesehen, ist es interessant, daß Schuhleder aus dem Schweiß genau die gleichen Fettsäuren »fixiert«, die in der Vagina vorhanden sind und männliches Sexverhalten bei Affen und Menschenaffen anregen. Obwohl sie eher ranzig als sexy riechen, üben sie vielleicht doch einen unterschwelligen Reiz auf den Mann aus. Manche Männer werden durch hochhackige Schuhe erregt, hauptsächlich weil Frauen, die sie tragen, beim Gehen mehr mit dem Popo wackeln und weil sie der Frau weiblichere Formen verleihen. Wahrscheinlich auch zum Teil eine Versteckspielwirkung – die Chinesinnen mußten ihre Füße verbergen, durften jedoch ihre Genitalien zeigen.

Für die meisten Formen der Liebesbetätigung braucht man wirklich nackte Füße.

Stiefel

Ein notorischer Sexreiz für viele – je höher, desto besser. Ein komplizierter Symbolismus, zu dem hier Aggression (Schaftstiefel und dergleichen), Phalluskult und die weiblichen unteren Extremitäten gehören. War früher das Kennzeichen der Prostituierten – heute eine normale Fußbekleidung; sie haben in ihrer Bedeutung die Korsetts abgelöst, die früher allgemein getragen wurden und heute hauptsächlich ein Sexutensil sind. Es ist merkwürdig, wie sich der Markt in bezug auf die Konvention sexuell symbolischer Kleidung im Lauf der Jahre ändert. Man könnte durch die Auswertung des Überhandnehmens solcher Bevorzugungen viel über den menschlichen Geschmack lernen.

Gut für Verkleidungsspiele, wenn man sie liebt. Nicht sehr praktisch für ernsthaften Sex, es sei denn, man behält sie bei nicht horizontaler Betätigung außerhalb des Bettes an. Wenn Ihr Mann so etwas mag, versuchen Sie einmal, plötzlich in langen, engen, schwarzen, glänzenden Stiefeln zu erscheinen.

Stiefel
Gut für Verkleidungsspiele; im Bett nicht sehr praktisch

Korsetts

Für manche aufregend – heute zum Glück auf Sexspiele beschränkt; sie waren früher ein unverzichtbarer Modeartikel. Machen eine Frau in der Form noch fraulicher. Der starke Druck auf die Taille und den Unterleib erregt manche Frauen. Auch manche Männer werden erregt, wenn sie sich darin einschnüren lassen. Die Wirkung wird wahrscheinlich durch die Enge und den Druck auf die Haut verursacht, aber es ist viel Symbolik dabei im Spiel.

Leder

Wahrscheinlich das beliebteste Reizmittel auf der Haut. Schwarze Haut sieht aggressiv oder beängstigend aus, und jede Art von Leder hält, da es Haut ist, natürliche Sexgerüche fest. Man kann es, im Gegensatz zu Gummi, heute modisch tragen, ohne als extravagant zu gelten, was wieder ein Beispiel für die willkürliche Wahl der Gesellschaft hinsichtlich von Sexreizen in der Kleidung darstellt. Manche Männer sehen Frauen gern in Leder gekleidet. Wer das wilde, zusammengeschnürte Aussehen liebt, hat für den *Wet look* und für weiches Leder nichts übrig und umgekehrt. Wenn Ihr Partner Sie gern darin sieht, soll er hingehen und so ein Ding kaufen. Es ist ein objektives Reizmittel, auf das Frauen ebenso wie Männer reagieren, besonders wenn es sich richtig anfühlt und riecht – weiche Leder-Sportsuspensorien scheinen manchen Leuten beiderlei Geschlechts zu gefallen. Bezahlen Sie aber keine Gangsterpreise! Die meisten der kunstvoll gearbeiteten Dinge in den fetischistischen Spielzeugläden lassen sich improvisieren; wenn man jedoch einen »Rächeranzug« haben will, muß man ihn sich anfertigen lassen, und das ist kostspielig (siehe unter »Stiefel«, »Kleidung«). Wenn die Textur Sie auch nicht reizt, versuchen Sie ein Parfüm auf Ledergrundlage – es ist wahrscheinlich das Beste, was es nach natürlichem weiblichem Reizduft gibt.

Gummi

Erregt manche Menschen und ist für andere ein ständiger Fetisch. Seine Wirkung scheint von seiner hervorragenden Hauteigenschaft in Verbindung mit Straffheit und Geruch abzuhängen. Der Geruch von Latexgummi erregt viele Leute, wenn sie sich daran im Zusammenhang mit Präservativen gewöhnt haben – er verstärkt auch den natürlichen weiblichen Duft. Waschen Sie alle Gummisachen in Seifenwasser, trocknen Sie sie, und bewahren Sie sie in Federweiß auf. Zur Ausstattung gehören Präservative, Kitzler, Cha-che-sex und größere Stücke. Die bevorzugte Sexfarbe scheint Schwarz zu sein. Rosagefärbte Präservative sehen weniger gut aus als das normale, durchscheinende Modell.

Gummikleidung ist eines der wenigen, sehr gewöhnlichen Reizmittel, die, abgesehen von Taucheranzügen und Wasserskikleidung, aus irgendeinem Grund nie in Mode kamen, wahrscheinlich weil sich Frauen darin nicht besonders wohl fühlen (oder weil es darin ganz außerordentlich heiß ist).

Eis

Ein Material, das man wirklich nicht als sexy ansehen würde – seit es jedoch so leicht verfügbar ist, hören wir immer wieder von Menschen, die es wegen seiner Schockwirkung auf die Haut verwenden. Ein Sexbuch regt an, daß die Frau kurz vor dem Orgasmus eine Handvoll Eisstückchen auf den Rücken ihres Mannes klatschen soll. Andere bestreichen die Haut des Partners langsam mit einem Eiswürfel, auch die Fußsohlen, legen einander bei Sexspielen Würfel in den Nabel und dergleichen. Manche Frauen berichten, daß sie Eis zum Masturbieren verwenden, ja sogar einen künstlichen Phallus in einem Gummischlauch einfrieren. Es ist gar nicht so merkwürdig, wenn man es überlegt – Kälte ist ein starkes Hautstimulans. Wenn Ihnen der Vorschlag gefällt, sehen wir keinen Grund zu Einwänden gegen Versuche – Sie werden sich mit einem Eiswürfel kaum erkälten. Verwenden Sie kein tiefgekühltes und schon gar kein Trockeneis; das klebt fest an feuchten Flächen und brennt wie glühendes Eisen. Probieren Sie die Eiswürfel zur Vorsicht an einer weniger empfindlichen Stelle aus, sonst könnten Sie eine üble Überraschung erleben.

Wet look

Noch ein großartiges Hautreizmittel, das immer mehr Beliebtheit erlangt. Manche lieben das Natürliche: Versuchen Sie, in einem enganliegenden Baumwollanzug zu duschen, man fühlt sich sexy und sieht auch sexy aus. Durchsichtige, auf der nackten Haut getragene Plastikregenmäntel sind für Trägerinnen und Zuschauer reizvoll und ein recht beliebtes Reizmittel für Männer. Verlangen Sie es, versuchen Sie es, oder tun Sie beides.

Masken

Sie erregen manche Leute; wenn Ihnen das seltsam erscheint, denken Sie daran, daß sie das älteste Mittel der Menschen zur Erlangung mystischer wie sexueller Inspiration sind, indem sie den Träger drohend, andersartig und durch die Maske »besessen« machen und das Körperimage durch sensorische Teilentziehung verändern. Es gibt aufblasbare Helme, welche diese letzte Wirkung verstärken. Wir finden Sex ohne unseren Kopf im Sack besser. Das Ziehen des Höschens der Frau über den Kopf des Mannes, ein alter Profitrick, wirkt auf ganz anderer Grundlage (siehe unter »Kleidung«). Früher einmal waren Masken, wie Korsetts, eine allgemeine Mode. Albern Sie nicht mit Plastiktüten herum – sie sind gefährlich und verhindern das Atmen.

Ausrüstung

Der österreichische Gymnastikprofessor Weck Erlen schrieb ein Buch, in dem er neben über fünfhundert Stellungen, um deren Ausführung man lost, ein vollständiges »Sexarium« mit Turnmatten und Trapezen anregt. Für seine Art von Sex würde man sie brauchen. Der Gedanke eines kompletten »Sexariums« mit Spiegeln, rotem Licht und schwarzer Ausstattung erregt manche Menschen – es gibt eine Anzahl von Palästen aus den dreißiger Jahren in Beverly Hills, die eines haben. In kleinerem Maßstab kann man den Keller so einrichten. Wir ziehen aber das Schlafzimmer vor, und das Ergebnis braucht nicht peinlich zu sein.

Über das Bett haben wir bereits gesprochen. Der Gedanke der Turnmatte ist nicht übel – ein wirklich dicker Teppich (oder ein Stück Läufer, wenn man sich einen ganzen Zimmerbelag nicht leisten kann) ist ebensogut und bietet genügend Platz, um sich darauf zu wälzen. Manche haben eine Vorliebe für Schemel bei gebeugten Stellungen von vorn oder hinten; da man einen Schlafzimmerschemel

Ausrüstung
Extras können Spaß machen, aber das größte Vergnügen am Sex hängt immer noch vom richtigen Partner und von der richtigen Einstellung ab.

braucht, kann dieser in der richtigen Höhe gewählt werden. Ein Stapel harter, viereckiger Kissen ist für abwechslungsreiche Gestaltung besser geeignet. Zwei der Kopfkissen sollen hart sein, um sie im Bett zu benutzen – die anderen Kissen sind für die Betätigung auf dem Boden bestimmt. Wenn man große Spiegel liebt, können diese im Inneren der Schranktüren angebracht sein oder umgedreht werden, so daß sie ihre keusch dekorierte Rückseite zeigen. Am besten für den Koitus geeignet ist ein ganz gepolsterter Stuhl ohne Armlehnen. Wenn man einander daran festbinden will, muß man auf die richtige Größe und auf Bequemlichkeit achten – will man ihn nur für gewöhnlichen Koitus, ist er am besten ganz ausgepolstert, oder nehmen Sie für jeden Partner einen Stuhl. Ein Deckenspiegel macht Spaß, ist aber kostspielig und auffällig. Sie brauchen nebenan ein Badezimmer mit Dusche. Die üblichen Anlage der Schlafzimmer in Hotels ist ausgezeichnet geeignet für all dies, nur werden dort die Stühle nicht im Hinblick auf Verwendung zum Koitus ausgewählt.

Es ist natürlich aufregend, wenn man über das erforderliche Geld und die Energie verfügt, für exzentrische Erlebnisse einen exzentrischen Raum mit besonderen Lichteffekten auszustatten. Wir möchten bei Ihnen nicht den Eindruck erwecken, daß Sie das wirklich brauchen – genausowenig wie man eine Traumküche braucht, um ein erstklassiger Koch zu sein. Sie brauchen bloß das Minimum – Ruhe, Heizung, Waschgelegenheit, ein Bett, ein oder zwei einfache Möbelflächen, funktionierende Genitalien, Liebe und Phantasie.

Wenn Sie Extrawünsche haben, werden diese davon abhängen, was Sie tun wollen. Stellungsakrobaten schätzen einen (damit er nicht gefährlich ist, am Boden befestigten) Stufenschemel oder sogar eine kleine Leiter. Manche mögen einen Schaukelstuhl. Früher spezialisierten sich die Bordelle auf die verschiedensten Szenenaufbauten; die waren jedoch entweder für Leute mit fixen Ideen oder wurden von Zeit zu Zeit für einen besonderen Gefühlskitzel verwendet. Wenn man noch andere Paare dabeihaben will, braucht man entsprechend mehr Raum, ob man nun gemeinsam verkehrt oder die Vorführungen abwechselt. Farbige Raumbeleuchtung ist eine Zugabe, die manche Leute lohnend finden – ebenso eine Kamera und ein Tonbandgerät. Wenn Sie irgendwelche Ergänzungen, von Kissen oder Vibratoren bis zu Kameras, Gleitmitteln, Stricken oder Minislips benutzen wollen, sorgen Sie dafür, daß sie zur Hand sind und nicht erst geholt werden müssen. Bereiten Sie auch ein Stoffhandtuch vor – Papiertücher kleben an der Haut. Aber sie *brauchen* keines dieser Dinge, um großartigen Sex zu haben, vorausgesetzt, Ihr Partner und die Einstellung sind richtig.

Wahrscheinlich der einzige Vorteil eines ausschließlichen Sexzimmers ist, daß Sie es mit erotischen Bildern anfüllen können, ohne ein »bürgerliches« Gästezimmer zu erotisieren, und Tantchen empfangen zu können, ohne daß sie fragt, wozu denn die Ringe an der Wand dienen. Aber ein Diaprojektor kommt auf jeder weißen Wand oder Decke sehr gut an. Sie würden staunen, wie wenig Uneingeweihte ihn bemerken.

Spiegel

Sie waren immer ein wichtiger Teil der sexuellen Ausstattung in jedem Schlafzimmer, das nicht ausschließlich zum Schlafen bestimmt war. Sie verwandeln den Liebesakt in eine Show, ohne daß dabei die Ungestörtheit verlorengeht.

Spiegel
Verwandeln den Liebesakt in eine Show, ohne daß dabei die Ungestörtheit verlorengeht.

Sie liefern auch einen erregenden Reiz: Er kann seine Erektion und seine Bewegungen sehen, ohne innezuhalten, sie kann dadurch erregt werden, daß sie ihren eigenen Körper sieht, sich beim Masturbieren beobachtet, sich gefesselt oder bei sonst irgendwelchen Launen sieht, die man spielen kann, so daß beide Partner sowohl als Zuschauer wie als Beteiligte Vergnügen finden. Wer Spiegel nicht mag, sagt, daß sie das von der Außenwelt abgeschlossene, zuschauerlose Gefühl stören, das man braucht, um das Erlebnis voll zu genießen, und daß sie das Schlafzimmer weniger zu einem Mutterleib mit Zwillingen als zu einer Art Schaufenster bei Tiffany's machen. Wenn Sie es noch nie vor einem großen Spiegel getrieben haben, versuchen Sie es. Sie brauchen eigentlich mehr als einen, damit Sie beide sich deutlich sehen können, ohne die Lage zu wechseln. Der Versuch lohnt sich, nicht nur wegen der Voyeurwirkung, sondern auch, um sich zu bestätigen, wie wenig lächerlich Sie beim Liebesakt aussehen. Sex klingt in nüchterner Beschreibung gewöhnlich, wenn man ihn aber als Beteiligter sieht, ist er natürlich, anziehend und so schön, daß er die seelische Verfassung bessert, auch wenn Sie keine Pin-ups sind. Wenn im mittleren Alter eine Zeit kommen sollte, bei der man besser fühlt als hinblickt, so haben wir sie noch nicht erreicht.

Was Sie in Ihrer Wohnung haben, ist Ihre eigene Angelegenheit, wenn Sie aber Gäste einladen wollen, lassen Sie die Spiegel an der Innenseite von Schranktüren oder eines Regals anbringen.

Früher gab es in den Bordellen Räume mit hundert Spiegeln. Das mag, abgesehen von den Kosten, bei Ihnen wirken oder auch nicht; vielleicht sind hundert unisono agierende Paare für sie erregend, oder aber sie könnten Sie eher an den Roten Platz am 1. Mai oder an eine römische Orgie als an den Liebesakt erinnern.

Voyeure

Bezeichnung für Leute, die Sex als Nichtspieler, als Zu-
schauersport pflegen. Jeder aktive Spieler ist wahrscheinlich fasziniert vom Zuschauen bei seinem Spiel, vorausgesetzt, die Spieler sind des Zuschauens wert. Für wirkliche
Paare trifft das zu – bei den gelangweilten Teilnehmern an
Pornofilmen mit ihren Halberektionen lohnt es selten die
Mühe. Echtes menschliches Paarungsverhalten ist ebenso
interessant wie das von Vögeln und weit instruktiver. Wenn
Sie andere beobachten können, tun Sie es, es sei denn, es
verletzt deren Gefühl für Ungestörtheit. Uns entgeht viel in
dieser Gesellschaft, weil wir nicht gewohnt sind, in Gemeinschaft Geschlechtsverkehr zu betreiben. Wenn wir es
täten, brauchte man weniger Bücher wie dieses zu schreiben.

Pornographie

Bezeichnung für jede Art von Sexliteratur, die jemand verbieten will. Die meisten normalen Menschen finden Vergnügen daran, Sexbücher anzusehen und Sexgeschichten
zu lesen, deshalb müssen anomale Menschen viel Zeit und
Geld dafür ausgeben, sie abzuschaffen. Der einzige Nachteil an kommerziellem Material besteht darin, daß es, da es
auf Phantasie, und oft auf Phantasie ohne Erfahrung, beruht, für den praktischen Sex nicht viel taugt. Die Schilderung von einer der von uns beschriebenen Sexverhaltens-
weisen hilft manchen Leuten, sie sich zu veranschaulichen.
Pornogeschichten sind letzten Endes langweilig, wiederholen sich und nutzen die Leichtgläubigkeit aus. Ausgesprochen antisoziale Phantasien über Foltern und dergleichen

stören die Gesetzgeber und andere aus Angst, sie könnten Schwachsinnige dazu verleiten, sie nachzuahmen – es ist ebenso möglich, daß sie nicht sehr klugen Menschen, indem sie ihnen ermöglichen, ihre unannehmbaren Wünsche in lebendige Phantasie umzusetzen, dazu verhelfen, sie nicht auszuführen, aber es gibt für beide Annahmen keine Beweise.

Normale Paare haben dann konstruktive Verwendung für »Pornographie«, wenn sie gut gemacht ist, d. h. durchführbare, annehmbare und vergnügliche Sexbetätigungen schildert, die ihnen Vergnügen bereiten, oder wenn nicht nachvollziehbare Phantasien sie erregen. Das ist bei der Literatur gewöhnlich der Fall. Es gibt zahlreiche Männer und Frauen, die finden, daß Sexbücher ihnen wirklich helfen, die Gefühlsebene auf Betthöhe zu bringen. Verwenden Sie sie, wie Fußballfans Bücher über Fußball benutzen – auch wenn die Spieler in der Geschichte übermenschliche Schußkraft aufweisen. Es stimmt nicht, daß nur Männer durch Sexualliteratur angeregt werden: Richtig ist, daß Frauen meist dann erregt werden, wenn das Werk mit dem Bewußtsein anderer als nur männlicher Gefühle geschrieben ist.

Wenn Sie über literarische oder künstlerische Fähigkeiten verfügen, nützen Sie sie, um Ihre Phantasien voll auszudrücken, für private Verwendung zwischen Ihnen beiden. Das haben die meisten Schriftsteller und Künstler getan, wenn sie auch die Ergebnisse nicht (unter ihrem Namen) veröffentlichen. Auf diese Art wird man mit Dingen fertig, die man in der Realität nicht tun kann oder will – eine Art Zusatz zum Träumen und zum Spiel.

Manche Leute erschrecken bei dem Gedanken, daß Kinder Pornographie in die Hände bekommen. Wenn sie sich einfach mit normaler Liebesbetätigung befaßt, ist diese

Furcht wahrscheinlich nicht gerechtfertigt – kleine Kinder werden sich dabei vermutlich langweilen. Der Haupteinwand liegt darin, wie schlecht der Großteil des Materials ist – oft so schlecht, daß es Erwachsene ernüchtert. Einiges von dem Phantasiematerial für Erwachsene könnte, wenn es exzentrisch oder grausam ist, beängstigend auf Kinder wirken, wenn auch nicht mehr als Nicht-Sex-Material wie Wochenschauen oder religiöse Bücher. Wenn Sie Ihre Kinder mit pornographischen Bücher sehen, denken Sie daran, daß Sie viel mehr Schaden anrichten können, wenn Sie darüber in Zorn geraten. Für Jugendliche ist es wahrscheinlich unschädlich, es sei denn, sie sind in bezug auf Sex offensichtlich seelisch gestört.

Geräte und Kniffe

Früher waren die Japaner Hauptlieferanten von Sexualapparaten.

Nach Reiseberichten zu schließen, werden die meisten ethnographisch überlieferten Sexhilfen von Männern auf Bitten der Frauen verwendet; sie müssen ungewöhnlich versessen darauf sein, ihnen den Gefallen zu tun und die Eichel zu durchbohren, um darin eine »Sprietsegelrah« zu befestigen wie die Kajans, oder Kieselsteine unter die Penishaut einzuführen wie die Bewohner von Sumatra. In verweichlichteren Kulturen werden solche Hilfsmittel äußerlich angewandt – hauptsächlich Ringe, die in die Kranzfurche der Eichel passen und aus Federn (*palang unus* – Malaya), mit der Rückseite aneinandergenähten Ziegenlidern (Patagonien) oder Haarbürstchen hergestellt werden. Diese Ringe gibt es in Museen, sonst würde man meinen, das wären Ammenmärchen. Die Frage ist nur, ob diese Dinger beim

215

Koitus wohl an Ort und Stelle bleiben. Fast alle sind verdammt unbequem, wenn man sie anlegt, und kneifen oder verwickeln sich in die Schamhaare.

Europäische Gegenstücke sind mit Warzen versehen Präservative, Ringe und dergleichen sowie Dildos (Godmichés) – Peniszusätze oder Penisersatz. Futterale sind einfach – es gibt sie in den verschiedensten Formen und Konturen, sie verfolgen den Zweck, den Penis und das Vaginalrohr rauh zu machen. Manche haben Knoten oder Finger, um den Gebärmutterhals zu kitzeln. Wir sind da insofern benachteiligt, als sie angeblich das Lustgefühl der Frau erhöhen sollen, wir aber noch keine Frau getroffen haben, der sie behagt hätten. Als Verhütungsmittel bieten sie keine Gewähr. Manche Leute, die durch die Vorstellung erregt werden, kaufen eine ganze Garnitur, mit allen möglichen Formvarianten. Man bekommt dazu einen Trockenrahmen, auf den man sie zwecks Reinigung spannen kann, dann sollte man sie rollen und mit Federweiß einpudern.

Wenn sie Ihnen zusagen, können Sie sie leicht Ihrem Wunsch entsprechend herstellen, indem Sie ein gewöhnliches, waschbares oder am Ende abgerundetes Präservativ mittels Latexgummi-Klebstoff mit Knoten ausstatten – »Pinsel« oder größere Buckel kann man aus Schaumgummi schneiden und ankleben – und das Ganze mit Leitungswasser waschen, um irgendwelche störenden Chemikalien vor der Verwendung zu entfernen. Das Modell mit einem dikken Kranzring halten wir einfach für schmerzhaft. Es stört auch den direkten Kontakt, der beim Sex eine große Rolle spielt, aber man kann damit Experimente anstellen und Sex mit Handarbeit kombinieren – solche sexuellen Fastnachtsmützen bringen zumindest etwas Neues, wenn man dafür etwas übrig hat. Unserer Ansicht nach sind sie eher dazu geeignet, Frigidität herbeizuführen, als sie zu heilen, es sei denn, eine ungewöhnliche Neuheit erregt Sie. Das gemeinsame Einkaufen von Sexgerät aus einem Katalog erleichtert manchen Leuten den Austausch konstruktiver Gedanken.

Ebenso Penisvergrößerer, die auf das Glied passen; die Penisgröße, das kann nicht oft genug wiederholt werden, hat mit dem Sexualgefühl wenig zu tun, wenngleich ein großer Penis vielleicht gefühlsmäßig in der Vorstellung stimulierend wirkt. Eine starke, harte Vergrößerung kann wirklichen Schaden verursachen. Hauptsächlich sind sie für die seelische Verfassung des Mannes förderlich, obwohl man es, wie bei einer Perücke, ungern sähe, wenn es sich zeigte, daß man sie trägt.

Ringe sind etwas anderes. Sie sind grundsätzlich Erektionserhalter; sie können dort, wo sie funktionieren, wirklich nützlich sein, indem sie eine Teilerektion nach einem Orgasmus unterstützen – das erfolgt durch leichtes Drosseln der Venen an der Peniswurzel, um die Schwellkörper anzufüllen. Da sie über dem Schambein getragen werden, können sie auch einen zusätzlichen Druckpunkt für die Klitoris bilden. Das schönste Exemplar, das wir gesehen haben, stammt aus China und ist aus Elfenbein hergestellt. Die zwei Himmelsdrachen tragen eine Perle (den Samen) – im Gebrauch ist die Perle ein kleiner, für die Klitoris passender Knopf, die Drachenschuppen öffnen sich und kitzeln die Schamlippen. Das Ganze wird durch ein langes Band gehalten, das durch ein Loch gezogen wird, sich dort überkreuzt und zwischen den Hinterbacken nach oben und um die Taille verläuft.

Die Chinesen und Japaner binden auch dünnes Leder um den ganzen Penis oder den unteren Schaft, die Japaner verwenden außerdem durchbrochene Röhren, die über das Ganze passen – in jedem Fall sind Druck an der Wurzel sowie das Rauhmachen des Schaftes und der Schamgegend der Zweck des Gerätes. Daneben gibt es gürtelartige Apparate, welche die Vorhaut durch Ziehen an der Peniswurzel zurückhalten. Es gibt heute verschiedene moderne Gummi- oder Plastikmodelle, die um die Schaftwurzel passen und zur Unterstützung des männlichen Schambeins einen Klitoriskitzler tragen.

Wir finden viele der Klitorisknoten zu hart und daher nicht angenehm, und alle Gummiringe haben die Eigenschaft, einen der beiden Partner zu kneifen. Wir kennen bisher niemanden, der wirklich von diesen Erfindungen profitiert hätte. Keine ist ein zuverlässiges Erektionsmittel, und die meisten funktionieren überhaupt nur, wenn keine Impotenzangst vorliegt. Der Blakoe-Ring umschließt den Penis und zugleich den Hodensack an der Wurzel (der Ring läßt sich öffnen und zuklappen). Manche Leute schwören darauf, daß er angenehm erotische Gefühle aufrechterhält und dadurch die seelische Verfassung hebt. Ein Ring soll, um die Erektion zu festigen, die Penis- und die Hodensack- wurzel umschließen – manche Liebhaber verwenden ein Stück Strick. Knüpfen Sie ihn nicht zu eng. Und lassen Sie ihn nicht zu lange dran.

Dildos sind künstliche Penisse in verschieden kunstvoller Ausführung (bei manchen besteht eine Erwärmungs- und Ejakulationsmöglichkeit, bei anderen sind Vibratoren eingebaut). Sie gehen auf uralte Zeiten zurück, und es gibt vermutlich Abnehmer dafür – die modernen Dildos haben eine vorzügliche Textur. Die meisten Frauen masturbieren nicht durch Einführung von Dingen in die Vagina, da es aber den türkischen Damen »verboten war, Rettiche und Gurken zu essen, wenn diese nicht vorher in Scheiben geschnitten waren«, tun es offenbar manche, die über sexuelle Erfahrung verfügen, dennoch – und der Anblick einer Frau, die sich damit befaßt, ist natürlich für manche Männer erregend.

Sie können auch einen zweiten Penis zwecks gleichzeitiger Verwendung liefern. Einfache Dildos mit Gürtel zur Befestigung oder Dildos mit doppeltem Ende sind für den Geschlechtsverkehr zwischen zwei Frauen bestimmt.

Merkin ist ein Vaginaersatz – gewöhnlich ein Warmwasserbehälter mit einer Gummi- oder Plastikvagina. Wir bezweifeln die Nützlichkeit dieser Geräte, ob sie nun in einer aufblasbaren Plastikpuppe befestigt sind oder nicht – es gibt keinen Ersatz für das, was sie wirklich zu ersetzen versuchen, und die einzige Rechtfertigung ihrer Verwendung bei gegenseitigem Sex besteht, wie bei dem altbekannten Loch in der Wassermelone, darin, daß vielleicht der Anblick eines in Verwendung stehenden Merkins Ihre Partnerin erregt. Ein Vaginaersatz mit einer Pumpe »zur Vergrößerung des Penis« kann, abgesehen von der Unterstützung der Ammenmärchen über die Penisgröße, die natürliche Schwellfähigkeit schädigen und sollte vermieden werden.

Chinesische Glocken (derzeit gewöhnlich japanische – *Rin-no-tama*) sind noch etwas anderes. Es sind hohle Elfenbein- oder Plastikkugeln, von denen eine leer ist, eine Quecksilber enthält, und die dritte ist eine große Stahlkugel mit mehreren kleinen Metallzungen. Sie können entweder (in umgekehrter Reihenfolge) in die Vagina eingeführt oder zwischen die Schamlippen gesteckt werden. Manche sind auch einfache, eiförmige Geräte. Dann erzeugt die Bewegung, auch das Gehen, ein ganz eigenartiges Gefühl im Becken, das pulsierender und intimer ist als beim Vibrator. Manche können auch beim Koitus verwendet werden, andere zur Aufrechterhaltung andauernder Stimulierung – den ganzen Tag hindurch, wenn man es aushält. Befolgen Sie die Anweisungen des Herstellers.

Hauthandschuhe und Hautfingerhüte gibt es noch nicht lange auf dem Markt, und ihre Qualität müßte noch erheblich verbessert werden. Sie sind viel eher einen Versuch wert als die obigen Geräte, mit Ausnahme des letztgenannten. Sie bestehen entweder aus einem ganzen Handschuh oder, besser, aus einer Reihe von Fingerüberzügen in Fingerhutgröße, deren jeder mit einem rauhen Gewebe bedeckt ist, dessen Textur von zartem Fell bis zu harten Nylonborsten reicht, mit einem Borstenbüschel an der Stelle, wo sich der Nagel am Finger befindet. Mit einer geschickt ausgewählten Reihe von Borsten und ein wenig natürlicher Geschicklichkeit können sie eine Wirkung verursachen, die von angenehm bis zu unerträglich reicht. Eine qualitativ gute Serie müßte ein nettes persönliches Geschenk sein (siehe auch unter »Vibratoren«, »Japanischer Stil«, »Pattes d'araignée«).

Unser abschließendes Urteil lautet, daß intravaginale Geräte eine Vergeudung von gutem Geld darstellen, es sei denn, sie helfen sexuell Benachteiligten, was wir allerdings bezweifeln. Für die meisten verderben sie nur die Intensität der normalen Gefühle. Etwas anderes ist die Hautstimulation. Aber vielleicht entsprechen wir auch nicht der Norm.

Zu den älteren Hilfsmitteln zählen Kleidungsstücke und Accessoires, die die sexuelle Erregung aufrechterhalten, und diese sind bestimmt ein Experiment wert. Die meisten davon sind für Frauen gedacht, und das nicht etwa aus männlichem Chauvinismus, sondern einfach aufgrund der physiologischen Unterschiede: Ständige Erregung fördert bei der Frau die sexuelle Reaktionsbereitschaft, den Mann aber würde sie überfordern und seine Leistungsfähigkeit herabsetzen. Die in Frage stehenden Kleidungsstücke dienen dazu, daß sich die Trägerin sexy fühlt und daß ihr Partner Gefallen an ihrem Anblick findet. Manche von ihnen können eine echte Hilfe sein, wenn es darum geht, daß wir wieder lernen, unsere Haut ordentlich zu genießen. Das reicht von langen schweren Ohrgehängen bis hin zu Strapsen, Korsetts und Gürteln, rauhen Materialien, Fußkettchen, Pumps, die den Gang beeinflussen, und heutzutage – eindeutiger – enganliegenden Hot pants.

Das meiste davon wirkt bei Frauen aufgrund der Effekte, die es auf Haut und Muskulatur ausübt, und bei Männern wegen des innewohnenden Symbolismus. Manchen Paaren gibt es einen besonderen Kick, zu wissen, daß die Frau bei ganz normalen Alltagsgeschäften, wenn man nicht mal schnell nach Hause kann, unter der gewöhnlichen Kleidung etwas Ausgeflipptes anhat. Manche eigens zu diesem Zweck hergestellten Kleidungstücke verfügen über ein Schloß, und man kann den Schlüssel in der Wohnung lassen. Für Männer sollte es so etwas unter Umständen auch geben, wenn auch vielleicht nur der Gleichberechtigung wegen. Auf jeden Fall macht die Erregung, die man nicht abstellen und gegen die man nichts tun kann, so manche langweilige Alltagssituation prickelnder – und garantiert ein erfreuliches Nachhausekommen.

Langsame Masturbation

Prostituierte sind im fortschrittlichen Sex meist nicht viel wert; langsame Masturbation ist so ziemlich der einzige altbekannte Bordelltrick, der den Versuch lohnt. Um ihn erfolgreich zu gestalten, muß man wissen, wie man den Partner fesselt (siehe unter »Fesselung«), und einen Partner haben, der sich gern dagegen wehrt. Traditionsgemäß ist die Frau der ausführende Teil, aber es klappt in beiden Richtungen. Sie brauchen die Möglichkeit zur Entfaltung und einen völlig hilflosen Partner. Wenn Sie durch Fesselungsspiele abgekühlt werden, können Sie es auch ohne diese versuchen, doch ist das Ergebnis ganz anders, und Sie können nicht so weit gehen. Der Kniff liegt darin, auf Ihrem Partner wie auf einem Instrument zu spielen, ihn abwechselnd aufzuregen und zu frustrieren (vergleichen Sie mit »Entspannung«).

Die Frau fesselt zuerst den Mann nach ihrem Wunsch, entweder an Pfosten ausgestreckt oder mit den Handgelenken auf dem Rücken und gekreuzten Fußgelenken, geöffneten Knien, nackt und auf dem Rücken. Dann »gibt sie ihre Unterschrift« (*le coup de cassolette*). Zu diesem Zweck kniet sie sich rittlings über ihn, das Gesicht ihm zugewandt, und zieht sich gekonnt bis auf ihr Höschen aus. Darauf faßt sie ihn am Haar und reibt seinen Mund kräftig an ihrer Achselhöhle und ihren Brüsten, so daß er ihren Körperduft mitbekommt. Nun schlingt sie ihre Beine vorsichtig um seinen Hals und drückt ihre bedeckten Schamlippen auf seinen Mund. Schließlich entkleidet sie sich völlig und gibt ihm den direkten Genitalkuß (zuerst streicht sie über seinen Mund, dann geöffnet, langsam, ohne sich zu beeilen), zieht seine Vorhaut weit zurück, falls er eine hat, und tritt für eine Zeitlang zurück, damit er erregt wird. Wenn sie ihren Job versteht, wird er außerstande sein, sich zu rühren, während der Kuß dafür sorgt, daß sie ihn in Erinnerung behält. Wenn sie zurückkommt, wiederholt sie den ganzen Vorgang nochmals, macht ihn mit der Hand und nötigenfalls mit dem Mund steif, dann beginnt der Ernst.

Sie hat sich auf zwei Hauptpunkte zu konzentrieren: seinen Mund und seinen Penis. Der Trick in dieser Aufwärmperiode besteht darin, beide dauernd in Beschäftigung zu halten, pausenlos und ohne daß es zum Samenerguß kommt. Die Möglichkeiten sind klar – je eine Hand an beiden, Hand an dem einen, Mund oder Vulva am anderen; dazwischen eine Berührung ihrer Brust, ihrer Achselhöhle oder auch ihres Haares. Zwischen den beiden Polen wird sie mit den Fingerspitzen *(pattes d'araignée)*, ihrer Zunge und Vulva an seinen empfindlichsten Stellen arbeiten – bei

Langsame Masturbation
So ziemlich das aufregendste Sexualerlebnis, dessen die meisten Männer fähig sind.

der letztgenannten mit einer Hand auf seinem Mund, wobei der Rhythmus nie nachlassen darf. Wenn seine Erektion sich abschwächt, zieht sie die Fesseln straffer (das ist der Moment für ein Aneinanderfesseln der Daumen, wenn sie kräftig genug ist, ihn umzudrehen) und macht ihn wieder steif. Nun kann sie mit der eigentlichen langsamen Masturbation beginnen.

Es ist so ungefähr das aufregendste (und, während es dauert, frustrierendste) Sexualerlebnis, dessen die meisten Männer fähig sind. (Wenn Sie noch immer wissen wollen, weshalb wir es unter Fesselungsspielen anführen, versuchen Sie es kurze Zeit mit einem ungefesselten Partner.) Setzen Sie sich fest auf seine Brust, mit den Hinterbacken an seinem Kinn, und legen Sie Ihre beiden Fußgelenke an je eine seiner Kniekehlen. Fassen Sie eine Peniswurzel mit einer Hand, und ziehen Sie mit der anderen die Haut mit Finger und Daumen so weit zurück, wie es geht, den Daumen auf Ihrer Seite. Dann beginnen Sie mit schnellen, scharfen, nervösen Strichen – das heißt jeder einzelne schnell, aber nur einer je Sekunde, nicht schneller. Nach ungefähr zwanzig solcher Striche machen Sie zehn ganz schnelle. Dann gehen Sie wieder zum langsamen Rhythmus über. Und so fort. Wenn Sie aus dem Aufruhr unter Ihnen und der allgemeinen Lage ersehen, daß er im Begriff steht zu ejakulieren, verlangsamen sie das Tempo (mit einiger Übung werden Sie das spüren). Setzen Sie fort, solange er es Ihrer Meinung nach aushält. Er ist es, der erregt wird, die Sache ist aber weniger einseitig, als sie klingt; die Reaktion des Mannes genügt, um die meisten Frauen zu erregen. Sie können Ihre Vulva kräftig an sein Brustbein pressen, aber lassen Sie Ihre Aufmerksamkeit nicht abschweifen. Mehr als zehn Minuten können die meisten Männer nicht ertragen. Wenn er schlaff wird, erlösen Sie ihn aus seiner Not, indem Sie ihn entweder schnell zum Erguß masturbieren, oder mit dem Mund, oder indem Sie sich umdrehen und auf ihm reiten. Wenn er dann kommt, befreien Sie ihn möglichst schnell – eine Verzögerung nach dem Orgasmus wird seine Muskeln so steif machen, als hätte er ein scharfes Fußballspiel geliefert.

Die Einbürgerung dieser Praxis, der japanischen Spezialmassagebehandlung, ist vielleicht das einzige Gute, das die Amerikaner aus dem Vietnamkrieg gewonnen haben – das einzige Hindernis, es in den heimischen Speisezettel aufzunehmen wie Sukuyaki, könnte darin bestehen, daß sie eine großgewachsene Frau sind. Die Japanerinnen sind im Fesseln wie im Kochen Künstlerinnen, sehen wirklich hübsch aus, und japanische Masseusen sind klein genug, um sich auf die Brust eines Mannes zu setzen, ohne ihn umzubringen. Wenn Sie ein Brunhildetyp sind, versuchen Sie seine Beine gespreizt zu fesseln, und verlegen Sie Ihr Gewicht auf Ihre Knie, wenn Sie die Vulva auf seinen Mund drücken; in der Sage fesselt Brundhilde Gunther in der Hochzeitsnacht wahrscheinlich zu einem ähnlichen Zweck – wir gaben Ihnen die für kleine Frauen gültige Version an. Und lassen Sie ihn die gleichen Methoden bei Ihnen versuchen.

Der Mann hat drei Stellen, auf die er sich zu konzentrieren hat – Mund Brüste und Klitoris. Zwei ziemlich straffe Windungen um die Brüste sind nützlich (Vorsicht!). Er kann ebenso beginnen wie sie, mit dem *coup de cassolette* (Achselhöhle und Eichel), und dann seine Hand über ihre *cassolette* reiben und auf ihren Mund legen, um ihr das eigene Parfüm zurückzugeben. Er muß ihre Töne und Bewegungen beobachten, um zu erkunden, eine wie kräftige Behandlung der Klitoris sie aushält. Er kann ihre Technik des In-die-Länge-Ziehens nachahmen und sie durch Verzögerung aufgeilen, wird aber gewöhnlich bessere Wirkung erzielen, wenn er sie einfach so schnell und so stark wie möglich scharfmacht. Wenn sie leicht reagiert und sich nicht vor der ganzen Sache fürchtet, wird die Reaktion ein guter Test für seine Fesselungskunst sein. Er sollte rittlings über ihr knien, aber nicht auf ihr sitzen und sie auch nicht niederhalten – sie müßte ohnedies völlig hilflos sein. Wenn sie dann das Bewußtsein verloren hat, und das wird bei erfahrenen Liebenden der Fall sein, wird er für einige Augenblicke auf Zungenarbeit zwecks Schmierung und dann auf heftigen Koitus übergehen und sie zu einer weiteren, noch intensiveren Reihe von Höhepunkten bringen, wobei er seinen eigenen Orgasmus erlebt. Er sollte an ihrem Gefühl erkennen, wann er aufhören soll – es steht in keiner Beziehung zum Stöhnen und Sichwinden, das kurz vor dem Orgasmus seinen Höhepunkt erreicht. Dann muß er sie schnell befreien, geschickt und schmerzlos, so daß sie in seinen Armen liegend wieder auf die Erde zurückkommt.

Ein unerwarteter Trick der Dame besteht darin, ihrem Partner zu sagen, sie werde ihm ein einzigartiges Erlebnis verschaffen, ihn dann zu fesseln und, wenn sie sich vergewissert hat, daß er sich nicht losmachen und keinen Ton von sich geben kann, ihn zusehen zu lassen, wie sie sich zum Orgasmus masturbiert. Das ist für beide aufregender, als es klingt: Er wird, wenn er bereits erregt ist und etwas anderes erwartet, außer sich geraten, und seine erfolglosen Anstrengungen werden sie wild erregen. Nachher kann sie es bei ihm – ganz langsam – wiedergutmachen.

Fesselung

Fesselung oder, wie die Franzosen es nennen, *ligotage* ist die zarte Kunst, seinen Sexpartner festzubinden – nicht um einen Widerstand zu überwinden, sondern um den Orgasmus zu steigern. Es ist eine nicht vorgesehene Sextechnik, die viele äußerst aufregend finden, ohne jedoch zu wagen, sie zu versuchen, und ein uraltes menschliches Hilfsmittel zur Erhöhung des Sexualgefühls, teils weil sie ein harmloser Ausdruck sexueller Aggression ist – etwas, das wir dringend brauchen, da unsere Kultur diesbezüglich sehr konventionell eingestellt ist – und noch mehr wegen ihrer physischen Wirkung: Ein langsamer Orgasmus, bei dem man sich nicht bewegen kann, ist für jeden, der sich vor seinem eigenen aggressiven Ich nicht zu sehr fürchtet, um es zu versuchen, ein wirklich tolles Erlebnis.

»Im allgemeinen erhöht jede Einschränkung der Muskel- oder Gefühlstätigkeit den sexuellen Erregungszustand«, schrieb Havelock Ellis. Jedenfalls wurden Männer und

Fesselung
Die richtige Mischung besteht, wie bei allen Sexspielen, aus Kraft und Zärtlichkeit.

Frauen immer durch den Gedanken erregt, einander zu besiegen, und »erotische Gefangenschaft« war immer schon ein beliebter Reiz. Jede Volksheldin, die auf sich hielt, und die meisten Volkshelden müssen immer wieder an Händen und Füßen gefesselt werden, damit man sie befreien kann. Bei den Berbern fesselt der Brautführer bei der Hochzeit die Braut, wenn sie sich wehrt, und es wird erwartet, daß sie sich wehrt, damit man sie fesseln kann. Es gibt für Phantasien solcher Art eine umfangreiche Pornoliteratur, auch Bildwerke (das meiste davon ist völlig undurchführbar und nicht dazu bestimmt, gespürt, sondern gesehen zu werden), die für Menschen, welche die Aggression lieben oder eine Illusion von Vergewaltigung brauchen, um sich zurücklegen und ohne Schuldgefühl Lust empfinden zu können, als Ersatz dienen. Die meisten von uns haben Spuren dieser Bedürfnisse und lieben es, einander gelegentlich zu »beherrschen« oder beherrscht zu werden (Frauenrechtlerinnen dürfen uns das nicht übelnehmen, denn dieses Bedürfnis beruht auf Gegenseitigkeit). Es werden jedoch von vielen durchschnittlichen Liebespaaren, die keinen Ersatz, sondern Spaß suchen, Fesselungsspiele getrieben, die viele wichtige Lücken ausfüllen. Man muß sie erst erlernen (erste Bemühungen sind oftmals schmerzhaft, mißlingen oder verderben eine Erektion durch Herumprobieren), aber wenn sie gekonnt durchgeführt wird, schwören viele, bei denen man es nicht erwarten würde, auf die Fesselung als gelegentliche Methode – und sei es nur, weil wirklich fachgemäße langsame Masturbation nur möglich ist, wenn die Person richtig gefesselt ist.

Tatsächlich wirkt gekonnte Fesselung bei den meisten nicht furchtsamen Männern bombensicher auf der aktiven wie auf der passiven Seite (wie bei jedem Trick, zu dem Stimulation und Symbolismus gehören, eine richtig gefesselte sexuelle »Gefangene« sexy aussieht) – und auch bei ziemlich vielen Mädchen, sobald sie die Idee begreifen. Möglicherweise brauchen eventuelle männliche oder weibliche »Opfer« viel liebevolle Vorbereitung, wenn sie durch aggressiven Symbolismus eingeschüchtert werden, aber diese Art von Phantasie ängstigt nur Menschen, die eine allzu sensitive Vorstellung von Zärtlichkeit haben. Manche Frauen haben das Bedürfnis, mitunter »bezwungen« zu werden. Andere begreifen das Dominationssymbol und sind gern von Anfang an aggressiv. Die Absicht besteht darin, den Partner an Händen und Füßen zu fesseln, nicht zu fest, aber doch so, daß er sich so heftig wehren kann, wie er will, ohne loszukommen, und ihn dann zum Orgasmus zu bringen. Vom ungehemmten sexuellen Erlebnis abgesehen, ermöglicht es vielen Menschen, die sonst nicht dazu fähig sind, bis zum Letzten aus sich herauszugehen. Im kritischen Augenblick schreien sie vielleicht Zeter und Mordio, aber sie genießen es sehr (hier besteht die Kunst darin, die Schreie, die echten Schmerz bedeuten – steife Handgelenke, Krampf und dergleichen –, von den normalen Lauten der Ekstase zu unterscheiden; die ersten bedeuten »Sofort aufhören!«, die zweiten »Um Himmels willen weitermachen bis zu meinem Orgasmus!«).

Solche Spiele sind gelegentlich freiwillige Zusätze zu allerlei Sexspielen und zum Koitus, da man den gefesselten Partner küssen, masturbieren, reiten oder einfach zum Orgasmus reizen kann, aber sie kommen bei beiden Geschlechtern besonders gut an, denn die langsame, gekonnte Handarbeit ruft unerträglich starke Empfindungen hervor. Die »Beschränkung« gibt der passiven Partnerin etwas mit den Muskeln zu tun, während sie hinsichtlich der Beeinflussung der Vorgänge, des Stimulationsrhythmus und -tempos völlig hilflos bleibt (was Theodor Reik den

»Schwebefaktor« nannte), und ermöglicht es dem aktiven Partner, zumindest die Frau bis zur Unerträglichkeit hinzuhalten (wenn sie an der Reihe ist, kann sie ihn durch langes Ausdehnen völlig außer sich bringen).

Erfahrene und beherzte Liebende werden sofort erkennen, in welchem Zusammenhang Fesselungsspiele angebracht sind. Sie ergeben sich ganz natürlich bei jenen Liebeskämpfen, für die manche ungestüme Leute Vorliebe zeigen, bei denen sie Widerstand leistet, ganz so, als wäre es Ernst; schließlich packt er sie mit einem Halb-Nelson, fesselt sie und macht dann weiter – oder sie hält noch aus, wenn die Bratrohr-Schaltuhr klingelt und sie an der Reihe ist, ihn zu fesseln. Oder man kann es weniger gewaltsam spielen und losen oder Pfänderspiele treiben – jedenfalls sollte man abwechseln. Die anderen Spiele für Erwachsene ergeben sich einfach impulsmäßig. Der eine oder andere fragt oder sagt »jetzt bin ich dran«, oder der Partner mit aktiven Absichten beginnt und verwirklicht diese Absichten. Vielleicht erwacht er und merkt, daß sie ihn herumgedreht hat und gerade mit dem Fesseln seiner Gelenke zu Ende ist, dann ist es bereits zu spät zu protestieren (manche Frauen kommen bei einem tiefen Schläfer noch wesentlich weiter). Oder er kann sie aus dem Hinterhalt überfallen, wenn sie wehrlos aus der Dusche zurückkommt.

Damit es als Spiel klappt, muß es offensichtlich überzeugend, darf aber weder schmerzhaft noch gefährlich sein. Die Technik verdient einige Worte, denn es ist eine höchst beliebte Idee, die in altmodischen Büchern nicht behandelt wird und für die sowohl Geschicklichkeit als auch Sorgfalt erforderlich sind. Man kann einen Partner auf jedem mit vier Pfosten versehenen Bett unter Verwendung von einem oder mehr Kissen anbinden. Das ist die übliche Bordellmethode, wahrscheinlich weil sie keine Kunstfertigkeit erfordert. Eine solche Strecklage verhindert bei manchen Menschen den Orgasmus – viele spüren mehr, wenn die Beine gespreizt, die Handgelenke und Ellbogen jedoch am Rükken zusammengebunden sind, oder wenn man sie an einen Stuhl oder aufrecht an einen Pfosten fesselt. Die kritischen Stellen, wo das Zusammenpressen das Sexgefühl verstärkt, sind die Hand-, Fußgelenke, Ellbogen (versuchen sie nicht, sie mit brutaler Gewalt am Rücken aneinanderzubinden), Fußsohlen, Daumen und große Zehen (schlaue Frauen unterbrechen die Arbeit in der Mitte, um diese beiden mit einem ledernen Schuhriemen zusammenzubinden – wenn Sie es bezweifeln, versuchen Sie es). Was man für die Fesselung verwendet, ist Geschmackssache. Abgesehen von Schrullen wie Zwangsjacken oder Pfadfinderstrumpfhaltern verwenden verschiedene Paare Leder- oder Gummiriemen, Bänder, Stoffstreifen, Pyjamakordeln oder dicke, geschmeidige Stricke. Gurte sind für Frauen, die nicht sehr kräftig sind oder keine Kreuzknoten zu binden verstehen, am leichtesten. Sie brauchen Löcher in Halbzollabständen. Für rasches Fesseln an Händen und Füßen sind dreischenkelige Bandagen vorteilhaft, sehen aber nicht sehr sexy aus – und was den aktiven Partner aufregt, ist die Ordentlichkeit und das Sichwenden des Pakets. Alte Strümpfe sind ein beliebtes Hilfsmittel, lassen sich aber im Notfall mörderisch schwer schnell lösen. Der sonderbare, von Spielzeugherstellern für Erwachsene vertriebene Apparat ist zu nichts zu gebrauchen, es sei denn, man will nur für Fotos posieren. Ketten, Handschellen und dergleichen funktionieren rasch, ergeben aber kein Zusammenpressen und verursachen Schmerzen, wenn man darauf liegt. Wenn sie versperrt sind, kann es passieren, daß man sie nicht sofort öffnen kann. Wenn Sie wollen, fertigen Sie sich selbst etwas an. Für die meisten normalen Paare genügt ein Knäuel Wäscheleine. Schneiden Sie davon fünf oder sechs eineinviertel Meter und zwei eindreiviertel Meter lange Stücke ab, und winden Sie diese oft und fest herum – doch nicht so straff, daß blaue Flecken entstehen.

Manche energischen Leute lassen sich auch gern knebeln. Wie eine Dame es formulierte: »Es hält die Perlen im Champagner fest.« Knebeln und Geknebeltwerden reizt die meisten Männer – die meisten Frauen erklären, daß sie diese Vorstellung hassen, aber der Ausdruck erotischen Staunens auf dem Gesicht einer gut geknebelten Frau, die merkt, daß sie nur wimmern kann, ist für den Vergewaltigungsinstinkt der meisten Männer unwiderstehlich. Abgesehen von dem Symbolismus und dem »Gefühl der Hilflosigkeit«, ermöglicht es dem passiven Partner, beim Orgasmus zu schreien und zu beißen, was ihm zu völliger Hemmungslosigkeit verhilft, es sei denn, man hat eine Rhinozeroshaut und lebt in einem schalldichten Raum. Es macht ein Anspornen unmöglich, so daß die Initiative des anderen Partners außerhalb der Kontrolle des Gefesselten steht. Die meisten Männer, die ein solches Spiel reizt, lassen sich gern völlig zum Schweigen bringen. Beherzten Frauen gefällt es oft nach einigen Versuchen, wenn sie gern beißen oder das Gefühl der Hilflosigkeit lieben, andere hassen es und kommen nicht zum Orgasmus, wenn sie es versuchen. Manche lassen sich gern auch oder statt dessen die Augen verbinden.

Tatsächlich ist es schwierig, jemanden völlig zu knebeln, es sei denn im Film, wo ein Seidenstreifen über dem Gesicht der Heldin genügt, und der Held geht vorbei, ohne sie zu hören. Das ist besser, denn die Gefangene darf niemals der Möglichkeit beraubt werden, ein Zeichen zu geben, wenn etwas nicht in Ordnung ist. Ein langer Stoffstreifen mit mehreren Windungen tief zwischen den Zähnen oder ein in der Mitte eines zollbreiten Gurtes mittels Bolzen und Mutter fixierter kleiner Gummiball (die »Poire« der französischen Bordelltradition) sind schlimm genug. Klebestreifen werden jeden zum Schweigen bringen, doch ist das Abreißen eine Marter. Was immer in den Mund kommt, muß fest sein, darf das Atmen nicht behindern und muß sich, im Falle eines Gefahrensignals der Gefesselten – wegen Atemnot, Übelkeit oder sonst einer Quelle des Mißbehagens – schnell entfernen lassen. Ein Brummen in Morsecode, »Rasur und Haarschnitt, zweimal«, ist eine gute Möglichkeit. Die Sicherheitsvorschriften müssen eingehalten werden. Sie lauten:

1. Es darf nichts, auch nicht auf ausdrückliches Verlangen oder noch so lose, um den Hals geknüpft werden.

2. Es darf nichts Loses oder Weiches, das in die Kehle geraten kann, oder im allgemeinen nichts anderes als von uns ausdrücklich Angegebenes in den Mund gesteckt oder über das Gesicht gebunden werden, und alle Knebel oder Knoten müssen schnell lösbar sein.

3. Es darf niemals jemand, der hilflos ist, auch nur für kurze Zeit, insbesondere mit dem Gesicht nach unten oder auf einer weichen Oberfläche wie einem Bett, allein gelassen werden. Lassen Sie einen Partner nicht in gefesseltem Zustand einschlafen. Insbesondere nicht, wenn einer von euch beiden getrunken hat. Lassen Sie niemanden länger als höchstens eine halbe Stunde gefesselt.

4. Spielen Sie Fesselungsspiele nur mit Menschen, die Sie auch sexuell kennen, niemals mit zufälligen Bekannten, und vermeiden sie Gruppenspiele. Das gilt für Paare ebenso wie für Partner – manche Leute sind unvorsichtig und andere sind Sadisten.

Davon abgesehen, gehören alle Arten von Grausamkeiten, das Fesseln eines Menschen, den die Vorstellung wirklich ängstigt, straffe Stricke, das Stopfen von allerhand Dingen in den Mund, blödsinnige Tricks wie das Aufhängen von Menschen an irgendeinem Körperteil und alle sado-masochistischen Prozeduren, die für normale Paare bloß schmerzhaft und ernüchternd sind, zur Psychopathologie und nicht zur Liebesbetätigung. Fesselung als vergnügliches Sexspiel ist niemals schmerzhaft oder gefährlich. Es kann natürlich einfach als symbolische Aggression gespielt werden, aber mindestens die Hälfte des Vergnügens für die Menschen (und es gibt viele, die daran Spaß finden) ist für die gefesselte Person eine ganzkörperliche Empfindung: in dem Sträuben gegen Beschränkungen und im Haut- und Muskelgefühl sowie in der Befreiung von allen übriggebliebenen Kindheitshemmungen, die sich daraus ergibt, daß einem nolens volens Lust »zugefügt« wird. Es hilft einem auch, das zum gleichen Paket gehörende Tabu zu bezwingen, mit dem unsere Kultur intensive außergenitale Sensationen belegt hat.

Spuren von Stricken verschwinden gewöhnlich nach wenigen Stunden, wenn man mäßig war. Blaue Flecke und aufgeschürfte Stellen sind die Folgen ungeschickten Losbindens – sägen Sie nicht an der Haut herum, sondern handeln Sie schnell, damit der Mann nicht steif wird, weil er nach dem Orgasmus gefesselt bleibt, und umgekehrt soll die Frau schon bequem in Ihren Armen liegen, wenn sie wieder zur Erde zurückkommt. Sie können, ob Mann oder Frau, ohne Bosheit oder Unbeholfenheit und Verletzungen angenehm, ausgiebig und symbolisch leidenschaftlich hitzig sein. Die richtige Mischung besteht, wie bei allen Sexspielen, aus Kraft und Zärtlichkeit. Wenn man nicht spüren kann, wie kräftig der Partner es wünscht, so fragt man und zieht dann zwanzig Prozent zur Berücksichtigung des Unterschieds zwischen Tatsache und Phantasie ab. Jedes Paar, das sich an diese Regeln hält, Vergnügen an leidenschaftlicher Liebestätigkeit und Spaß an dem Gedanken findet, könnte einen Vorteil darin finden, zu lernen, einander gelegentlich hilflos zu machen – sanft, schnell und wirkungsvoll. Das ist weder überspannt noch beängstigend – bloß menschlich. Bezüglich der Hauptsache, die zur Fesselung gehört, nämlich »Langsame Masturbation«, siehe unter diesem Abschnitt.

Halterungen

Schnell-»Halte«-Systeme für Menschen, die keine Knoten knüpfen und mit Stricken nicht umgehen können oder gern »Vorrichtungen« sehen. Es gibt sie in den verschiedensten Komplikationsgraden und für alle Stellungen – hüten Sie sich vor kostspieligen Apparaten, die in Wirklichkeit Requisiten für scharfe Fotos sind. Davon leben hauptsächlich die Sex-Boutiquen. Dazu gehören Dinge wie der Mono-Handschuh, der die Ellbogen auf dem Rücken zusammenhält, ohne in die Arme zu schneiden. Sie ermöglichen sehr straffe Fesselung und viel Hautdruck, wofür manche eine Vorliebe haben. Andere betonen den Pferdesymbolismus oder enthalten Keuschheitsgürtel, Korsetts und dergleichen.

Ketten

Ihr reserviertes, klingelndes Gepräge ist heute modern, und sie sehen auf der nackten Haut gut aus. Manche Frauen lieben die Kühle ebenso wie die Symbolik, und manche Männer verbringen Stunden damit, sie ineinander zu schlingen und zu entwirren – man könnte sie, was die Größe anbelangt, auch auf ihm probieren. Unbequem und nur symbolisch wirksam, wenn man tatsächlich einen Partner festhalten will, aber sie sehen wild aus, und manche Leute finden sie erregend. Glänzende, klirrende Gegenstände erregen Eltern ebenso wie andere Menschen (siehe unter »Ohrläppchen«).

Vibratoren

Ein Hilfsgerät, das sich für den Unterricht sexuell unerfahrener Frauen zur Stimulierung ihrer eigenen Reaktionen als sehr nützlich erwiesen hat. Es gibt zwei Hauptvarianten – penisförmige, die an der Haut, den Brüsten, der Klitoris oder tief in der Vagina verwendet werden können (die kleine Ausführung ist anal verwendbar), und größere, mit einem Motor betriebene Modelle – wie sie von Masseuren benutzt werden –, die wie ein Handschuh an die Hand geschnallt werden und an fast jedem Körperteil tolle Gefühle hervorbringen können. Vibratoren sind kein Penisersatz – manche Frauen verwenden sie lieber als einen Finger für die Masturbation oder stecken einen in die Vagina, während sie mit der Hand an der Klitoris arbeiten. Liebende wenden sie gern als Zusatz beim Ritual der Hautstimulierung an. Vibrierende Hotelbetten, die durch Münzeinwurf für eine gewisse Zeit betätigt werden, sind eine gleichfalls beliebte Einrichtung, können aber gerade im kritischen Augenblick aufhören oder der Benutzerin Übelkeit verursachen. Eine sorgfältige Vibrator-Massage der ganzen Körperfläche ist der übertriebenen Konzentration auf Penis oder Klitoris vorzuziehen, erfordert jedoch einige Geschicklichkeit. Pensigeräte verschiedener Art, die an der

Basis des Standardvibrators befestigt werden, scheinen, abgesehen von ihrer Neuartigkeit, nichts Empfehlenswertes an sich zu haben.

Disziplin

Codewort für gegenseitiges Schlagen als Sextechnik.

Es gibt da einen altehrwürdigen Aberglauben, ausgehend von den Studenten in englischen Privatschulen und unterstützt durch eine reiche Literatur in der Folge von Meiboms »De Usu Flagrorum«, daß Schlagen eine Art von sexueller Tabascosauce ist, das schärfste erotische Gewürz, und daß kein Partyausflug oder großangelegter Pornospaß ohne Schlagen perfekt ist. Manches davon ist darauf zurückzuführen, daß Spezialisten auf diesem Gebiet nicht unter den Hindernissen gelitten haben, die zum Beispiel Neunundsechzig oder gewöhnlichen Sex beeinträchtigen. Schlagen ist moralisch einwandfrei und kann sogar in der Kirche ausgeführt werden – Sex nicht.

Schlagen ist ein Gefühlskitzel, der entweder wirkt oder nicht. Bei uns beiden wirkt es nicht, somit sprechen wir hier ohne Erfahrung. Es ist ein heftiger Hautreiz, und Freud hat sich gründlich mit der Bestrafungssymbolik befaßt, die dazugehört – seine Schlußfolgerungen komplizieren weitgehend die Skinnerschen Argumente dafür, welche Stimulantia man nicht mag und welche lohnend wirken. Ganz abgesehen von Phantastikern und Großsprechern, die durch die zu erwartende oder in der Erinnerung bestehende Vorstellung weit mehr in Erregung geraten als durch die tatsächliche Ausführung, werden manche Menschen dadurch hemmungslos erregt. Für andere, die da ein echtes Problem haben, kann es als Eigenauslösung vielleicht not-

Disziplin
Schläge sind ein Gefühlskitzel, der entweder wirkt oder nicht.

238

wendig sein. Hautstimulierung und gelegentliche Schläge auf das Hinterteil im richtigen Augenblick passen bei den meisten Leuten gut ins Repertoire. Im allgemeinen besteht die Ansicht, daß alles, was darüber hinausgeht, im Verhältnis zum Leistungsmaßstab enttäuschend ist (und wahrscheinlich zu der durchaus boshaften Ansicht führt, daß Frauen besonderes Vergnügen daran finden, geschlagen zu werden).

Wie gesagt, der Gedanke daran, geschlagen zu werden, erregt aber zweifellos manche Menschen, und wenn das der Fall ist, können Sie es versuchen. Wenn Sie ein Liebespaar sind und einer von Ihnen der passive Teil sein will, braucht der andere keine Angst zu haben, daß Sie die Bestie in Ihnen zum Vorschein kommen lassen, wenn er mitmacht. Wenn einer von euch den anderen schlagen will und der Partner oder die Partnerin es nicht wünscht oder durch den Gedanken daran ernüchtert wird, ist es schwieriger – wahrscheinlich lautet die liebevolle Lösung, daß man sich auf ein großes Maß an Vortäuschung und ein geringes Maß an tatsächlichen Schlägen einigt. Das ist ein klarer Fall, bei dem man, wenn man sich über die Launen nicht einigen kann, kein Liebespaar sein sollte. Spielen Sie das Ganze während eines normalen Koitus ein paarmal im Gespräch durch (siehe unter »Vogelgesang am Morgen«). Wenn man es in der Praxis ausprobiert, wenn das Erregende daran die Prozedur ist – schämen Sie sich nicht, darum zu bitten oder sie zu gewähren: Spielen Sie die Sache richtig aus. Es kann das schlimme Kind sein oder die Herrin und ihr Sklave oder was auch immer – wenn die Laune Ihres Partners Sie nicht spontan erregt, spielen Sie es als Spiel, und erfreuen Sie sich an seiner oder ihrer Reaktion. Wenn es auf die körperlichen Empfindungen ankommt, sind Rhythmus und Stil anscheinend viel wichtiger als Stärke, dazu das Zappelnlassen und das Überraschungselement, wenn der Rhythmus wieder unterbrochen wird.

Beginnen Sie sanft, mit ungefähr einem Schlag alle ein bis zwei Sekunden, nicht mehr; verstärken Sie die Schläge allmählich, bis es genügt, damit Ihr Objekt wünscht und doch nicht wünscht, daß Sie aufhören. Bei gegenseitiger Behandlung sollte die Wirkung einschließlich des Sträubens, sexy, nicht grausam aussehen und empfunden werden. Das Niveau der Schläge mit Saunaruten ist etwa ausreichend für die meisten normalen Paare, doch Leute, die wirklich Vergnügen an Schlägen finden, lieben sie so kräftig, daß Spuren auf der Haut zu sehen sind. Sie können sich auf die Hinterbacken beschränken oder die ganze Hautfläche bestreichen – Rücken, Bauch, Brüste und sogar den Penis (Vorsicht!) und die Vulva (legen Sie sie auf den Rücken, binden Sie ihre Füße mit weit gespreizten Beinen über ihrem Kopf an die Bettpfosten, beginnen Sie mit Schlägen auf die Hinterbacken, dann lassen Sie einen leichten Streich oder zwei auf die Schenkel und Vulva folgen, um sie fertigzumachen). Oder binden Sie die Hände des Opfers über dem Kopf an die Mündung der Dusche, und bearbeiten Sie es unter fließendem Wasser. Für einen richtig dekadenten europäischen Gefühlseffekt braucht man echte Birkenzweige. Man schneidet gerade, dreiviertel bis einen Meter lange Zweige mit den Ruten ab, bevor die Blätter herauskommen, bindet sie zu einem Bündel zusammen und befeuchtet sie vor dem Gebrauch. Wenn man eine Vorliebe für alles Drum und Dran hat, kann man grausam aussehende Geißeln und Schlegel kaufen, die viel Lärm machen, aber keinen Schaden anrichten. Leute, die körperlichen Reiz wünschen, ziehen gewöhnlich Ruten vor. Verwenden Sie keinen Bambus – er schneidet wie ein Messer. Riskieren Sie dieses Spiel niemals mit Fremden. Liebende haben genügend Reaktionen, so daß auch das gewalttätigste Spiel nicht zu einem Mißton ausartet. Und vermengen Sie niemals rein erotische Schläge mit wirklichem Ärger oder schlechter Laune – es könnte gefährlich werden. Ein Spiel ist ein Spiel – ist ein Spiel.

Zu viert und mehr

Hemmungsloser Sex mit einer Vielzahl von – oftmals anonymen – Partnern, der sich auf dem Höhepunkt des Zeitalters sexueller Experimentierlust wachsender Beliebtheit erfreute und eine der verbreitetsten Phantasien ist, ist wegen der AIDS-Epidemie nicht länger möglich. Es gibt allerdings keinen Grund, warum sich ein Paar nicht in Gegenwart eines anderen Paares lieben sollte. Das mag als befreiend empfunden oder als unvorhersehbar zerstörerisch erlebt werden, wobei die Motive und die auftretenden Komplikationen den Beteiligten selbst gewöhnlich nicht ganz verständlich sind. Es spricht mancherlei dafür, die Verkrustung einer ausschließlichen Zweisamkeit, eines sexuellen Besitzanspruchs aufzubrechen – die psychischen Erschütterungen allerdings sind allein für Menschen absehbar, die ihrer selbst sehr sicher sind.

Der promiske Gelegenheitssex, der im Karneval und für die kalifornischen Kultisten der »offenen Sexualität« geradezu obligatorisch war, gründete auf einer geregelten, zeitweiligen Suspendierung sozialer Hemmungen. Wie vorauszusehen war, wurde in Kalifornien daraus eine Art suchtähnlicher Lebensstil. Er hatte erkennbare psychische Auswirkungen auf die Beteiligten, in positiver wie in negativer Hinsicht. Da es heutzutage selbstmörderisch wäre, ihn in Gegenden wie Los Angeles, San Francisco und New York zu praktizieren, wo er die größte Verbreitung hatte, wäre es angesichts der Fortdauer der AIDS-Epidemie nur von akademischem Reiz, den Nachweis dafür erbringen zu wollen: Die von Swingern und »Orgiasten« der frühen siebziger Jahre kultivierte Form des anonymen Partnertauschs ist viel zu gefährlich. Das gilt für jeglichen anonymen Verkehr »mit vielen Unbekannten« oder Paaren, die wahllos herumgeschlafen haben, besonders wenn es dabei zu bisexuellen Mann-Mann-Frau-Beziehungen kommt oder Personen mit einschlägigen Erfahrungen beteiligt sind. Hauptüberträger des HIV-Virus in die heterosexuelle Gesellschaft sind bisexuelle Männer, an zweiter Stelle kommen Drogensüchtige. Es ist schwierig genug, die Vorgeschichte des eigenen Partners zu klären, ohne auch noch die eines fremden Paares überprüfen zu müssen, ganz abgesehen von den emotionalen Auswirkungen einer solchen Recherche.

Das gilt nicht für eine »stille« Teilhabe am sexuellen Erleben anderer, an dem man sich gemeinschaftlich erfreut, besonders wenn wir dazu imstande sind, dies ganz im Geist einer religiösen Erfahrung und nicht aus purer Sensationslust zu tun. Religiöse Promiskuität in den tantrischen Sekten und der *Vallacharya*-Sekte hatte ein völlig anderes Ziel. Partner wurden allein deshalb wahllos einander zugeordnet, um jedes affektive Moment auszuschalten: Sie waren nicht Ich und Du, sondern stellvertretend der Gott und die Göttin, und das Ziel bestand nicht in einem sinnlichen oder emotionalen Reiz, sondern in einer Verlängerung der Phase vor dem Orgasmus, die normalerweise nur kurz ist, um sie zum Ausgangspunkt eines mystischen Erlebnisses zu machen, einer Zusammenfügung von Adam und Eva, damit aus ihrer Einheit der Apfel des Paradieses hervorgehe. Für moderne Menschen in einer nichtmystischen Kultur ist es vielleicht wichtiger, wenn wir darauf hinweisen, daß

Frauen beim Orgasmus nicht selten ein Gefühl der Körperlosigkeit und ozeanische Zustände erleben, wenngleich sie davon vielleicht nicht unbedingt philosophischen Gebrauch machen – das Problem würde dann darin bestehen, beim peniszentrierten Mann ähnlich ozeanische Gefühle auszulösen. Falls ein solches Vorhaben Sie interessiert, könnte das ein Unterfangen für zwei Liebende sein, bei dem der Frau traditionsgemäß die Rolle der *Initiatrix* zufiele. Es bedürfte dazu keiner »Orgie«, deren Neuartigkeit in unserer Zivilisation zumal wenig hilfreich sein würde, selbst wenn sie heutzutage nicht auch noch gefährlich wäre.

Beilagen

Betten

Sie sind immer noch das wichtigste Stück des häuslichen Sexualrüstzeugs. Zu einem wirklich aufregenden Sex gehört gewissermaßen jeder Einrichtungsgegenstand im Haus, zumindest versuchsweise, aber die übliche Bühne ist das Bett. Die meisten Betten auf dem Markt werden von Leuten entworfen, die meinen, Betten seien nur dafür bestimmt, darin zu schlafen. Das Problem ergibt sich aus der Tatsache, daß die ideale Fläche für die meisten Arten des Geschlechtsverkehrs eher härter sein soll, als zum Schlafen für die Nacht bequem ist. Eine Lösung besteht darin, zwei Betten zu haben, eines für den Sex und das andere zum Schlafen. Auf jeden Fall zerreißt die Notwendigkeit, von einem Bett ins andere überzusiedeln, den angenehmsten Teil der Nacht, die völlige Entspannung, die auf den vollkommenen Liebesgenuß folgt.

Der beste Rat wäre wahrscheinlich, einen Kompromiß zu schließen und eine zweite Matratze auf dem Fußboden zu haben. Riesige oder kreisrunde Betten sehen stimulierend aus, haben aber keine wirklichen Vorzüge gegenüber einem Doppelbett normaler Größe. Wir möchten einige Punkte ins Auge fassen, ehe wir ein Gütesiegel erteilen. Zum ersten muß das Bett die richtige Höhe haben, da man die Seiten- ebenso wie die Oberfläche verwendet. Die Oberfläche der Matratze soll genau in Höhe des Schambeins des Mannes sein, wenn er kniet. Wenn sich dann seine Partnerin auf oder über die Matratze legt, ist sie von vorn oder von hinten in der richtigen Höhe. Für manche Betätigungen, insbesondere für Fesselungsstellungen – sofern man sie mag –, sind Bettpfosten, vorzugsweise hohe, wie sie bei alten Himmelbetten üblich waren, erforderlich, Fußteile hingegen nicht, denn vielleicht wollen Sie anfangs den Bettrand am Fußende benützen und dann direkt zur vollen Länge übergehen. Massive alte Bettrahmen haben insofern große Vorteile, als sie nicht klappern oder zusammenbrechen. Die Matratze soll so hart sein, daß man noch bequem darauf schlafen kann. Sonst verdirbt man sich die sexuelle Hauptfreude des Zusammenlebens und -schlafens – den Umstand, daß man zu jeder Nachtstunde, wenn beide es wünschen, verkehren und sich gleich darauf gemeinsam entspannen kann. Wenn Sie Platz haben, sehen Sie auch ein Einzelbett vor für den Fall, daß einer der Partner krank ist und sich allein im Bett bequemer fühlt. Für Betten mit »Be-

Betten
Sind noch immer das wichtigste Stück des häuslichen Sexualrüstzeugs.

248

sucherritze« ist in einer erfüllten Sexualbeziehung kein Platz.

Außer dem Bett an sich brauchen Sie vier Kissen – zwei sehr harte, die man unter die Hinterbacken legt, und zwei weiche zum Schlafen. Das Zimmer muß jederzeit warm sein – warm genug, um eventuell ohne Bettzeug zu schlafen, ohne daß einem kalt ist. Deshalb sollten elektrische Heizdecken unnötig sein. Der Typ von Decken, auf denen man liegt, ist auf jeden Fall für den Geschlechtsverkehr ungeeignet. Wenn man nicht sehr vermögend ist und es einen reizt, ein besonderes »Sexzimmer« zu haben, kann man Stühle und Schemel für das Schlafzimmer so aussuchen, daß sie die erforderliche Einrichtung für alle Eventualitäten vervollständigen (siehe »Ausrüstung«), dazu noch einen Teppich, der weich genug ist, um für den untenliegenden Partner wirklich bequem zu sein, und Spiegel. Man braucht auch genügend Schubladen neben dem Bett zur Unterbringung von Hilfsmitteln, die man vielleicht plötzlich zur Hand haben möchte, ohne aufstehen zu müssen: Gleitmittel, empfängnisverhütende Mittel, Vibratoren und dergleichen. Ein gut entworfenes Schlafzimmer kann ein Sex-Turnzimmer sein, ohne ältere Verwandte in Verlegenheit zu bringen, wenn sie ihren Mantel dort ablegen.

Wasserbetten können ungewöhnliche Empfindungen hervorrufen und haben eine eigene Resonanzschwingdauer mit der Neigung, selbst die Initiative zu ergreifen: Man muß sich in ihrem Rhythmus bewegen, was aber an sich ein anregender Zwang ist. Sie sind kostspielig – am besten spart man sich die Verwendung für eine Gelegenheit außer Haus auf, wenn man in einem Hotelzimmer mit Wasserbett neue Flitterwochen feiert.

Quickies

Kurz und heftig hat seinen eigenen Reiz, erfordert jedoch gegenseitige Erregung und physische Reaktion bei der Frau in einem Tempo, das sich in der Regel nur in viel längeren Sitzungen erlernen läßt. Ein wirklich gut eingespieltes Paar kann beides auf Wunsch erreichen – kurz und reizvoll oder endlos lang und ebenfalls reizvoll. Mit anderen Worten, man kann das Kurzprogramm nicht voll würdigen, ohne die Kunst der Verlängerung zu meistern.

Ist man einmal soweit, so ist die Kurzversion das Gegenstück zur Inspiration, und Sie sollten jederzeit und fast überall, vom Bett mitten in der Nacht bis zur Vereinigung auf halbem Weg nach oben auf der Wendeltreppe, blitzartig die Gelegenheit ergreifen: überall, wo Sie plötzlich allein sind und die Inspiration beiderseits da ist. Nicht daß einer nicht manchmal den Partner besonders ersucht, aber ein inspirationsmäßiger Kurzkontakt beruht auf Gegenseitigkeit, und die wortlose Verständigung zwischen echten Liebenden macht den halben Spaß aus. Die Regel ist, daß man dieser Vereinigung, wenn sie überhaupt möglich ist, nie widerstehen soll – mit Schnelligkeit, Witz und Geschicklichkeit ist sie gewöhnlich durchführbar. Das bedeutet Leistungsfähigkeit in der Beherrschung sitzender, stehender und anderer Stellungen und Koitus, ohne sich auszuziehen. Die ideale Version, die nackte Missionarstellung, wird oft ausgeschlossen sein. Das kann bedeuten: auf einem Stuhl, an einem Baum, in einem Waschraum. Wenn man warten muß und gleich heimgehen kann, wird es sich noch eine halbe Stunde lang aufschieben lassen. Dauert es länger, so ist es eine neue Gelegenheit. Bemühen Sie sich daheim, es nicht zu verhindern, auch wenn Sie viel zu tun haben.

Quickies
Bemühen Sie sich, sie nicht zu verhindern, auch wenn Sie viel zu tun haben.

Baden

Gemeinsames Baden ist eine natürliche Begleiterscheinung des Sex und als Einleitung oder Abschluß großartig. Ein gewöhnliches gemeinsames Bad hat einen eigenen Reiz, wenn auch einer von beiden sich an die Armatur lehnen muß. Das gegenseitige Einseifen und natürlich auch Abtrocknen ist ein »Hautspiel«, das spontan zu Besserem führt; ein gemeinsames Bad nach dem Koitus ist eine natürliche Rückkehr zum häuslichen Leben oder zur Arbeit. Es gibt jetzt große und auch Vergnügungsbadewannen, die jedoch die meisten von uns nur in Hotels sehen, in denen man mit Spesenkonto absteigt.

Voller Koitus unter der Dusche ist möglich und macht Spaß, wenn die Partner in der Größe zusammenpassen (siehe unter »Dusche«), aber keine gewöhnliche oder Hotelbadewanne ist für einen Koitus groß genug, ohne daß man sich die Ellbogen anstößt. Außer der Neuheit ist ohnedies nicht allzuviel Interessantes daran zu finden.

Sex beim Baden ist etwas anderes. Der ganze Gedanke des Koitus im Wasser besteht darin, daß er der Schwerelosigkeit oder dem Fliegen ähnlich ist – das Mädchen, das für all jene Hinduklettereien und stehenden Stellungen zu schwer ist, läßt sich nun ganz leicht handhaben, und man kann sie in Winkeln halten, die kein Akrobat meistern könnte. All das wurde im Swimmingpool-Land Kalifornien wiederentdeckt:; wenn wir die Zukunft planen, werden sicher für das Haus bestimmte Gegenstücke bei Nichtmillionären Verbreitung finden. Bis dahin gibt es die See nach Einbruch der Dunkelheit, wenn es warm genug ist – man kann auf einem allmählich abfallenden Strand auch tagsüber genügend ungestört sein und sogar wieder angekleidet auftauchen; Zuschauer werden es für Gymnastik oder Lebensrettungsmaßnahmen halten. Ein Schwimmbecken hat zusätzliche Einrichtungen wie Stufen und Griffe, ist aber gewöhnlich mit Chlor angereichert. Das Wasser behindert die Reibung nicht, wenn auch dessen relative Kühle bedeutet, daß zur Erzielung einer Erektion auch bei einem sehr hitzigen Mann einiges heftige Reiben erforderlich ist. Vielleicht ist es möglich, den Penis womöglich vor Betreten des Schwimmbeckens einzuführen, oder das Mädchen sollte ein Diaphragma tragen – wir haben noch von keinem Schaden durch Vollpumpen der Vagina mit Seewasser gehört, aber mit Chlor desinfiziertes Wasser aus dem Becken könnte vielleicht, ebenso wie bei den Augen, eine Entzündung verursachen. Man kann, wenn man einen Strand für sich allein hat, in der Brandung liegend, einen ausgezeichneten gewöhnlichen Koitus haben, aber der Sand ist ein Problem und zeigt sich hartnäckig noch tagelang nachher. Eine Luftmatratze auf dem

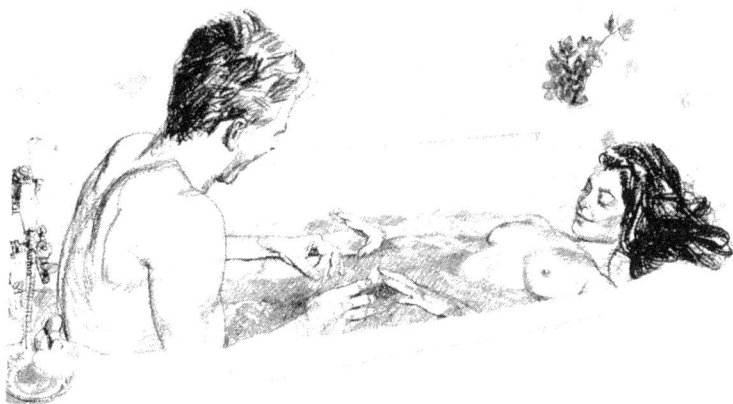

Baden
Gemeinsames Baden ist als Einleitung oder Abschluß großartig.

Wasser hat denselben Effekt wie ein Wasserbett, aber es ist schwierig, darauf zu bleiben, ohne sich zu konzentrieren. Wir haben von Paaren gehört, die den Koitus mit Schwimmen und sogar mit Tauchen mit Unterwassergerät kombiniert haben, aber sie gaben keine praktischen Einzelheiten an. Der Koitus unter Wasser würde, wenn es sich um mehr als einen Scheinkontakt handelt, wegen der beim Orgasmus erfolgenden verstärkten Atmung große Luftmengen erfordern.

Dusche

Der richtige Schauplatz für Sexabenteuer – wascht euch gemeinsam, liebt euch; der einzige passende Ort in den meisten Wohnungen und Hotelzimmern, um die Hände des Partners über dem Kopf zu befestigen. Reißen Sie aber die Armatur nicht aus der Wand – sie ist nicht für Belastung gebaut (siehe unter »Disziplin«).

Spaß und Tollerei

Der Zeigefinger, den Liebende gegenüber der Gesellschaft erheben, ist psychologisch ebenso notwendig wie ihre gegenseitige Zärtlichkeit. Dies und nicht bloß die Würze der Gefahr macht die Liebe allerorten und vor der wahrnehmungsarmen Nase anderer Leute so anziehend. Es ist kindisch, aber wenn Sie noch nicht gelernt haben, bei Ihrer Liebesbetätigung kindisch zu sein, gehen Sie heim und lernen Sie es, denn es ist wichtig.

Man darf nicht zulassen, daß der Spaß schiefgeht und die Dinge eine betrübliche Wende nehmen; wenn Sie in einem öffentlichen Restaurant oder an Tantchens Eßtisch Sexspiele treiben und es gelingt Ihnen, können Sie nachher darüber lachen (wenn es Ihnen aber nicht gelingt, haben Sie Glück, wenn Sie wieder miteinander sprechen). Die meisten Paare setzen sich aus einem Partner mit Vorliebe für Gefahr und einem mit zügelndem Einfluß zusammen, so daß sie einen vernünftigen Ausgleich bilden, unterstützt durch den Engel, der solche verrückten Handlungen überwacht und Liebende vor den Folgen schützt. Alles in allem wäre es dumm, sie zu empfehlen, aber schade, sie zu versäumen.

Wieviel man, von Possen abgesehen, beim Sex lacht, ist unserer Ansicht nach ein Maßstab dafür, wie gut man die Liebe meistert. Es ist ein Beweis für, nicht gegen die Ernsthaftigkeit Ihrer Bindung. Wenn es gut darum bestellt ist, mangelt es nie am Lachen, denn Sex ist lustig. Wenn nicht, kommt es schließlich durch irgendeine Bemerkung zu Ohrfeigen oder Tränen oder überhaupt keinem Orgasmus. Wenn es wirklich klappt, gehört Lachen zur Atmosphäre – sogar Spöttelei ist nicht lieblos, und es gibt keinen besseren Spaß als gute und gemeinsam erfüllte Liebe unter unwahrscheinlichen Umständen. Das ist heutzutage einer der wenigen Fälle, die zu Lachen aus reiner Freude führt.

Einen Partner (gewöhnlich Partnerin) nackt oder in einer extravaganten Aufmachung unter einem langen Mantel zu einer Abendeinladung mitzunehmen, ist ein Spiel-mit-Gefahr-und-langer-Nase, das manchen Paaren Spaß macht. Die Gefahr ist reell – wenn Sie es unbedingt tun wollen, vergewissern Sie sich, daß es ihr wirklich Vergnügen macht. Das Nichttragen von Höschen ist für die meisten Mädchen gefährlich genug, es sei denn, sie haben sehr viel dafür übrig.

Im Freien

Länder mit einem warmen Sommer haben Vorteile, die man nicht genug hervorheben kann. Um in England im Freien zu lieben, muß man gegen Frost immun sein und einen Park besitzen. In Irland oder Spanien muß man außerdem noch, obwohl es in Spanien warm ist, gegen Priester immun sein. Die Bewohner der meisten USA-Staaten sollten sich freuen, wie gut sie es haben. Erstaunlich ist, daß sie nicht mehr für Gartengestaltung tun. Die mit Mauern und Hecken umgebenen europäischen Gärten sind fast alle, zumindest nachts, verwendbar.

Im unbewohnten Gelände wird man oft durch Schädlinge gestört, von Ameisen und Stechmücken bis zu Klapperschlangen und diensteifrigen Polypen. Was die Oberfläche anlangt, sind meist Sanddünen am besten. Sie gewähren Schutz, halten die Wärme und werden nicht von stechenden Insekten bewohnt. Rasenflächen sind gut, wenn sie entsprechend geschützt sind. Die sicherste Deckung, wenn man sich ganz entkleiden will, ist ein alleinstehendes Gebüsch, aus dem man hinaus-, in das die anderen jedoch nicht hineinsehen können, die »Laube« der Maler aus Fontainebleau.

Europäer, die in stark besiedelten Landschaften leben, sind Meister im raschen Ankleiden und Benutzen von Orten wie Hamstead Heath und dem Prater. In Amerika gibt es so viel an Auswahl, daß es kein Problem sein sollte – wenn Sie aber Risiken eingehen, trainieren Sie rasche Flucht, und halten Sie die Augen offen, ob es Sturm gibt; Gefahr bringt manche Menschen in Erregung, andere aber werden ernüchtert. Für ausgelassene Späße, in die man sich verliert, wie völliges Entkleiden oder gegenseitiges Fesseln an Bäume, braucht man abgelegenes Gelände oder einen durch Mauern geschützten Garten.

Im Freien
Für ausgelassene Späße braucht man abgelegenes Gelände oder einen durch Mauern geschützten Garten.

Was man im Hyde Park ungefährdet tun kann, würde im Central Park zu Gruppennotzucht führen. Wenn man im Ausland reist, sind katholische Länder konventionell strenger als protestantische, aber man will doch die Gefühle der Einheimischen nicht verletzen. In orientalischen Ländern ist ein Flachdach zur Nachtzeit ein beliebter Ort – man kann lieben und dabei die ganze Stadt sehen.

Letzten Endes wird es bestimmte Orte dafür geben.

Schaukeln

Eine erotische Zugabe, die tatsächlich funktioniert. Das Schaukeln allein hat schon vielen kleinen Mädchen ihren ersten Orgasmus verschafft, weil die Beschleunigung einen unübertroffenen Druck im Becken verursacht. Es gibt zwei Arten von Schaukeln – die von östlichen Autoren erwähnten sind im Endeffekt nichts anderes als unsere Hollywoodschaukeln –, die keine derartige Beschleunigung bieten können, aber angenehme Gefühle vermitteln, die zu einer unstabilen Oberfläche, der sprichwörtlichen Sülze auf Federn, gehören. Für ihn ist das so, als hätte er eine Frau mit unendlichen Hinterbacken, für sie ist es ein Schwimmgefühl ohne die Nachteile einer weichen Matratze, denn die Oberfläche selbst kann fest sein.

Die richtige Schaukel mit schneller Bewegung ist der wahre Reiz für die Frau, es sei denn, sie wird vorher seekrank. Die Wirkkomponente ist das Herabstoßen, das Gefühl der negativen Beschleunigung wie im nach unten sinkenden Fahrstuhl. Das Schaukeln mit einem gut in ihr steckenden Partner ist ein Erlebnis, das jedes Mädchen wenigstens einmal im Leben haben sollte; das Schaukeln allein mit dem japanischen *Rin-no-tama* ist eine andere tolle Erfahrung innerer Bewegung. Ein eiförmiger Salzstreuer aus Plastik, mit einer großen Stahlkugel darin, läßt sich notfalls auch verwenden. Beim Koitus sitzt der Partner auf der Sitzfläche und sie rittlings, ihm zugewandt, auf ihm – er betätigt die Schaukel, oder eine dritte Person stößt sie (traditionsgemäß das Dienstmädchen). Im Idealfall sollte man es auf der Berg-und-Tal-Bahn versuchen, aber wir haben noch keinen Vergnügungspark gefunden, wo das gestattet wäre. Auf einer Gartenschaukel müssen Sie achtgeben: Gelegentlich ist der Orgasmus einer Frau unter diesen Umständen so intensiv, daß sie das Bewußtsein verliert, auch wenn sie das normalerweise nicht tut, und dann kann sie hinunterfallen, wenn Sie sie nicht festhalten. Beginnen Sie bewegungslos mit eingeführtem Penis, und benutzen Sie die Bewegungen beim Hochbringen der Schaukel als Antrieb für ihren Koitus.

Schaukelstuhl

Von manchen als häuslicher Ersatz für das traditionelle Sexualgerät, die Schaukel, ausprobiert. Das Gefühl dabei ist ganz anders, es fehlt die plötzliche Beschleunigung, die die Ursache der Wirkung von Schaukeln auf Frauen ist; es ähnelt eher der Liebe in der Eisenbahn.

Es klappt am besten mit einem schlecht gebauten Schaukelstuhl auf einem sehr harten, rauhen Boden – besser ist ein erotischer Schaukelstuhl mit einem Dutzend flacher Stellen oder Buckel auf jeder Kufe, harten Kissen und ohne Armlehnen. Auch da braucht man einen harten Boden, am besten aus Stein, und es macht einen Höllenlärm – unbrauchbar, wenn in der Wohnung darunter jemand wohnt. Normalerweise sitzt man einander rittlings gegenüber, andere Stellungen sind jedoch ebenfalls möglich. Wir haben

einen Stuhl mit einem starken, im oberen Kissen eingebauten Vibrator gesehen, der anscheinend einen Versuch wert
wäre, aber das Gefühl würde ein ganz anderes sein.

Schaukelstuhl
Normalerweise sitzt man einander rittlings gegenüber, andere Stellungen sind jedoch ebenfalls möglich.

Eisenbahn

Ein alter und beliebter Schauplatz für Sex »mal anders« – gemeint ist natürlich das Schlafwagenabteil alten Stils. Ob die Bewegung, die Beschleunigung oder die Assoziation mit Liebe auf der Flucht die Erregung hervorruft, ist nicht klar. In den besseren Pariser und Wiener Bordellen war es früher Mode, ein mit Eisenbahneffekten und -geräuschen versehenes Schlafwagenabteil einzurichten, das durch einen Motor und Nockenwellen in Vibration versetzt wurde. Da die Wirkung wahrscheinlich durch die Bewegung und wechselnde Beschleunigung verursacht wird, wählen Sie eine harte Liegestatt und eine Strecke mit vielen Kreuzungen und Weichenstellen. Im Notfall gibt es im Waschraum Platz genug für einen Koitus im Stehen.

Automobile

Sie nähern sich unserer Idealform der Fortbewegung, dem »Doppelbett mit Außenbordmotor«. Dem kommen amerikanische Wagen sehr nahe (es gibt Platz genug, sogar auf dem Rücksitz, um sich flach zu legen) – Kleinwagen erfordern geschickte Handhabung von allem, was über Brust- und-Petting-Tätigkeit hinausgeht. Die traditionellen Stellungen (sie auf dem Rücksitz, er kniet zwischen ihren Beinen, oder beide sitzen, sie hat die Beine um seine Taille) wurden für Emma Bovary und zweirädrige Droschken entwickelt. Alle Wagen, ob für Petting oder Koitus geeignet, haben ähnliche Eigenschaften wie Glashäuser, es sein denn, man lebt in einem Klima, in dem die Fenster schnell beschlagen. Wenn man sich auf die Kondensation verläßt, ist es dennoch vorteilhaft, eine starke Taschenlampe bereitzu-

halten, um Polizeibeamte oder Herumtreiber zu blenden –
eine wirklich grelle Lampe wird Ihnen Zeit geben, sich an-
zukleiden, bevor der Betreffende wieder sehen kann.

Für Liebe im Freien ist der am wenigsten abgeschirmte
Parkplatz der ungefährlichste, wie eine französische Laube
im achtzehnten Jahrhundert, denn man kann Sie da nicht
beschleichen. Wenn Sie es oft zu tun beabsichtigen, kaufen
Sie sich einen kleinen Lieferwagen oder einen der als »Ehe-
bruchswagen« bekannten Miniwohnwagen, die eigentlich
fahrbare Häuschen sind. Um sich darin nackt auszuziehen,
ist einige Kühnheit erforderlich. Der sicherste Trick besteht
darin, ihn zu viert zu verwenden, wobei abwechselnd ein
Paar den Wagen fährt oder starr und brav vorne sitzt und
für Abschirmung sorgt. Gegenseitiges Masturbieren während des Fahrens und der Versuch, die Zahl der Orgasmen
je Liter verbrauchten Benzins zu zählen, sind beliebte
Schrullen, die jedoch dem Interesse gefahrlosen Autofah-
rens zuwiderlaufen. Man kann Sicherheitsgurte anlegen
oder den nicht lenkenden Partner an seinen oder ihren Sitz
fesseln und langsam seine Arbeit tun.

Motorrad

Sexualschauplatz von wachsender Beliebtheit, der die Symbolik des Pferdes mit Lederkleidung, Gefahr und Beschleunigung verbindet. Hat ernste Sicherheitsrisiken, erfordert
das Tragen eines Helms, und man kann sich nicht darauf
verlassen, daß die Maschine auf sich achtgibt wie ein Pferd.
Wenn man aber Zugang zu einer Privatstraße hat, kann
man es riskieren. Auf einer öffentlichen Autostraße lieber
nicht versuchen! Eine andere Beeinträchtigung kommt daher, daß die Frau gewöhnlich hinten sitzt und man nicht

mit ihr auf dem Schoß fahren kann oder soll – ob sie bekleidet ist oder nicht. Wahrscheinlich besser als Vorspiel zur
Liebe geeignet als eine Betätigung darauf. Lassen Sie Ihr
Urteil nicht durch Ihre Vorliebe für erhöhte Beschleunigung
beeinflussen. Mit einem gebrochenen Hals sieht keiner
männlich aus.

Zu Pferd

Diese Art von Koitus wird Tataren und anderen Reitervöl-
kern zugeschrieben, aber auch den Gauchos. Wir haben sie
nicht ausprobiert, da wir weder ein Pferd haben noch dabei
ungestört wären. Der Reiter lenkt das Pferd, die Partnerin
sitzt rittlings ihm gegenüber. Wenn Sie wirklich darauf versessen sind, könnten Sie es – in der Stadt – auf einem großen Schaukelpferd versuchen, aber wir wissen nicht, ob es
der Mühe wert ist. Manche Frau kann beim Reiten (besonders ohne Sattel) und Springen einen Orgasmus bekommen.

Fernsteuerung

Es wurde immer schon behauptet, daß man eine völlige An-
fängerin verführen kann, die keine Ahnung hat, was man
meint, wenn man einen Daumen in eine geschlossene Faust
oder zwischen seine Lippen steckt und ihn geistesabwesend
ein und aus, immer wieder ein und aus bewegt.

Wir würden das gern auch einmal erleben. Alle Leute,
bei denen diese Handbewegung unserer Erfahrung nach
wirkte, wußten genau, worum es sich handelte.

Das ist eine Version des *pompido telecommando*. Die

mit den Lippen funktioniert besser, mit dem Nagel unten im passenden Rhythmus – sie wird es dort spüren, wo sie soll. Sie kann das gleiche »für« ihn tun, zum Beispiel beim Essen (siehe die ausgelassene Szene in *Tom Jones*). Die mei-

Zu Pferd
Manche Frau kann beim Reiten einen Orgasmus bekommen.

sten Mädchen und manche Männer können, wenn sie einmal an diese Fernsteuermethoden gewöhnt sind, zu Erregung, Erektion und sogar Orgasmus – auch durch das Reiben des eigenen Ohrläppchens – von einem Sitz mehrere Plätze entfernt an einem Tisch, von der gegenüberliegenden Seite eines Raums oder im Theater von einer Loge gegenüber aus ferngesteuert werden. Der komischste Fall dieser Art, den wir erlebt haben, trug sich mit einer Dame zu, deren Partner beim Tanzen bemerkte, was mit ihr vorging, und sich für den Urheber hielt – in Wirklichkeit war es ihr Geliebter, der von einem Tisch aus zusah.

Brennende Fragen

AIDS und andere sexuell übertragbare Krankheiten

Da die sexuell übertragbaren Krankheiten überall im Abnehmen begriffen und die gefährlichsten von ihnen heilbar waren, war es, als dieses Buch zum erstenmal erschien, durchaus vertretbar, ihnen für die Ausgestaltung des Sexualverhaltens keine vorrangige Rolle einzuräumen. Dies ist heute nicht mehr möglich. Das Auftauchen von AIDS – einer Krankheit, die nicht heilbar ist und auf längere Sicht zum Tode führt – hat die Rolle der sexuell übertragbaren Krankheiten in bezug auf unsere sexuellen Aktivitäten total verändert.

Die sexuell übertragbaren Krankheiten sind über etliche Generationen von den Philistern insgeheim als Gottes Strafe für einen sündigen Lebenswandel angesehen worden. Abgesehen davon aber stellen sie eine wirkliche Gefahr dar, wenn man mit Unbekannten sexuell verkehrt oder sich auf wildes Petting einläßt. Als dieses Buch ursprünglich geschrieben wurde, waren die verbreitetsten Geschlechtskrankheiten Gonorrhöe (»Tripper«) und Syphilis. Es gibt sie noch immer, doch die weiteste Verbreitung scheinen heute Chlamydiasis (eine nicht von Gonokokken herrührende Urethritis), Herpes genitalis und Trichomonaden zu haben. Die gefährlichste aber ist AIDS.

»Acquired Immunodeficiency Syndrome« (AIDS) ist eine vom HIV-Virus verursachte Krankheit, die zum Zusammenbruch des körperlichen Immunsystems führt. Die Kranken sterben an ungewöhnlichen Tumoren, tückischen Infektionen und an einem stetigen Verfall ihrer Gesundheit. Die Krankheit ist bislang nicht heilbar.

Das Virus ist in Blut, Sperma und Vaginalsekret enthalten, die Hauptübertragungswege sind Geschlechtsverkehr

– besonders Analverkehr – und Kontakt mit infizierten Blutkonserven. Infolgedessen waren zunächst vor allem Homosexuelle betroffen – je mehr Partner sie hatten, desto größer war das Risiko –, Drogenabhängige, die gemeinsam mit anderen Süchtigen dieselbe Nadel benutzten, die Empfänger von infizierten Blutkonserven und mit dem Blutfaktor VIII behandelte Hämophile (Bluter).

Wegen der langen Inkubationszeit (acht und mehr Jahre) konnte sich AIDS unter Schwulen enorm verbreiten, bevor die Bedrohung in vollem Umfang erkannt wurde. Das war eine Tragödie, da mit dem Ausbruch der Krankheit der Tod unabwendbar ist, obwohl zur Zeit Medikamente zur Bekämpfung des Virus getestet werden, die aufschiebende Wirkung haben, deren Nebenwirkungen jedoch unabsehbar schwere Schädigungen hervorrufen.

Opfer im Endstadium der Krankheit sind verbittert über die brutale Ausgrenzung durch eine unaufgeklärte Öffentlichkeit und – in den USA – von Arztrechnungen, die sie an den Bettelstab bringen. Es gibt mehr als 100 000 Todesfälle in den USA und einige tausend in Europa, doch eine weitaus größere Zahl von symtomlosen potentiellen Überträgern, die andere anstecken können – in welchem Umfang diese Träger schließlich selbst an AIDS erkranken werden, ist derzeit noch unbekannt, doch mit Sicherheit werden es mehr als die Hälfte sein. In Afrika ist die Sterblichkeitsrate enorm hoch, und Millionen sind bereits erkrankt.

Die Krankheit wird durch heterosexuellen Verkehr verbreitet, allerdings weitaus weniger häufig als durch analen Sex – Untersuchungen an Ehefrauen infizierter Bluter haben eine Infektionsrate von zirka sieben Prozent ergeben. Frauen werden eher von Männern angesteckt als umgekehrt; das Virus wird auch auf das ungeborene Kind übertragen.

Wie es bereits in Afrika der Fall ist, wird AIDS auch in der westlichen Welt primär und überwiegend durch heterosexuellen Geschlechtsverkehr übertragen, d. h., niemand ist davor sicher. Dies war unvermeidlich. Das Virus mußte über Drogenabhängige und Bisexuelle zwangsläufig in die heterosexuelle Gemeinschaft eindringen. Virusträger können über Jahre ansteckend sein, ohne daß sie es wissen. Ihr Prozentsatz steigt ständig. Die einzige vernünftige Voraussetzung bei der Planung des eigenen Sexualverhaltens besteht darin, in jedem neuen Partner eine potentielle Lebensgefahr zu sehen, egal, wie unschuldig und attraktiv er oder sie auch scheinen mag. Ein trauriger Gedanke.

In den westlichen Ländern, wo man anfangs mit Gleichgültigkeit (betroffen waren ja nur Schwule, wen kümmert's also?) und moralischer Selbstgerechtigkeit (AIDS als Strafe Gottes für die sexuelle Revolution) reagierte, ist jetzt, wie vorherzusehen war, Panik ausgebrochen, die noch zunehmen wird, wenn die Zahl der Todesopfer ansteigt.

Die voraussagbare probate Empfehlung der Moralisten lautet, ganz vom Sex zu lassen oder ihn auf die Ehe zu beschränken. Das könnte zwar dazu beitragen, die Verbreitung von AIDS zu verlangsamen, aufzuhalten ist die Krankheit dadurch jedoch nicht – Ihre jungfräuliche Verlobte kann eine Transfusion mit Blutserum gehabt haben, das von einer kommerziellen amerikanischen Blutbank auf dem freien Markt gekauft wurde. Auch historisch gesehen ist es unwahrscheinlich, daß ein Verzicht funktionieren kann – im 19. Jahrhundert war Syphilis pandemisch, gleichermaßen tödlich und weitaus ansteckender, doch die Menschen verhielten sich völlig sorglos.

Eine besonnene Antwort lautet, daß man, vom Lebens-

271

partner einmal abgesehen, die hauptsächlichen sexuellen Übertragungswege völlig meidet – Analverkehr und Kontakt mit Blut und anderen Körperflüssigkeiten (Geschlechtsverkehr ohne Kondom, Koitus während der Menstruation, Schlucken von Sperma). AIDS wird nicht durch Küsse, gewöhnliche Sozialkontakte, Badewasser oder Nahrungsmittel verbreitet, doch Rasiermesser und Zahnbürsten sind denkbare Ansteckungsquellen. Gewöhnlicher Vaginal- oder Oralverkehr kann bei Verwendung eines Kondoms sicherer sein, wenn man es sachgerecht benutzt und vermeidet, daß es undicht wird; es ist weniger wirkungsvoll beim Analverkehr, da dünne Kondome leicht reißen. Kondome sollten auf jeden Fall Pflicht sein, wenn man sich seines Partners nicht sicher ist.

Falls ihre neue Liebe kein Kondom benutzen will, sind Sie mit einer hirnlosen, verantwortungslosen und leichtsinnigen Person im Bett. Liebe »unter dem Einfluß« ist besonders riskant – es macht Sie selbst vorübergehend hirnlos, verantwortungslos und leichtsinnig. Der Kondom-Test ist ein gutes Mittel, herauszufinden, ob Sie einen anständigen, vernünftigen Partner gefunden haben oder nicht.

Es könnte sich als wichtig erweisen, daß Nonoxynol-9, das zu fünf bzw. acht Prozent in empfängnisverhütendem Schaum oder Suppositorien (Zäpfchen) enthalten ist, Viren bis auf einen Rest von 0,08 Prozent abtötet. Es gibt noch keine genauen statistischen Werte über seine Schutzwirkung bezüglich der Ansteckung mit AIDS (ebenso wie es nur ganz wenige verläßliche Aussagen hinsichtlich der Benutzung von Kondomen gibt, die sich auf Erfahrungen stützen, die Prostituierte damit gemacht haben), doch es bietet der Frau, ungeachtet des jeweiligen Partners, und dem Partner, falls die Frau Trägerin des Virus ist, einigen Schutz, wenn sie einen empfängnisverhütenden Schaum benutzt. Nonoxynol-9 *plus* ein Kondom dürfte wahrscheinlich eine doppelte Vorbeugungsmaßnahme sein, die einen hochwirksamen Schutz nicht nur gegen AIDS darstellt, sondern auch gegen die klassischen Geschlechtskrankheiten, Hepatitis sowie das Papilloma-Virus, das als möglicher Verursacher von Gebärmutterkrebs gilt. Wenn sie ein Gleitmittel benutzen, sollte es wasserlöslich sein.

Im Ersten Weltkrieg hat drastisch angewandte Genital-Antisepsis die Ansteckungshäufigkeit mit Gonorrhöe und Syphilis von 25 auf fünf Prozent gesenkt, nachdem moralische und patriotische Appelle nichts gefruchtet hatten. Forschungen über die Nutzung dieses erstaunlichen Befundes auch in Friedenszeiten sind durch den Aufschrei gebremst worden, daß damit der »Unmoral Vorschub geleistet« werde. Sie sollten mit höchster Dringlichkeit heute wiederaufgenommen werden, zusammen mit Forschungen über einen Impfstoff, der gegen AIDS schützt, sowie über Möglichkeiten einer Chemotherapie.

Die Virizide, die gegenwärtig getestet werden, geben den Kranken Hoffnung, daß sie lange genug überleben können, bis eine Heilung möglich ist. Es ist möglich, daß in der nahen Zukunft ein Impfstoff gefunden wird, 1993 aber war dies noch nicht der Fall. Er könnte diejenigen schützen, die noch nicht infiziert sind, möglicherweise aber bei bereits Angesteckten versagen. Zu Recht ist die Wissenschaft sehr skeptisch in bezug auf künftige Heilungschancen, sowohl was den Charakter von Retroviren betrifft, als auch im Hinblick auf jene fatale Unbekümmertheit, die uns so leicht glauben macht, daß es uns schon nicht trifft, und wenn, daß wir dann geheilt werden. Es kann uns sehr wohl treffen, und die Folgen sind verheerend

Unterdessen muß der sexuell verantwortungsbewußte Erwachsene

1. Partner aus einer der Hochrisikogruppen unbedingt meiden – Bisexuelle, Fixer und ehemalige Fixer, Prostituierte, besonders in Afrika, im Fernen Osten sowie in den USA, Partner mit häufig wechselnden Partnern;
2. im Zweifelsfall bekannten Risiken wie Analverkehr und Koitus während der Menstruation aus dem Weg gehen;
3. sowohl ein Kondom als auch ein lokal anzuwendendes empfängsnisverhütendes Mittel (Schaum oder Suppositorien) mit dem Hauptbestandteil Nonoxynol-9 benutzen;
4. jeden Unbekannten als potentiellen Träger des Virus ansehen;
5. in einer festen Beziehung muß jeder der Partner sich der Verantwortung bewußt sein, kein Risiko einzugehen, ein tödliches Virus einzuschleppen. Anonyme Sexualkontakte jeder Art müssen unterbleiben, solange die AIDS-Epidemie andauert (siehe auch unter »Safer Sex«)

Falls Sie von dem Unglück betroffen sind, daß ein Test sich bei Ihnen als HIV-positiv erweist – bedingt durch Infektion oder durch Transfusion von Blutkonserven –, müssen Sie sich auf Sex mit anderen HIV-Positiven beschränken oder, wie im Falle vieler Hämophiler und Opfer von Bluttransfusionen, deren Ehepartner noch nicht infiziert sind, den Partner/die Partnerin durch Verwendung sowohl eines Kondoms wie eines Mittels mit spermizider Wirkung schützen. Das ist für beide Beteiligte quälend, und auf jeden Fall werden Sie Hilfe von einer der vielen inzwischen eingerichteten AIDS-Beratungsstellen in Anspruch nehmen müssen (Ihr Arzt kann Ihnen entsprechende Empfehlungen geben).

Der Test, der gegenwärtig verwendet wird, um Blutspender zu überprüfen, kann zu falschen Negativ-Ergebnissen

führen, falls die Infektion erst kurz zuvor erfolgt ist oder
wenn AIDS im Vollbild-Stadium ist. Zudem ist die Aus-
kunft eines Partners, in der Vergangenheit wäre ein Test bei
ihm/ihr negativ ausgefallen, nur dann verläßlich, wenn er/
sie sich seit Vornahme des Tests nicht dem Risiko einer Infektion ausgesetzt hat.

Unter den anderen verbreiteten Geschlechtskrankheiten
verhält sich die nicht von Gonokokken verursachte Urethritis fast genau wie eine Gonorrhöe, doch sie geht auf das
Trachom-Virus und nicht auf den *gonococcus* zurück (zur
Ansteckung reicht in beiden Fällen eine einmalige Dosis)
und erfordert demnach zur Behandlung andersartige Gaben von Antibiotika. Mit Herpes im Genitalbereich ist von
interessierter Seite Panik gemacht worden. Gewiß kann er
bei manchen Menschen schmerzhaft wiederkehren, genau
wie sein harmloses Gegenstück, Herpes im Mund- und Lip-
penbereich, wiederkehren kann. und beide sind »unheilbar«, d. h., die Sporen lassen sich durch Medikamente
nicht ausrotten. Andererseits ist Herpes nur dann anstek-
kend, solange die Bläschen vorhanden sind, und bei den
meisten Menschen geht er von selbst zurück, wird der lästige Befall innerhalb von 3 bis 5 Jahren immer seltener. Einige neue Medikamente haben lindernde Wirkung. Genau
zu beobachten ist Herpes allerdings während einer
Schwangerschaft, denn ein Befall in dieser Zeit kann den
Fötus schädigen oder töten. Wie bei der Infektion mit anderen Geschlechtskrankheiten sollte auch hier umgehend
ein Arzt konsultiert werden. Ob Herpes-Sporen Mitverur-
sacher von Gebärmutterkrebs sind, ist bislang noch unge-
klärt. Abgesehen von der Medienkampagne ist auch noch
unklar, warum Herpes plötzlich eine so große Verbreitung
gefunden hat, denn es handelt sich dabei nicht um eine neu-

artige Krankheit. Ebensowenig wie bei Trichomonasis –
das ist eine lästige Vaginal-Infektion mit Ausfluß, die in der
Vergangenheit endemisch gewesen ist (sie ist zu bestimmten
Zeiten in bestimmten Weltgegenden bei den meisten
Frauen chronisch gewesen) und nicht immer durch Geschlechtsverkehr übertragen wird. Man kann sie sich auch
von einem Partner holen, wenn der Mann ein symptom-
freier Träger ist: Beide Partner müssen sich behandeln lassen, um eine Neuinfektion zu vermeiden.

Andere, immer größer werdende Probleme verursachen
das Papilloma-Virus, das Genitalwarzen und eventuell sogar Krebs hervorruft, und einige Formen der Gelbsucht.

Gonorrhöe und Syphilis gibt es noch immer. Gonorrhöe
ist schwerer auszurotten, da die Erreger zunehmend resi-
stent gegen Antibiotika werden; Syphilis spricht noch immer sehr schnell auf Penicillin an. Versuchen Sie in beiden
Fällen nicht, die Krankheit selbst mit Antibiotika zu behandeln. Verstecken Sie sich nicht, und haben Sie den Anstand,
Ihren oder Ihre Partner zu informieren. Wären sie nicht von
einer magischen Aura umgeben, könnte man jede dieser
beiden Krankheiten einer schweren Grippe oder Masern
bei Erwachsenen vorziehen, da sie leichter heilbar sind.
Hand in Hand mit der AIDS-Epidemie sind diese und andere sexuell übertragbare Krankheiten dabei, in vielen Ländern der dritten Welt sowie in gewissen Bevölkerungskrei-
sen westlicher Metropolen endemisch zu werden.

Gesundheit und Ärzte

Wenn Sie akut krank sind, werden Sie wahrscheinlich keine
Lust auf Sex haben. Es gibt nur sehr wenige längerdauer-
ernde Krankheiten, bei denen ein »Sexverbot« für mehr als

kurze Zeit gerechtfertigt ist, wie etwa nach einem Herzanfall oder einer Bruchoperation oder natürlich bei ansteckenden Krankheiten, wie Geschlechtskrankheiten oder Trichomonadenbefall, oder wenn man schwanger ist und die Gefahr einer Fehlgeburt besteht. Das wissen die meisten Ärzte, aber manche erteilen noch immer alarmierende oder gedankenlose Sexverbote, wenn ihr eigenes Sexleben uninteressant ist.

Wenn der Arzt der Frau den Rat erteilt, Sex zu vermeiden, sollte sie fragen, warum. Vielleicht meint er nur, daß eine Schwangerschaft gefährlich sein könnte. Das gleiche gilt, wenn ein ernstes genetisches Risiko besteht. In diesem Fall würde ein rücksichtsvoller Partner sich sterilisieren lassen, um hundertprozentig sicher zu sein. Sonst gibt es keine Indikationen, außer den von uns genannten. Wenn dem Mann rotes Licht gegeben wird, diskutieren Sie darüber. Normalerweise ist sogar eine ernste Herz- oder Nierenkrankheit kein Grund dafür, vorsichtigen Sex zu verbieten, ebensowenig wie hoher Blutdruck. In diesen Fällen ist es vielleicht vernünftig, sehr angespannte und heftige Betätigungen zu vermeiden. Bei außerehelichen Beziehungen ist die Erregung größer, und die Unfälle sind häufiger als bei ehelichen, und es hat mehr tödliche Unfälle in Boudoirs und Bordellen gegeben als im Ehebett. Bei vergrößerter Prostata oder hohem Blutdruck kann es ein Problem geben, weil manche Medikamente, die zu deren Behandlung verwendet werden, die Potenz beeinträchtigen können, und man muß sich dann, wenn andere Mittel nicht helfen, doch zu solchen entschließen. Wichtig ist, sich nicht mit einer verneinenden Antwort zufriedenzugeben, es sei denn, man hat eine volle Erklärung erhalten und ist sicher, daß der Arzt weiß, was Ihnen Sex bedeutet (manche Ärzte glauben noch, daß Sex über fünfzig entbehrlich oder nicht vorhanden sei – siehe unter »Alter«). Ein guter Arzt wird wissen, daß das Aufgeben des Sex für irgendwelche Zeit normalen Menschen schwerfällt und die Sexreaktion eines älteren Mannes schädigen kann, wenn er wieder zu beginnen versucht.

Ein wirklich guter und informierter medizinischer Rat kann hingegen genau das erreichen, was Ihnen dazu verhilft, weiter in Schwung zu bleiben und eine sonstige Krankheit zu vermeiden – Sie sollten zusammen mit dem Arzt die Lösung erarbeiten. Manche Menschen finden, daß es schlimmstenfalls die beste Art sei, das Zeitliche zu segnen. Wahrscheinlich würde die durch ein Sexverbot verursachte Angst und Depression mehr Schaden stiften als die mäßige körperliche Bewegung beim Geschlechtsverkehr. Es gibt Beweise dafür, daß ein besseres Sexualleben den überhöhten Blutdruck tatsächlich senken kann, wenn dieser durch allgemeine Ängste verursacht wird.

Es gibt keinen besonderen Grund, weshalb Ärzte uns in der Sextechnik beraten sollten, aber traditionsgemäß haben sie es oft getan. Tatsächlich schrieb schon Avicenna, daß dies ein höchst geachteter Teil der Aufgabe des Arztes sei, weil Lust am Sex »zur Fortpflanzung gehört«. Wir würden wahrscheinlich sagen, daß es auch dazugehört, ein gesunder Mensch zu sein. Angesichts der vielen gesundheitlichen Sorgen, die im Zusammenhang mit der Sexualität noch immer bestehen, wäre der Arzt ein sehr guter Ratgeber, wenn er etwas davon verstünde. Früher, besonders in der Viktorianischen Zeit, gab es in der Medizin engstirnige Konformisten mit allen Ängsten und Aberglauben ihrer Zeit sowie eine Sorte von allwissendem, heimischem Moralismus, den man heute gelegentlich noch bei Problemen wie Abtreibung und Pille findet. Das ist aber nicht der Grund, weshalb so viele Menschen nicht nur mit Problemen, sondern einfach mit ehrlichen Fragen zur Sexualität bei ihrem Arzt einen Fehlschlag erleiden und sich dann an Zeitschriften oder völlig Unbekannte wenden.

Der Haken liegt darin, daß normales menschliches Sexualverhalten einfach nicht gelehrt wird und bis vor kurzem, trotz Forschern wie Kinsey und Masters, nicht gelehrt werden konnte, da es nur Volksbräuche zu übermitteln gab. Als wir vor dreißig Jahren Medizin studierten, stand nicht einmal die Geburtenkontrolle auf dem Lehrplan, wenn man uns auch zumindest aufforderte, Havelock Ellis zu lesen. Auch war das meiste von dem, was in den Lehrbüchern stand, tendenziöses Geschwätz. Mit dem gesunden Menschenverstand aus dem Volk, wie er in Balladen und Geschichten vorkommt, war es vorbei, ebenso mit der Weltklugheit von Ärzten aus dem 18. Jahrhundert wie John Hunter. Infolgedessen mußte ein Arzt mit dem denkbar besten Willen, der Ratschläge über das Sexualverhalten geben wollte, zuerst selbst Forschungen darüber anstellen oder in einem seiner Bücher nachlesen oder aber sich nach seinen eigenen Erfahrungen richten – das letztgenannte war sehr gut, wenn die Erfahrung mannigfaltig war, aber sie konnte begrenzt, absonderlich oder gar nicht vorhanden sein.

Das hat sich, glauben wir, vor allem bei der jüngeren Generation geändert, Hand in Hand mit der geänderten kulturellen Einstellung. Allerdings sind sich manche praktischen Ärzte über ihre diesbezüglichen mangelnden Kenntnisse im klaren und schieben Fälle auf den Psychiater ab, der nicht unbedingt besser qualifiziert sein muß.

Es lohnt aber sehr wohl der Mühe, Sexprobleme, besonders wenn dabei Gesundheit, Angst im Spiel sind oder man in Büchern keine Antwort findet, dem Arzt vorzulegen. Wenn Sie die Wahl haben, so ist es am besten, sich an einen jungen Arzt zu wenden, der in der heutigen Sprache bewandert ist, oder (wenn Sie das beurteilen können) an einen älteren männlichen oder weiblichen Praktiker mit einiger persönlicher Erfahrung. Wenn Sie ein ernstes Problem haben und kein Lustgefühl finden, bleiben Sie hartnäckig; wenn der von Ihnen konsultierte Arzt ausfallend oder verlegen ist, wechseln Sie den Arzt. Vermeiden Sie Protestanten – Katholiken haben Hemmungen in bezug auf Sünden, sind aber oft jenseits ihrer Überzeugung sehr weltklug. Sehen Sie sich überall um – die Medizin umfaßt alle möglichen Leute, und Sie brauchen sich nicht um einen hippokratischen Eid zu kümmern.

Es ist Ihrem Arzt gegenüber unfair, die Pille zu nehmen, ohne ihn zu informieren (wenn er nicht Ihrer Ansicht ist, muß er sich damit auseinandersetzen), sich davor zu scheuen, ihm zum Beispiel mitzuteilen, daß Sie Potenzschwierigkeiten haben (sie könnten durch Medikamente verursacht sein, die er verordnet hat, oder verschiedene andere Symptome, die bei Ihnen auftreten, erklären), oder über Ihr Sexualleben im allgemeinen unnötig Verschwiegenheit zu bewahren, sowenig wie hinsichtlich Ihrer Verdauung. Wenn Sie dem Mann nicht vertrauen, kann er Ihnen nicht helfen, und Sie sollten den Arzt wechseln.

Bidet

Dieses Stück der europäischen Badezimmereinrichtung kam in Mode, als die vaginale Dusche nach dem Koitus üblich wurde. Für das Waschen kann es nützlich sein, zum Beispiel zum Füßewaschen, und es macht weniger Mühe als eine Dusche, obwohl eine Frau unter einer Dusche besser aussieht, als wenn sie wie eine Batteriehenne auf dem Bidet sitzt. Unmotiviertes Vaginalduschen ist medizinisch auf jeden Fall eine schlechte Idee – die Vagina reinigt sich selbst, und Wasser bringt ihre natürliche Hygiene aus dem Gleichgewicht. Bleiben Sie bei Dusche und Bidet für das Säubern nach der Menstruation.

Nackte Affen

Wir befassen uns in diesem Buch viel mit Biologie. Zu den Symbolen des menschlichen Sexualverhaltens, so wichtig sie auch sein mögen, wurden schon zu viele Erklärungen von einem psychoanalytischen Standpunkt aus abgegeben, der wie die veraltete Moralauffassung annimmt, es gebe nur *eine* Art der Liebesbetätigung und nur *eines*, was sie ausdrücken soll. Experimente mit Affen lassen den Schluß zu, daß für den Menschen die Möglichkeit längerer und genußfreudiger Sexualbetätigung etwas Besonderes, d. h. eine »Verdrängungstätigkeit« ist, die es ermöglicht, allerlei Aggressions- und Angstgefühle sowie kindliche Defizite in bezug auf Berührungen im Zusammenhang mit gegenseitiger Zuneigung spielerisch zu tilgen.

Die meisten Menschen haben zumindest *ein* bevorzugtes Sexualverhalten, das ein Beurteiler seltsam finden würde. Wenn wir diese Verhaltensweisen bei Vögeln oder Fischen beobachteten, würden wir nicht fragen, ob sie normal sind, sondern welchen Zweck sie haben. Kein Autor, der Affen beobachtet hat, sollte – wie einer seiner Berufsgenossen in jüngster Zeit – sagen, daß spontane Bewegung im Geschlechtsverkehr ein Beweis für latenten Sadismus sei. Wenn das der Fall wäre, dann bedeutete »latenter Sadismus«, daß Sex natürliche Aggression im Spiel zum Verschwinden bringe. Probleme ergeben sich nur, wenn die natürliche Spielfunktion tiefergehende Angstgefühle nicht

281

zerstreuen kann. Eine der Aufgaben von Forschung und Beratung, und zwar die wichtigste, besteht darin, immer wieder die Fehler zu eliminieren, die jede neue Expertengeneration macht, und sich auf die Realität des menschlichen Verhaltens rückzubesinnen.

Die Hauptunterschiede zwischen den Menschen und den meisten Affen sind Paarbildung, umfassende Anwendung des Sex als gesellschaftliche Bindung und Spiel, Interessenverlegung von grellgefärbten Hinterbacken zu Brüsten (ein Pavian hat sie auch) und Phantasie. Bekannte Affenreste sind Erröten – alles, was von der roten Haut des Geschlechtsteils des Mandrills übrig ist (es zeigt sich bei vielen Frauen während des Orgasmus als fleckiger Hautausschlag am ganzen Körper) und bleibendes Interesse für Hinterbacken, wozu vielleicht gehört, daß man sie durch Schläge rötet. Das alles ist nur deshalb wissenswert, weil der Sex mehr Spaß macht, wenn man die beruhigende Gewißheit hat, daß gewisse Neigungen in der Naturgeschichte verankert sind. Affen wie Menschen masturbieren und treiben bisexuelle Spiele.

Jungfräulichkeit

Davor sollten Sie einen gewissen Respekt haben. Das erstemal ist für eine Frau nicht um soviel »bedeutungsvoller« als für einen Mann, sondern es bedeutet etwas anderes. Wenn Sie mit einem Mädchen, das Jungfrau ist, nach wenigen Stunden oder Minuten einer Bekanntschaft ins Bett gehen, ist das für Sie beide zu schnell. Zum ersten ist es unwahrscheinlich, daß sie für Empfängnisverhütung vorgesorgt hat: Halten Sie sich an die Zutaten ohne Koitus, bis Sie beide dessen sicher sind, was Sie tun wollen. Es ist verantwortungslos, Narben zu verursachen. Was immer Sie tun, gehen Sie sanft und langsam vor, denn sie muß verkrampft und nervös sein – sogar wenn sie nicht so aussieht.

Mädchen, die Jungfrauen sind, werden es gewöhnlich sagen (verläßlich läßt es sich durch Untersuchung nicht feststellen), und ein liebender Mann wird fragen – Männer machen gewöhnlich nicht darauf aufmerksam. Wie erfahren er auch scheinen mag, das Mädchen sollte unbewußt daran denken, daß dies das erstemal sein könnte und daß er vielleicht Hilfe braucht: Wenn Sie kritisch oder enttäuscht sind, könnte das wirklich Unheil anrichten. Seid ihr beide noch unberührt, so beginnt ihr ganz von vorn – übereilt es nicht.

Gewöhnlich gibt es beim ersten Koitus, wenn man vorsichtig ist, kein körperliches Problem – das üblichste ist bloß Übereifer oder Nervosität beim Mann (siehe unter »Impotenz«). Wenn es Probleme gibt, müßt ihr sie unverzüglich behandeln lassen.

Die Entjungferung, die in früheren Zeiten große Wichtigkeit hatte, ist längst kein Problem mehr. Es gab eine Zeit, da war sie eine dauernde Sorge für die zur Promiskuität neigenden Männer und eine echte Qual für die meisten Mädchen. Diese Veränderung kann nicht auf den Mangel an Jungfrauen zurückzuführen sein (für alles muß es ein erstes Mal geben), auch nicht auf die Erfindung der Vaseline – wahrscheinlicher ist sie (vielleicht) dem Petting und (sicher) einer Veränderung der sexuellen Bräuche zuzuschreiben. Heute werden die Mädchen vorher von rücksichtsvollen Freunden gedehnt, und die anderen wachsen nicht mit Geschichten von Blut, Schweiß und Tränen auf, die früher Urgroßmütter zu erzählen pflegten. Im 18. Jahrhundert war ein Mädchen entehrt, wenn sie in ihrer Hochzeitsnacht nicht blutete wie ein Schwein; die meisten modernen Liebhaber würden fest annehmen, daß sie sie überhaupt nicht zum Bluten bringen, es sein denn, sie verlangte, in der guten alten Weise »entjungfert« zu werden. Selbst dann sollte es, von anatomischen Seltenheiten abgesehen, sie »nicht mehr schmerzen, als wenn sich eine eitle junge Dame die Ohren durchstechen läßt«.

Nachdem das Schreckgespenst der wirklichen Entjungferung ausgetrieben ist, können wir in spielerischer Art das 18. Jahrhundert wiederaufleben lassen und sie, sooft es uns oder ihr gefällt, wieder entjungfern. Heutzutage wachsen den Huris im Himmel täglich neue Hymen, und sie sind dauernd Jungfrauen, ebenso wie jede Frau, die vorgeben will, daß sie es sei. Es ist keine schlechte Art, einen Jahrestag zu feiern. Richtige Schwärmer können es tun, wie es sich gehört, samt Flitterwochenhotel und allem Drum und Dran; gewöhnlich funktioniert das Ganze viel, viel besser als auf einer Hochzeitsreise beim erstenmal. Man kann sogar dasselbe Zimmer im voraus reservieren lassen. Oder man kann es öfter, daheim und ohne lange Vorbereitung tun. Sie braucht nur zu sagen: »Heute abend bin ich Jungfrau.«

Frigidität

Nicht identisch mit: Kein Vergnügen am Sex, wenn man todmüde ist, wenn die Kinder an die Tür hämmern, mitten auf dem Hauptplatz oder ganz allgemein mit dem falschen Mann, zur falschen Zeit, immerfort und jederzeit oder mit den falschen Gefühlen. Männer vom Automatentyp (wirf eine Münze ein, und der Orgasmus kommt heraus) sollten sich das merken. Ebensowenig identisch damit, daß man nicht bei jeder Gelegenheit einen tollen Orgasmus hat.

Wenn es so wäre, müßte jede Frau frigid sein. Auch ist es ein Zeichen von mangelnder Reaktion, wenn der Mann unbeholfen, überstürzt und »phallusverschossen« ist. Wir nehmen an, daß Sie all das wissen.

Echte Frigidität liegt dann vor, wenn eine Frau ihren Mann liebt und vor keinem Teil des Sex bewußt Angst hat, aber dennoch kein Vergnügen empfindet, wenn beide sich darum bemüht haben, dafür zu sorgen. Im Gegensatz zu männlicher Impotenz, die oft (wenn auch nicht immer) durch bloße Beruhigung beseitigt werden kann, läßt sich diesem Zustand nicht leicht durch Bücher abhelfen. Die weibliche Sexualität ist viel weniger geradlinig als die männliche – wenn eine Frau Schwierigkeiten dieser Art hat, *muß* sie individuell behandelt werden.

Manche Fälle mangelnden Lustempfindens sind einfach gelagert: Die Pille kann in beiden Richtungen große Veränderungen der Libido bewirken. Ebenso die innere Chemie der Frau, die, anders als beim Mann, zyklischer Natur ist und plötzlichen Veränderungen unterliegt. Wenn der Geschlechtsverkehr Schmerzen verursacht, ist das auch einfach – suchen Sie einen Gynäkologen auf, und lassen Sie sich behandeln. Schwangerschaft und Geburt können die Reaktion physisch und psychisch beeinträchtigen. Angenommen, keiner dieser Fälle trifft zu, Sie haben einen Mann, mit dem Sie reden können, verständliche Gründe für eine Abkühlung (wie ein übergewichtiger Liebhaber) fehlen, und Sie haben dennoch keineswegs ein Gefühl der Befriedigung, so lassen Sie sich persönlich beraten. Die Verzahnung körperlicher und psychologischer Ursachen, die diese Art mangelnder Befriedigung bewirken, ist zu kompliziert, um in einem Buch behandelt zu werden.

Wenn Sie noch immer nichts empfinden, ist die einzig lohnende Methode sorgfältige Selbsterziehung durch entspannte, allmähliche und ungestörte Selbsterforschung. Bei Frauen ist die Masturbation in weit höherem Maße als beim Mann ein Prozeß ständiger Selbsterforschung, und viele Frauen können sich auf diese Art und Weise zur Reaktion erziehen und tun es auch. Weitverbreiteten Aussagen zufolge ist die Verwendung eines Vibrators von Vorteil – er kann bei fast jeder Frau sexuelle Empfindungen hervorrufen. Wenn man einmal ein Stimulans gefunden hat – ob allein oder mit einem Liebhaber –, das Gefühle vermittelt, soll man es bei der Liebesbetätigung voll und ganz anwenden. Wenn man einen Finger an der Klitoris oder einen Genitalkuß braucht, soll einen nichts daran hindern – die Propaganda hinsichtlich des »vaginalen Orgasmus« ist tatsächlich Propaganda, und das Werturteil, man sei keine

Frigidität
Denken oder phantasieren Sie über alles, was irgendeine Reaktion bei Ihnen hervorbringt.

Frau, wenn man nicht allein durch tiefes Eindringen des Penis voll befriedigt werde, ist absolut nicht zutreffend; manche Frauen werden dadurch befriedigt, andere nicht. Manche Frauen haben viele Orgasmen – mitunter so viele, daß sie ineinander übergehen und sich nicht als Einzelereignisse festlegen lassen –, andere einen einzigen wie ein Mann. Manchen Frauen macht nur Brust- oder Genitalstimulierung Vergnügen. Finden Sie heraus, welche Art Ihnen entspricht. Wenn Sie mit Stellungsveränderungen experimentiert haben, tun Sie es – wir nehmen an, daß Sie es nun schon getan haben. Und mit Lust und Einfällen. Wenn Ihnen nichts davon einen Weg zeigt, brauchen Sie individuelle Hilfe (oder besser gesagt, Hilfe als Paar – wenn Sie einen Berater finden können, sollten Sie ihn beide aufsuchen).

Zur Selbsterziehung machen Sie es sich vorerst wirklich bequem – nackt oder nicht, vor einem Spiegel oder nicht, was Ihnen mehr zusagt. Denken Sie oder phantasieren Sie über alles, was irgendeine Reaktion bei Ihnen hervorbringt, dann beginnen Sie allmählich, Ihren Körper zu erforschen. Lassen Sie Ihre Hand dorthin gehen, wo es Ihr Körper wünscht – Brüste, die ganze Hautfläche, Schamlippen, Klitoris. Tun Sie das gleiche, wenn Sie einen Vibrator benutzen – legen Sie sich nicht auf einen Orgasmus fest, sondern gehen Sie darauf aus, zu entdecken, was Ihnen gefällt oder was Ihnen Ihrer Meinung nach gefallen könnte. Es dauert einige Zeit, das herauszufinden. Manchmal kann Ihnen eine Frau, wenn es Sie nicht einschüchtert oder abkühlt, dabei mehr helfen als ein Mann. Das macht aus Ihnen noch keine Lesbierin. Setzen Sie nicht voraus, daß ein anderer Mann imstande sein wird, es besser zu machen als Ihr Liebhaber – es wäre möglich, aber Sie können es nicht mit Sicherheit annehmen. Wenn Sie sich eine Situation vorstellen können, die Sie erregen würde, versuchen Sie sie mit Ihrem

Geliebten – im Spiel, wenn es sich im Ernst nicht durchführen läßt – herbeizuführen, und vergessen Sie nicht, daß gespielte Vergewaltigung nicht echte Vergewaltigung und gespielte Grausamkeit nicht echte Grausamkeit ist. Überlegen Sie, ob einer unserer Vorschläge Sie vielleicht in Erregung versetzen könnte. Sprechen Sie mit Ihrem Partner.

Darüber hinaus können wir Ihnen durch das gedruckte Wort nicht helfen. Die weibliche Libido wird, so seltsam es klingt, durch das männliche Hormon gelenkt (siehe unter »Impotenz«).

Kinder

Kinder sind eine natürliche, wenn auch keine notwendige Folge der Sexbetätigung. Sie erlegen einem Verantwortung auf – nicht zum geringsten die, zusammenzubleiben und sie aufzuziehen und die unmittelbare Ungezwungenheit im Sex für mehrere Jahre einschränken zu müssen. Für die meisten Menschen sind sie diese Beschränkung durchaus wert, wenn Sie aber nicht dazu bereit sind, das hinzunehmen, sollten Sie keine Kinder bekommen.

Wirklich sinnlicher Sex ist nicht auf Kinderlose beschränkt, wenn man ihn jedoch haben will, muß man für Ungestörtheit sorgen. Beziehen Sie Kinder in die Sexualbetätigung Erwachsener ein: Militante und exhibitionistische Freisinnige, die Kinder an die Natürlichkeit des Sex gewöhnen wollen, indem sie sie auf allen Stufen an ihrem Sexleben teilnehmen lassen, verursachen dabei wahrscheinlich zumindest ebensoviel Schaden, wie er jemals von der verbietenden Sex-ist-schmutzig-Generation verschuldet wurde. Ihre Kinder können aus Ihrem Bewußtsein, daß Ihre Beziehungen außerhalb des Schlafzimmers nicht gehemmt sind, ersehen, daß Liebe und Sex gut sind (wenn Sie ängstlich überzeugen wollen, werden Sie die Ängstlichkeit auf die Kinder übertragen). Was in anderen Kulturen geschieht, ist hier nicht maßgebend, denn in unserer Gesellschaft gibt es deren unterstützende und erzieherische Mechanismen nicht.

Die meisten Kleinkinder sind biologisch so programmiert, daß sie den Anblick oder das Anhören von Geschlechtsverkehr als gewaltsamen Überfall interpretieren (sie sind sich dessen früher bewußt, als Sie erwarten würden, behalten Sie daher niemals Babys im Schlafzimmer), und das Bewußtsein von Sexualbeziehungen zwischen Mutter und Vater ist jedenfalls eine viel zu heikle Angelegenheit, um damit Reichsche Experimente durchzuführen. Es ist etwas anderes, wenn man ihre eigene Sexualität (Masturbation, Interesse am anderen Geschlecht oder dergleichen) mit Billigung und Natürlichkeit behandelt, aber treiben Sie die Begünstigung weder bei Kleinkindern noch bei Jugendlichen so weit, daß es zu inzestuösen Konflikten mit Ihrem Privatleben kommt. Sonst werden Sie am Ende noch versuchen, sie zur Ausführung Ihrer nicht verwirklichten Phantasien zu benutzen, und sie völlig dem Sex entfremden.

Eine gute Sexualerziehung beginnt damit, nicht gehemmt, aber auch nicht exhibitionistisch zu sein, die Schüchternheit Ihrer Kinder zu respektieren, ihre Fragen zu beantworten und ihnen zu zeigen, daß Sie Sexualität als ein Thema betrachten, dem man mit Interesse, Natürlichkeit und Ungestörtheit, nicht Geheimhaltung, begegnet. Sorgen Sie für Ungestörtheit im Hinblick auf die Tatsache, daß ein normales Kleinkind Sie als Konkurrenten betrachtet, d. h., sperren Sie es nicht einfach aus.

Die modernen Wohnverhältnisse machen das zu Ratschlägen für ein zur Zeit unerreichbares Ideal, es sei denn, man ist reich. Wenn Sie aber zu den notwendigen Zugeständnissen nicht bereit sind, halten Sie sich an den Sex, und bekommen Sie keine Kinder. Nacktheit ist auch etwas , womit militante Freisinnige ihre Kinder in Verlegenheit bringen können – es gibt eine ganze Reihe angeborener kindlicher Reaktionen auf die Genitalien der erwachsenen Eltern. Wir würden sagen: »Gehen Sie dabei nicht zu weit.« Kinder sollten, wenn die Eltern normalerweise und ungehemmt nackt umhergehen, einander und andere Erwachsene als die Eltern nackt sehen; jedes Element einer besonderen Erziehungsschaustellung ist aber wahrscheinlich nicht vorteilhaft. Bei der Zugehörigkeit von Familien zu FKK-Vereinen liegt das Gute darin, daß die Nacktheit von Menschen im allgemeinen der biologischen und psychologischen Angst-Assoziation mit nackten Eltern entbehrt. Übertreiben Sie auch da nicht, und wundern Sie sich nicht über Anstandsgefühle bei Ihren Sprößlingen, die Sie nicht teilen, und verurteilen Sie sie auch nicht. Vergessen Sie nicht, daß für den normalen drei- bis siebenjährigen Jungen der Penis seines Vaters ein Dominanzzeichen und die Vulva der Mutter ein ambivalentes Objekt ist. Wenn Sie krampfhaft emanzipiert sein wollen, übertreiben Sie wahrscheinlich.

Man sollte Kinder noch vor der Pubertät über normale Sexphänomene wie Menstruation oder Masturbation informieren, ehe andere eifrige Ratgeber (Priester, Lehrer und andere Kinder) es tun – Stellen Sie sie als das dar, was sie sind, zum Vorgang und Vorrecht des Erwachsenwerdens gehörig: Jede sexuelle Aufklärung einschließlich der, woher die Babys kommen und worin der Geschlechtsverkehr besteht, wird am besten erteilt, bevor sie noch verstanden werden kann, so daß das heranwachsende Kind weiß, worum es sich handelt, und vor Bangemachen gefeit ist.

Heranwachsende Kinder in Sexerfahrungen zu treiben ist pathologisch. In diesem Alter hängt es davon ab, ob sie zu Ihnen Vertrauen haben und sicher genug sind, daß Sie vernünftig sprechen werden, wenn sie Sie um Rat fragen. Aber erschrecken Sie nicht, wenn sie dennoch ihre Fragen für sich behalten. Wenn Sie sich Sorgen machen oder Schwierigkeiten voraussehen, sagen Sie es offen und direkt, aber schüchtern Sie sie nicht ein. Wenn Sie Ihre Aufgabe richtig hinter sich gebracht haben und Ihre Kinder einen annehmbar guten Charakter besitzen, werden sie zwar weniger Erfahrung, aber ebensoviel Vernunft zeigen wie Sie. Einer unserer Freunde fand Präservative im Besitz seiner dreizehnjährigen Tochter und rief die Eltern ihres besten Freundes an, »um sie zu warnen«. Von seinem Vater befragt, sagte der Knabe: »Ja, ich weiß; ich habe sie ihr gekauft. Sie geht mit einem Jungen und hat nicht vorgesorgt, da wollte ich nicht, daß sie in Schwierigkeiten gerät!«

Wahrscheinlich werden Eltern, die ein natürliches Sexleben führen, in dieser Hinsicht gute Eltern sein, aber sie sind in unserer Kultur eher selten, und wir können unsere Ängste nicht verhindern. Es hat wenig Sinn, sie verbergen zu wollen (viele davon sind dem Menschen angeboren), und Theaterspielen, ob nun moralistisch oder anderswie, ist schlecht und wird von Kindern durchschaut. Das Beste, was Sie erreichen können, ist, daß man Sie hinsichtlich Ihrer eigenen Ansichten für aufrichtig hält.

Schließlich sollte es sich jeder ernsthaft überlegen, bevor er ein Kind oder eine Schwangerschaft benutzt, um etwas zu beweisen, um »die Ehe zu kitten«, um die Persönlichkeit des Partners zu fördern oder dem Einfall zu folgen, es wäre herrlich, ein oder mehrere Kinder allein aufzuziehen. Natürlich sind Kinder persönlichkeitsfördernd, und sie zu haben ist ein Teil der Persönlichkeit, aber sie sind Menschen,

keine psychiatrischen Verfahren. Die Adoptionsvermitt-
lungen filtern Leute aus, die ein Kind als Medizin, Schau-
münze oder Rakete betrachten. Wenn das bei natürlicher
Elternschaft auch ginge, gäbe es weniger Geisteskrankheit,
und es würde das Bevölkerungsproblem in reichen Ländern lösen.

Normalität

Im neunzehnten Jahrhundert hätte ein Buch über Sex – es
sei denn, es wäre für den (damals reichen) Underground bestimmt gewesen – mit einem Kniefall davor begonnen, was
sündhaft ist und was nicht.

Man hefte einer sexuellen Vorliebe die Bezeichnung
»anomal« an, und sie wird sogleich bedenklich. »Normal«
besagt, daß es etwas gibt, was der Sex sein sollte. Und das
gibt es. Er sollte ein völlig befriedigendes Verbindungsglied
zwischen zwei liebenden Menschen sein, aus dem beide un-
bekümmert, ausgeglichen und bereit für mehr davon her-
vorgehen sollten. Zu dieser Definition gehört auch das Bewußtsein, daß die Menschen hinsichtlich ihrer Bedürfnisse
und ihrer Befriedigungsfähigkeit sehr verschieden sind. Da
Sex auf Zusammenwirken beruht, kann man einander bei
der Überbrückung von Lücken beistehen. Dazu kommt,
daß der Sex aus Gründen, die in der Spezies Mensch verankert sind, uns im Vergleich zu anderen Bedürfnis- oder Ge-
schmacksunterschieden außergewöhnlich begierig macht
und daß unsere Kultur aus einer Periode moralischer Angst
in das neue Bewußtsein übergeht, daß es nichts zu fürchten
gibt. Vielen Menschen geht es in ihren sexuellen Voraussetzungen noch so wie der viktorianischen Generation, deren
Kinder zu dem Glauben erzogen wurden, daß grüne Bon-

bons giftig sind und Reispudding gesund ist, weil er schlecht schmeckt.

Ein Problem der vorigen Generation lag darin, daß viele gute Sexmethoden, weil die liebe Tante sie verpönte, einfach ungewohnt und aus diesem Grund beunruhigend oder ekelhaft waren. Es ist kaum mehr als ein Menschenalter her, seit Krafft-Ebing ein Lehrbuch verfaßte, in dem er jede Sexualmethode, an der er nicht selbst Gefallen fand, als Krankheit beschrieb und die Darstellung mit Beispielen würzte, die er von seelisch gestörten Menschen bezog. Sogar Freud, der einsah, daß wir alle nicht eine, sondern ein ganzes Bündel von sexuell wichtigen Neigungen besitzen – so sehr, daß fast alle unsere Interessen irgendeinen sexuellen Unterton haben –, beurteilte die Reife nach einer recht strengen Verkehrsordnung. Man mußte praktisch am Schluß eine »Reifeprüfung« ablegen.

»Anomal« würde demzufolge bedeuten: 1. Ungewöhnlich für Zeit und Ort – zehnmaliger Geschlechtsverkehr täglich ist als Regel ungewöhnlich, kommt aber vor. Wenn Sie es zustande bringen, ausgezeichnet. Leonardo und Newton paßten auch nicht in die Norm. 2. Ungewöhnlich und mißbilligt. Bei den Papua ist es anomal, tote Verwandte zu begraben, und in Kalifornien ist es anomal, sie zu fressen. Aber Liebende auf der ganzen Welt würden einander gemeinhin am liebsten »auffressen«, und der gleiche Gedanke liegt unserem schönsten und ergreifendsten religiösen Ritus zugrunde. Dennoch würde einem Europäer oder Amerikaner sehr übel werden, wenn er tatsächlich einen toten Verwandten essen sollte. Auf einer weniger extremen Ebene fürchtet sich unsere Gesellschaft vor gleichgeschlechtlicher Liebe. Im klassischen Griechenland war sie sehr in Mode – jeder, der es konnte, befaßte sich damit. 3. Ungewöhnlich und benachteiligend. Ein

Bandscheibenvorfall oder eine wirklich beunruhigende sexuelle fixe Idee sind Abnormitäten, weil sie dem Menschen, der daran leidet, und seinen Mitmenschen das Leben zur Qual machen.

Manche Arten des Sexualverhaltens sind offenkundig sonderbar und begrenzen das Feld des Sinnengenusses – wie bei dem Mann, der nur dann einen Orgasmus bekam, wenn er in gekochten Spaghetti badete. Aber ihm gefiel es eben nur so. Heute fragen die Psychologen gewöhnlich nicht: »Ist das normal?«, sondern: »Warum braucht dieser besondere Mensch dieses besondere Stimulans?« und »Ist dieses Verhalten a) verderblich für seine Chance als freie Persönlichkeit, b) tragbar für die Gesellschaft?« Manche Verhaltensweisen, wie Vergewaltigung oder Kindesmißbrauch, sind nicht tragbar.

Insgesamt haben wir nicht ein einziges Modell von Sexualverhalten, sondern eine Gruppe von Reaktionen, wie die Finger einer Hand. Bei den meisten Menschen einer bestimmten Kultur sind die Finger ungefähr gleich lang. Bei manchen Menschen ist ein Finger länger als üblich – manche haben das Pech, daß ein Finger lang ist und die anderen verkümmert sind. Hier liegt der Unterschied darin, daß die Fingernägel viel knapper programmiert und weniger verschieden sind als das Sexualverhalten. Wenn man also von »Normalität« sprechen soll, ist jedes Sexualverhalten normal, das 1. beiden Vergnügen bereitet, 2. keinem schadet, 3. nicht mit Angstgefühl verbunden ist, 4. den Gesichtskreis nicht einengt. Das Bestehen auf Geschlechtsverkehr ausschließlich in der Dunkelheit, in *einer* Stellung und mit möglichst wenig Lustgefühl – die stereotype Normalität der Moralisten – ist eine sehr angstvolle und beengende Prozedur. Gute, ungehemmte Liebende verwenden alle zwanzig Finger ihrer vier Hände.

Häufigkeit

Sooft es euch beiden Vergnügen macht, das ist das richtige Maß an Häufigkeit im Sex. Sie können ebensowenig »zuviel« Sex treiben, wie Sie den Wassertank im WC zu sehr entleeren können (siehe unter »Exzesse«). Allerdings können Sie durch allzu viele Samenergüsse Ihre Fruchtbarkeit verringern, und Sie sollten den Geschlechtsverkehr nicht zu einer so zaghaften Sache machen, daß Sie sich an einen täglichen Stundenplan halten müssen. Zwei- oder dreimal wöchentlich ist ein üblicher Durchschnitt. Viele Menschen haben wesentlich öfter Geschlechtsverkehr. Manche halten sich an eine gewisse Regelmäßigkeit – andere verbringen lieber dann und wann intensive Wochenenden. Viel weniger als zweimal wöchentlich läßt darauf schließen, daß Sie mehr daraus machen könnten, es sei denn, Sie wissen aus Erfahrung, daß die geringere Häufigkeit für das, was Sie wollen, das beste ist. Menschen, die sich strikt auf koitalen Orgasmus beschränken, entscheiden sich für weniger Höhepunkte als solche, die den Koitus mit Mund-, Hand- oder anderen Spielen mischen, weil diese die Zahlen der Orgasmen erhöhen. Sie sollten je nach Ihren Reaktionen Ihre eigene Mischung formen: Wenn ein Partner mehr braucht, sind die Zusatzmethoden nützlich für die Erfüllung dieser Bedürfnisse und für die Anpassung an die Ihren. Die Häufigkeit nimmt normalerweise mit dem Alter ab, aber es gibt kein Alter, in dem Sie sich nicht bei einer besonderen Gelegenheit selbst überraschen. Tun Sie sich keinen Zwang hinsichtlich der Häufigkeit an (lassen Sie sich auch nicht unnötig beunruhigen, wenn Ihre Freunde erzählen, daß es bei ihnen häufiger sei). Sie bekommen keine Zensur. Seien Sie sich darüber klar, daß es Zeiten geben wird, zu denen einer von Ihnen einfach keine Lust hat – infolge von Ermüdung,

Sorgen und so weiter –, und zwingen Sie den Partner oder sich selbst nicht zur Einhaltung einer planmäßigen Schablone.

Exzesse

Die gibt es quantitativ im Sex nicht – dafür sorgt schon die Natur; die Frau wird wund, der Mann kann nicht weiter. Alte Weiber unter Medizinern und Moralisten haben jahrhundertelang gelehrt, daß übertriebene Sexbetätigung entkräftet – in bezug auf übertriebene Arbeit oder exzessive körperliche Bewegung haben sie uns nie und in bezug auf exzessives Essen, das heutzutage unsere gefährlichste Belastung ist, nur selten so ernst gewarnt.

Tatsächlich ist Sex die im Vergleich zur angewandten Energie am wenigsten ermüdende körperliche Erholung. Wenn Sie nachher ausgepumpt sind, führen Sie es auf Ihre Einstellung dazu oder (was häufiger der Fall ist) in zweiter Linie auf Schlafmangel zurück. Männliche Liebhaber vergessen, daß Frauen, die arbeiten oder einen Haushalt führen oder beides, nicht so frisch, wenngleich ebenso bereitwillig sind wie müßige Insassen des alten ottomanischen Serails. Mädchen vergessen, daß Sex zwar für beide Geschlechter die ideale Entspannung darstellt, daß aber Sorgen eher als körperliche Ermüdung die Ursache für Impotenz sein können, besonders wenn sie mit dem aufrichtigen Wunsch gepaart sind, aus persönlichem Ehrgeiz olympiareife Leistungen und noch mehr zu vollbringen.

Verschiedene Schlafbedürfnisse und -gewohnheiten können, wenn man sie nicht erkennt und einander anpaßt, eine sexuelle Partnerschaft ernstlich gefährden. Setzen Sie sich mit all diesen Problemen im Gespräch auseinander – ein echtes Schlafbedürfnis wirkt nur auf extrem unsichere Menschen, die sich nicht aussprechen können, wie Ablehnung oder Schmollen.

Gewöhnlich macht der Sex Frauen so matt, daß sie schläfrig werden. Auf Männer kann er dieselbe Wirkung haben, sie aber auch dazu treiben, sich produktiv zu betätigen – dann betätigen Sie sich eben produktiv, und lassen Sie sie nach einer angemessenen Periode gemeinsamer Ruhe und Liebe schlafen. Nachts gibt es kein besseres Schlafmittel als heftigen, gemeinsamen Orgasmus – aktiv Liebende brauchen keine Barbiturate.

Wenn Sie sich bis zur Erschöpfung verausgaben, läßt sich diese durch einige Stunden oder Tage der Ruhe kurieren. Anders als manche Leute glauben, führt häufiger Sex nur zu besserem Sex – er verhindert den verfrühten Orgasmus, ohne den Höhepunkt zu mindern: Die gewaltige »Explosion« nach einer Zeit der Trennung hängt nicht mit der Enthaltung, sondern mit der Wiedervereinigung zusammen. Sie können während einer Zeit der Trennung beide täglich masturbieren und werden diesen Höhepunkt dennoch erreichen. Häufiger Sex erhält auch die Funktion bis ins hohe Alter – er ist nicht nur eine Gewohnheit, sondern beeinflußt den Hormonspiegel und damit auch Aussehen und Kraft.

Impotenz

Die Grundlage für so viel Unsinn und Angst, daß einige Fakten festgehalten werden müssen.

1. Alle Männer sind manchmal impotent – gewöhnlich bei einem ersten oder übereilten Zusammensein mit einer besonders begehrten Frau, die sie beeindrucken wollen.

Das Risiko entspricht der Verlockung. Es kann auch daheim vorkommen, ganz unerwartet und unangekündigt – oft durch irgend etwas, das einen abkühlt, ohne daß man sich dessen bewußt ist. Wichtig ist nur, sich dadurch nicht aus der Fassung bringen zu lassen. Die konventionelle Vorstellung der Männer, jederzeit und überall leistungsbereit zu sein, ist neurotisch und nicht durchführbar.

Nur die völlig Gefühllosen sind allzeit wirksame Fickmaschinen wie ein Gestütshengst, und auch Gestütshengste haben ihre freien Tage. Lassen Sie sich für eine Premiere eine ganze Nacht Zeit – dann wachen Sie entsprechend geil auf.

2. Handelt es sich nicht um eine vorübergehende Impotenz, so sind in 75 Prozent der Fälle psychische Faktoren die Ursache. Die wichtigsten sind Diabetes, Fettleibigkeit, Alkohol und einige gegen Depression und gegen hohen Blutdruck verordnete Medikamente.

3. Die andere Ursache für Impotenz ist psychologischer Natur – man verursacht sie selbst, wenn man sich Sorgen hinsichtlich der sexuellen Leistungsfähigkeit macht. Es ist genau das gleiche wie bei einem alten Mann, der darüber nachdachte, ob er mit dem Bart über oder unter der Decke schlafe, und bei dem Versuch, sich daran zu erinnern, verrückt wurde, oder bei dem Pianisten, der über seine Finger nachzudenken beginnt.

4. Wenn Sie jemals (durch Masturbieren, im Schlaf- oder Wachzustand) eine Erektion bekommen können, ist mit Ihren Penisschwellkörpern alles in Ordnung.

5. Das Alter hat, es sei denn, es bringt Krankheit mit sich, nichts mit Impotenz zu tun. Wohl aber der Glaube, daß man älter wird und sich verausgabt habe. Die normale männliche Potenz bleibt einem das ganze Leben erhalten. Die einzige Veränderung besteht darin, daß spontane Erek-

tion seltener wird, daß direkte Hautstimulierung erforderlich ist und daß es länger dauert, bis es zum Orgasmus kommt. Impotenz bei alten Männern wird durch Abschreckungen, mangelnde Gesundheit und das Fehlen einer aktiven Partnerin, zu häufige Leistungsversuche oder die Anforderung einer jüngeren Partnerin hervorgerufen, die sie als Test für die Leistungsfähigkeit stellt. Sie würden normale Männer jeden Alters abschrecken. Wenn Sie aber in fortgeschrittenem Alter plötzlich Probleme mit der Potenz bekommen, sollten Sie einen Arzt aufsuchen.

6. Infolgedessen bedeutet hartnäckige Impotenz entweder, daß Sie einem bestimmten Versagen gegenüber – durch falsche Umstände, falsche Partnerin, falsche Gefühle, Rekordversuche – eine Leistung zu erbringen versuchen oder daß Sie sich dadurch, daß Sie handeln, als wären Sie ein Zuschauer, kein Beteiligter, und sich darüber Sorgen machen, wie Sie es schaffen werden, selbst zum Versagen bringen. Das kann beginnen, wenn Sie sich über einen der unter 1. erwähnten »unergiebigen« Tage ärgern, und kann zu einer Gewohnheit werden. Verhalten Sie sich dagegen wie bei »Überempfindlichkeit«, nur sollten Sie beide in diesem Fall alle zusätzlichen Reize benutzen, aber mit dem festen Entschluß, nicht zu koitieren – eine genaue Beschreibung der Methode steht bei Masters und Johnson, die leicht für *do ist yourself* anwendbar ist. Wenn das mißlingt, holen Sie sich Hilfe bei einem Fachmann. Wenn alle die hier aufgezählten Tatsachen wüßten, wäre die Aufgabe der Sextherapeuten zumindest durch Verständnis erleichtert.

In der Vergangenheit wurde die Impotenz medizinisch nur am Rande erforscht. Nach jüngsten Erkenntnissen ist es nunmehr aber möglich, die Blutströme im Penis zu messen, den Erektionsgrad während des REM-Schlafs aufzuzeichnen und andere Untersuchungen vorzunehmen. Ein Ergebnis lautet, daß organische Gründe doch häufiger sind, als man vermutet hatte. Man dachte, 90 Prozent der plötzlich auftretenden Erektionsschwierigkeiten würden »im Kopf« verursacht, aber diese Schätzung scheint sich als übertrieben hoch zu erweisen. Scheiden Diabetes, Alkohol, Medikamente und hormonelle Störungen als Ursache aus, verbleiben immer noch Fälle, in denen ungenügende Blutzufuhr, Blut-»Verlust« aufgrund der Muskelanspannung während des Koitus, unzureichende Blutversorgung der Schwellkörper oder schlaffe Bänder für eine ungenügende Erektion verantwortlich sind. Der richtige Weg lautet also: die augenfälligen Ursachen ausschließen, Medikamente überprüfen, die unter 6. angeführte Therapie anwenden

Impotenz
Alle Männer sind manchmal impotent. Das Risiko entspricht der Verlockung.

und dann, wenn das Problem immer noch nicht behoben ist, eine Spezialklinik aufsuchen, in der die erforderlichen Untersuchungen durchgeführt werden können. In einer idealen Welt wäre dies überall möglich – im Moment entscheiden Sie sich am besten für ein Universitätskrankenhaus.

Testosteron ist kein allgemeines Aphrodisiakum, und bei der überwiegenden Mehrheit der Männer mit Erektionsproblemen wird kein Fehlen dieses Hormons diagnostiziert; manche Ärzte sind aber der Überzeugung, Testosterongaben könnten die Erregungsschwelle heruntersetzen. Testosteron selbst hat den Nachteil, daß es Ihre körpereigene Hormonproduktion drosselt. Bei impotenten Diabetikern und anderen Patienten mit organisch bedingten Erektionsstörungen kann ein Alphablocker, Phenoxybenzamin, eine dauerhafte Erektion hervorrufen – das Problem ist nur, daß es direkt in den Schwellkörper injiziert werden muß (Eigeninjektionen sind möglich, bedürfen aber der ärztlichen Kontrolle). Injiziertes Papaverin führt sowohl zu sofortiger Erektion als auch zu längerfristigen Erfolgen. Bei wirklich organischer Impotenz, zum Beispiel nach einer größeren Operation, kann man eine Stützvorrichtung in den Penis implantieren, die ihn funktionstüchtig macht. Und es gibt sogar eine Prothese, die man mit einem kleinen Ballon im Skrotum aufrichten und mit einem Ventil unterhalb des Nabels wieder herunterlassen kann – ganz im Ernst! Nicht auszudenken, was geschieht, wenn eine Frau, die sich daran gewöhnt hat, einen anderen Mann kennenlernt. Ob es angesichts des breiten Spektrums lustvoller Sexaktivitäten, die keine Erektion voraussetzen, der Mühe und Komplikationen wert ist, hängt davon ab, wieviel von Ihrem Selbstbewußtsein Sie aus der Härte Ihres Geschlechtsteils beziehen.

Eine Anmerkung für den Arzt, der kein Sexologe ist: Relativ aktuell berichten über den gegenwärtigen Forschungsstand G. Wagner und R. Green in *Impotence*, Plenum Press, 1981. In bezug auf Phenoxybenzamininjektionen siehe G. S. Brindley, *J. Physiol*, 1983, 342, 24P und *Lancet*, 1984 II, 220.

Eine wichtige Konsequenz aus der Tatsache, daß Alter allein keine Impotenz verursacht, besteht darin, daß ihr plötzliches Auftreten im Alter eine umfassende ärztliche Untersuchung in einer Spezialklinik erforderlich macht.

Priapismus

Von Priapus, dem römischen Gartengott mit einem langen, steifen Holzpenis: eine ungewünschte Erektion, die man nicht los wird, von keinerlei sexuellem Lustgefühl oder Erregung begleitet.

Eine schmerzhafte Erektion, die bestehenbleibt, ist selten und im allgemeinen ein Zeichen dafür, daß etwas nicht in Ordnung ist und man einen Arzt aufsuchen soll. Häufiger, wenn auch nicht oft, kommt es vor, daß man nachts sogar nach einem vollen Samenerguß durch schmerzhafte, unangenehme Erektionen geweckt wird, so daß der Patient aufstehen und umhergehen oder duschen muß – Koitus oder Masturbation helfen nicht; das kann zu schwerer Schlaflosigkeit führen. Wir erwähnen es hier, weil die Patienten sich deswegen die schlimmsten Sorgen machen. Die Ursache ist unbekannt – sie kann psychologischer Natur sein (es hört oft auf, wenn man nicht daheim ist). Alle normalen Männer bekommen wiederholt Erektionen im Schlaf, doch gewöhnlich werden sie dadurch nicht geweckt, oder die Erektionen sind von angenehmen Sexgefühlen, nicht von Schmerzen begleitet. Es scheint gegen diese Störung kein wirksames Mittel zu geben. Medikamente, welche sie beseitigen, können auch die Potenz schädigen. Zum Glück schwindet das Symptom gewöhnlich, und das wird dann der Behandlung zugeschrieben, die man gerade anwandte. Sie stört den Sex ansonsten nicht.

Überempfindlichkeit

Auch vorzeitiger Samenerguß genannt. Jede Ejakulation, die erfolgt, ehe sie von Ihnen beiden gewünscht wird, ist vorzeitig.

Ejaculatio praecox wird durch zwei Ursachen, Übereifer und Ängstlichkeit, hervorgerufen. Übereifer mag gelegentlich köstlich sein, bedeutet jedoch gewöhnlich bloß, daß Sie nicht genug Sex treiben, um optimale Leistungen zu erzielen. Man kann sie dadurch abwenden, daß man häufig masturbiert und die Gelegenheit nutzt, langsame Reaktionen zu entwickeln. Allerdings kann man dann im Zusammensein mit einer Frau immer noch ein Desaster erleben. Wenn man einmal ängstlich wird, kann *Ejaculatio praecox* zu einer physiologischen Gewohnheit wie Stottern oder Impotenz werden. Sie kann erstklassigen Sex und die meisten unserer Vorschläge unmöglich machen.

Es gibt ein bestimmtes Training zur Behandlung dieser Schwierigkeit. Nehmen Sie es nicht zu spät in Angriff.

1. Finden Sie gemeinsam mit Ihrer Partnerin heraus, wie bald nach einer Ejakulation Sie, entweder durch Selbststimulierung oder durch Stimulierung von seiten der Partnerin, eine neue Erektion bekommen können. Benutzen Sie das, halten Sie sich bewußt zurück, und streben Sie nicht den Orgasmus an, sondern die Feststellung, wie lange Sie steif bleiben können. Tun Sie das oft.

2. Wenn der Zeitabstand zu groß ist oder Sie die zweite Erektion bald verlieren, brauchen Sie besondere Übungen. Setzen Sie eine Trainingszeit fest, und entschließen Sie sich, bei den Trainingsgelegenheiten keinen Koitus zu haben. Lassen Sie sich nötigenfalls von Ihrer Partnerin steif machen und beginnen Sie, rittlings auf ihr sitzend, langsam zu masturbieren. Sie soll Sie nur in Erektion halten, sogar wenn sie das Tempo auf einen Strich alle drei Sekunden verringern muß. Wenn Sie »Stopp« sagen, soll sie aufhören. Wenn ihr das bessere Kontrolle gibt, kann sie Sie fesseln, aber da das an sich ein Reizmittel ist, sollten Sie besser freiwillig stillhalten. Erschrecken Sie nicht, wenn Sie beim erstenmal sofort ejakulieren – versuchen Sie es nach einer halben Stunde wieder. Tun Sie das so oft, wie Sie es einrichten können, aber mit einem Koitus dazwischen, um Ihr Verlangen nicht aufzuschaukeln. Manche Männer finden beim Koitus oder für Übungsrunden ein lokal angewandtes, anästhetisches Gel nützlich. Wenn Sie bei der Ausführung der Übung auf Schwierigkeiten stoßen, könnten Sie das verwenden. Nach dreiwöchiger regelmäßiger Übung müßten Sie imstande sein, zumindest eine zweite und wahrscheinlich eine erste Erektion volle fünf Minuten lang aufrechtzuerhalten, und diese Zeit wird immer länger werden. Inzwischen versuchen Sie die normalen Koitusrunden auszudehnen. Benutzen Sie alle Zusatzmöglichkeiten, um Ihrer Partnerin vollen Orgasmus zu geben, sooft sie ihn braucht, sie sollte jedoch mit aufreizenden Stimulationsmethoden oder irgendwelchen Techniken vor der Peniseinführung sparsam sein. Versuchen Sie für bestimmte Minutenintervalle in ihr stillzuhalten.

3. Wenn das nichts nützt oder wenn Sie unruhig werden, suchen Sie einen Fachmann auf. Gewöhnlich funktioniert es aber. Das wichtige ist, daß Sie mit Ihrer Partnerin eine

bestimmte Runde ohne Koitus festlegen, um Sie in einen Zustand sexuellen Trainings zu bringen. Es wird für Sie beide von Nutzen sein, und sie braucht dabei nicht leer auszugehen: Lernen Sie Ihre Hände und Ihre Zunge benutzen, und vergessen Sie ihre Brüste nicht. Wenn Sie mitunter ausdrücklich nur *sie* zu befriedigen suchen, wird Ihnen das zur Entspannung hinsichtlich irgendwelcher Männlickeitsprobleme verhelfen. Wenn das Problem noch weiter besteht, suchen Sie Rat, bevor es zu einer Gewohnheit wird. Die meisten Männer mit begrenzter Sexualerfahrung sind anfangs überempfindlich und würden aus einem Training von der oben beschriebenen Art Nutzen ziehen.

Überempfindlichkeit
Sie sollte mit aufreizenden Stimulationsmethoden sparsam umgehen.

Beim ersten Zusammensein mit einer sehr begehrten Partnerin haben fünfzig Prozent der Männer entweder vorzeitigen Samenerguß, oder sie bekommen keine Erektion. Sorgen Sie dafür, daß Sie eine ganze Nacht lang Zeit haben, so daß Sie es wieder versuchen können, aber strengen Sie sich nicht allzusehr an. Wenn Sie einschlafen, werden Sie wahrscheinlich mit einer gewaltigen Erektion erwachen. Notiz für den Arzt: Trizyklische Antidepressionsmittel wie Tryptizol (Rx) oder Tofranil (Imipramin, Rx) verzögern den Orgasmus bei manchen Männern beträchtlich, ohne die Erektion zu blockieren; oft genügen geringfügige Dosen.

Klimakterium

Alte Bezeichnung für Menopause, die Zeit, in der die Frau zu menstruieren aufhört. Der alte Quäkerarzt John Fothergill schrieb im 18. Jahrhundert: »Es gibt im Leben der Frauen eine Periode, die man sie meist mit einiger Besorgnis zu erwarten lehrt; die verschiedenen und absurden Ansichten über das Aufhören der Menstruationsausscheidung, die im Lauf der Zeit verbreitet wurden, haben das Leben vieler vernünftiger Frauen allmählich verbittert – manche in anderer Hinsicht fähige und vernünftige Praktiker scheinen diese falschen und furchterregenden Vorstellungen, wenn sie sie auch nicht unterstützen, doch nicht mit dem für einen solchen Gegenstand erforderlichen Eifer und Menschenliebe zu korrigieren.« Damit ist so ziemlich alles gesagt.

In der Menopause kommt es zu komplizierten Veränderungen. Das Aufhören der Ovulation bedeutet das Ende der Fruchtbarkeit, und das beeinträchtigt bei vielen Frauen die Selbstachtung, ganz abgesehen von den körperlichen

Folgen einer Störung des Hormonhaushalts. Für andere stellt sie eine sexuelle Befreiung dar, wenn sie sich nicht länger Sorgen wegen der Empfängsnisverhütung zu machen brauchen. Während unregelmäßige Blutungen oder Wallungen hormonal bedingt sind, können Persönlichkeitsänderungen wie Reizbarkeit und Depression sowohl hormonell wie durch die Tatsache verursacht werden, daß man einen Markstein erreicht hat und nicht mehr jung ist. Die Männer, die keine Menopause oder sonstige plötzliche Hormonänderungen erleben, machen oft ein »männliches Klimakterium« durch, das mit der Erkenntnis zusammenfällt, daß sie Versäumtes nachholen sollten. Das kann zu unbesonnener Zügellosigkeit, zu tatsächlicher Erkrankung oder aber bloß zu neuerlicher Einschätzung ihrer Möglichkeiten, sehr ähnlich einer zweiten Jugend, führen.

Für Frauen endet das Sexleben keineswegs mit der Menopause, es sei denn, sie sind davon überzeugt, daß es enden sollte, oder fühlen sich »nicht mehr als Frauen«. Oftmals beginnt es dann erst richtig, wenn sie sich früher Sorgen wegen einer Schwangerschaft gemacht haben. Ob die Symptome körperlich oder geistig sind, wie etwa Gemütsveränderungen, es lohnt sich oft, mit Hormonbeigaben (unter ärztlicher Aufsicht) über die Wiederanpassungszeit hinwegzukommen. Die Pille kann die Menopause verschleiern, indem sie den Zyklus ändert oder unterdrückt; nehmen Sie sie weiter, so lange Sie nicht sicher sind, daß Sie nicht noch immer ovulieren, sonst könnten Sie überraschend schwanger werden. Manche Frauen brauchen nach der Menopause Östrogen gegen Trockenheit oder Entzündung – aber fortgesetzte Sextätigkeit scheint für die Aufrechterhaltung der Funktion beider Geschlechter bis ins späte Alter fast ebensogut zu wirken wie Medizin (siehe unter »Alter«).

Alter

Alter spielt beim Sex nur insofern eine Rolle, als man um so mehr lernt, je länger man ihn praktiziert. Junge Menschen (und manche ältere) sind davon überzeugt, daß keiner über fünfzig sich sexuell betätigt und es im gegenteiligen Fall bloß unanständig wäre. Wir sind nicht die erste Generation, die weiß, daß es nicht so ist, aber wahrscheinlich die erste, die nicht dazu erzogen wurde, es schamhaft zu verschweigen.

Manche Paare beginnen vielleicht, sich mit einigen unserer Vorschläge zu befassen, wenn sie mit der Grundlage fertig sind und die dreißiger Jahre erreicht haben. Da wir aber alle älter werden und abergläubische Vorstellungen nicht noch weiter halten, lohnt es sich, die Sachlage zu klären.

Weder Männer noch Frauen verlieren im Alter ihre sexuellen Bedürfnisse oder Funktionen. Bei Männern bestehen die einzigen bedeutenden Veränderungen darin, daß es weniger oft zu einer spontanen Erektion kommt (infolgedessen brauchen sie mehr unmittelbare Stimulierung durch die Frau), daß es länger dauert, bis es zum Samenerguß kommt, was ein Vorteil ist; die Häufigkeit des Geschlechtsverkehrs wird allmählich geringer, aber mit einer anziehenden und aufgeschlossenen Partnerin und bei halbwegs guter Gesundheit bleibt man, wenn man nicht glaubt, man müsse schon ausgepumpt sein, sein Leben lang sexuell aktiv. Später im Leben verringert sich oft die Fähigkeit und das Bedürfnis zu ejakulieren. Man muß sich auch wirklich nicht jedesmal darum bemühen, denn es verlagert nur den Koitus und bringt nicht weniger gemeinsame Lust. Frauen verlieren ihre Fruchtbarkeit in den Wechseljahren, was aber für ihr Sexualleben oft eher nützlich als schädlich ist.

Es gibt tatsächlich bis zum Alter von 75 und mehr Jahren ein, wenn überhaupt, nur geringes körperliches Nachlassen, wenn man von der Häufigkeit absieht. Ein Viertel bis die Hälfte aller Paare in diesem Alter haben noch regelmäßig Geschlechtsverkehr, dabei sind auch alle jene eingeschlossen, die, als sie jünger waren, niemals ein intensives Sexualleben führten. Da die fortgesetzte Tätigkeit den Hormonspiegel aufrechterhält, sind es bei Paaren, die häufig Sex betreiben, wahrscheinlich eher bis zu 75 Prozent, und das restliche Viertel dürfte wegen Arthritis oder anderen Alterskrankheiten, nicht wegen Impotenz oder Frigidität, aufgehört haben. »Was einen im Alter am Sex behindert, hat die gleichen Ursachen, derentwegen man nicht mehr radfährt (schlechte Gesundheit, die Ansichten, es sehe albern aus, kein Fahrrad).« Der Unterschied ist der, daß man am Beischlaf später behindert wird als am Radfahren. Über Fünfzig ist es vor allem wichtig, die Sexbetätigung nie für längere Zeit aufzugeben – tun Sie es solo, wenn Sie im Augenblick keinen Partner haben; wenn Sie aufhören, können Sie beim Neuanfang Schwierigkeiten haben (siehe unter »Ärzte und Gesundheit«).

Man kann natürlich bei Frauen mit Hilfe von Hormonen unbegrenzt lange Menstruationen aufrechterhalten. Wahrscheinlich hat es nicht viel Sinn, es sei denn, es bessert die seelische Verfassung. Einige finden, daß sie vaginal trocken werden und Östrogen brauchen, aber tatsächlich hat fortgesetzte Sexualtätigkeit ungefähr die gleiche Wirkung wie Hormonpillen.

Wie bei so vielen Dingen ist das spätere Leben, wenn man alles ausprobiert hat, die Zeit, in der man sich – zusammen – den Dingen widmet, die man am liebsten hat.

Fettleibigkeit

In unserer Kultur wird Korpulenz als unschön angesehen. Wir kennen eine Frau, deren hübsche, dicke Tochter wegen dieser Norm nur Freunde aus dem Mittleren Osten bekommen kann. Die Frauen Renoirs, die nackt ideal für den Sex aussehen, würden bekleidet zu plump wirken.

Daß Übergewicht bei Männern zu Impotenz führt, ist eine umstrittene Behauptung. Wenn weder das noch die Ästhetik Sie stört, werden Sie sich vielleicht doch durch eine List helfen müssen. Der britische König Eduard VII. ließ sich eine spezielle Couch, ähnlich einem gynäkologischen Untersuchungsstuhl, bauen, die es ihm ermöglichte, an sein Ziel zu gelangen. Die meisten dicken Männer schaffen es, indem die Frau, ihnen zu- oder abgewandt, rittlings auf ihnen sitzt. Wenn das nicht klappt, versuchen Sie, sich mit dem Gesicht nach oben an den Bettrand zu legen und die Füße auf den Boden zu stellen, während die Partnerin mit gespreizten Beinen darüber steht. Ein zu dicker Mann ist ein schlimmes Problem – Kleopatra konnte sagen: »O glückliche Stute, die Antonius' Gewicht trägt«, aber er wog nicht 200 Pfund. Wenn Sie sehr übergewichtig sind, bemühen Sie sich abzunehmen, wenn Ihnen Ihr Sexleben oder einfach Ihr Leben lieb ist. Das gilt für beide Geschlechter. Moderne Mädchen sind zwar elastisch, neigen aber dazu, nach dem Sexualstandard früherer Zeiten untergewichtig zu sein, besonders für Stellungen von hinten und für den Verkehr auf einer harten Oberfläche.

Bisexualität

Alle Menschen sind bisexuell – das heißt, sie sind imstande, bis zu einem gewissen Grad auf Menschen beiderlei Geschlechts zu reagieren. »Homosexualität« ist nicht eine Frage, ob man auf diese Art reagiert, sondern gewöhnlich, ob einen das andere Geschlecht irgendwie abstößt, wodurch die Reaktion auf unser eigenes Geschlecht deutlicher oder vorherrschend wird. Wie weit Menschen bisexuell handeln, wird von vielen Dingen abhängen, zum Beispiel von der Gesellschaft, in der sie leben, von ihren Möglichkeiten und auch davon, inwieweit der gleichgeschlechtliche Anteil ihrer sexuellen Reaktion sie stört.

Aktive Bisexualität verursacht in unserer Gesellschaft Probleme, nicht zum geringsten mit dem Partner, von dem offensichtlich der Großteil des lohnendsten Sexlebens der meisten Menschen abhängt. Es ist schon schwierig genug, mit nur einer Hälfte der menschlichen Gattung auskommen zu müssen, ohne auch noch den Versuch zu machen, mit ihrer Gesamtheit auskommen zu wollen.

Zudem ist es heute so – wenngleich Bisexualität nicht »unnatürlich« ist, wie die gelegentlichen homosexuellen Träume, die alle Heterosexuellen hin und wieder haben, und neue Erkenntnisse der Primatenforschung beweisen –, daß ein Mann, der innerhalb der vergangenen zehn Jahre aktiv bisexuell gewesen ist, eine akute Bedrohung für seine zukünftigen Partner darstellt, da er vielleicht – besonders wenn er homosexuelle Erfahrungen in den USA gemacht hat – unwissentlich Träger des HIV-Virus ist.

Die Mediziner sind besorgt über diese Gruppe, da sie – gemeinsam mit Personengruppen, die Drogen gespritzt oder Bluttransfusionen mit infiziertem Blutserum bekommen haben – das HIV-Virus an die übrige »normalgeschlechtliche« Gemeinschaft weitergibt (bisexuelle Frauen, sofern sie sich nicht zufällig infiziert haben, gelten nicht als Risikogruppe, da AIDS von Lesbierinnen nicht übertragen wird; Frauen reagieren gegenüber anderen Frauen weitaus gefühlsbetonter als Männer gegenüber anderen Männern, da Intimität zwischen Frauen gesellschaftlich akzeptiert ist, während auf allem, was nach Zuneigung von Mann zu Mann aussieht, herumgetrampelt wird.

Obwohl die Homosexuellen schnell und klug mit einer Umstellung ihres Sexualverhaltens auf die Bedrohung reagiert haben, ist tragischerweise ein hoher Prozentsatz von ihnen in Schwerpunktgebieten bereits infiziert. Folglich ist die einzig sichere sexuelle Aktivität zwischen Männern gegenseitige Masturbation. In Dreier- oder Zwei-Paar-Beziehungen, inzwischen ziemlich verbreitet und kaum noch mit einem Tabu belegt, kann ein infizierter Mann nicht nur die Frau, sondern wahrscheinlicher auch noch den anderen Mann anstecken, sofern der unmittelbar vor ihm mit derselben Partnerin Verkehr hatte, da das Virus im Sperma übertragen wird. Praktizierende bisexuelle Männer stellen eine Hochrisikogruppe dar, und sie wie ihre Partner beiderlei Geschlechts sollten sich dessen bewußt sein und Schutzmaßnahmen ergreifen. Das mag hart erscheinen, doch Träger einer tödlichen Krankheit zu sein ist noch weitaus härter.

Gefährdungen

Es gibt, im Gegensatz zu dem, was uns der Aberglaube weismachen will, nur wenig wirklich gefährliche Sexualtechniken. Ungeschicktes Eindringen in die Vagina, wenn die Frau oben ist, kann sie verletzen, Analverkehr mit einem Unbekannten birgt das AIDS-Risiko, bei zu heftigem

Eindringen die Gefahr einer Vaginitis bei der Frau und das geringere Risiko einer Entzündung der Harnröhre beim Mann und der Scheidenschleimhaut (Kolpitis) bei der Frau, wenn von analem zu vaginalem Koitus übergegangen wird. Frauen, welche zu Fehlgeburten neigen, müssen in der Schwangerschaft sanft behandelt werden, und solche, die stark dazu neigen, sollten während der Schwangerschaft einen Orgasmus vermeiden. Davon abgesehen, gibt es wenige Dinge, die an sich gefährlich sind. Keines davon ist sehr verbreitet, aber sie werden doch praktiziert, da gelegentlich von Unglücksfällen berichtet wird.

1. Würgen Sie nie jemanden, auch nicht im Spiel und besonders nicht im Orgasmus. Viele Sexualmorde sind Unfälle, die Frauen zustoßen, welche Teilstrangulierung als Reizmittel ausprobieren; sie können gefahrlos genau das gleiche Gefühl durch Koitus mit dem Kopf nach unten erlangen (siehe unter »Umkehrung«). Blockieren Sie nie die Luftwege eines Partners, und seien Sie besonders vorsichtig bei Fesselungsspielen – auf einer weichen Oberfläche kann man ersticken.

2. Blasen Sie niemals in die Vagina. Dieser Trick kann eine Luftembolie verursachen und hat schon zu plötzlichem Tod geführt.

3. Spielen Sie niemals, trotz gelegentlichen Berichten in der Literatur über die Verwendung von Haushaltsgeräten für sexuelle Reize, mit Staubsaugern oder mit Druckluftleitungen herum. Als der Schlauch einer Luftpumpe in einer Entfernung von einem halben Meter auf den Anus eines Mannes gerichtet wurde (ein »lustiger« Streich), wurde diesem der Darm zerrissen. Verletzungen des Penis durch Staubsauger sind erstaunlich verbreitet und sehr schwierig zufriedenstellend zu heilen. Wasser mit normalem Druck aus der Leitung ist ungefährlich, aber richten Sie den Strahl

auf die Klitoris, nicht unbedingt in die Vagina – alles, was unter Druck steht, kann in die Eileiter gelangen und Schaden anrichten.

4. Cantharidin (spanische Fliege) ist kein Aphrodisiakum, sondern ein Gift, das ungefähr so starke Entzündungen verursacht wie Senfgas. Die Dosis, welche eine wertlose, schmerzende Erektion durch Entzündung des Penis verursacht, ist größer als die tödliche Dosis für Nierenschaden. Einige Mädchen wurden durch Konfekt, das Cantharidin enthielt, getötet.

5. Nichts, das Sie einatmen, ist ein ungefährliches Reizmittel: Organische Chemikalien, welche Schwindel verursachen, führen auch ziemlich leicht den Tod herbei. Amylnitrit erzeugt Rötung und andere Sexualempfindungen, es ist aber durchaus nicht ungefährlich, damit herumzuspielen.

6. Wie Analverkehr sind auch oral-anale Kontakte nach neuesten Erkenntnissen gefährlich und sollten deshalb vermieden werden.

Wenn man den Umfang menschlichen Experimentierens mit Sex in Betracht zieht, muß man die konventionellen Befürchtungen verneinen und sagen, daß nur offenkundig idiotische Sexualexperimente gefährlich sind. Angemessene Sanftheit vorausgesetzt, ist Sexspiel der bei weitem ungefährlichste aktive Sport – man kann leichter durch einen Golfball ums Leben kommen.

Prostitution

Im allgemeinen praktizieren Prostituierte keinen fortschrittlichen Sex und finden auch kein Vergnügen daran. Das trifft nicht bei allen Kulturen zu, aber in der unseren ist eine aktive Abneigung gegen Männer das verbreitetste Motiv dafür, zur regulären Straßendirne zu werden. Die Anziehungskraft der Prostituierten ist, insoweit sie weiterbesteht, teilweise mythologischer Art und auch ihrem Verständnis für ungewöhnliche Sexwünsche sowie der Tatsache zuzuschreiben, daß der Mann zumindest sicher sein kann, ohne soziale Hindernisse von ihnen Sex zu bekommen. Dazu kommt ein Gefühlskomplex, der mit dem Teilen einer Frau mit anderen Männern zusammenhängt. Wenn wir die Gunstgewerblerinnen behandelten, wie es andere Kulturen taten – analog zu einer Konzertkünstlerin, die das häusliche Leben einer Kunst zuliebe aufgibt –, würde sich der Stand der Sexprofis bessern und seine derzeitige Psychopathologie verlieren. Es würde Klienten aus der Verlegenheit, aber auch den Mädchen selbst helfen, doch ist es wahrscheinlicher, daß die allgemeine sexuelle Freiheit den Sex für Geld völlig verdrängen wird, außer für jene, bei denen er unbewußten Bedürfnissen entspringt.

Von den erwähnten Anziehungspunkten abgesehen, ist jede Frau, die selbst bereit ist, Vergnügen am Sex und Verständnis dafür zu haben und den Wünschen ihres Partners ebenso zu genügen wie eine Professionelle, jedoch mit Liebe, jederzeit allen Prostituierten überlegen. Sie kann aus Zeitaltern und Kulturen lernen, in denen die Kurtisane eine Quelle der Kunst zu gefallen war, doch was wir Hurentricks nennen, sollte man als Liebestricks bezeichnen. Eine Frau, die mit Liebe und Mannigfaltigkeit zu lieben vermag, braucht keine kommerzielle Konkurrenz zu fürchten.

Prostituierte – besonders außerhalb Europas – stellen einen nicht zu unterschätzenden Risikofaktor bei der Übertragung von AIDS dar: teilweise deswegen, weil die Ungesetzlichkeit der Prostitution sie zu einer willkommenen Einnahmequelle für weibliche Drogensüchtige macht, die harte Drogen spritzen. Amateurinnen, Party-Mädchen und Anhalterinnen auf Reisen in Übersee stellen eine besondere Gefahr dar – europäische Prostituierte bestehen darauf, daß ihre Freier ein Kondom benutzen. Gehen Sie auf diesem Gebiet keinerlei Risiko ein.

Analverkehr

Im Licht unseres gegenwärtigen Wissensstandes sollte er besser ganz vermieden werden. Manches Paar versucht es schon mal damit, und einige wenige bleiben dabei, entweder weil die Frau findet, daß er ihr intensivere Empfindungen bereitet als der normale Weg, oder weil es für den Mann so angenehm eng ist. Doch er ist zugleich Hauptquelle der Ansteckung mit dem AIDS-Virus und seiner Übertragung, ebenso mit dem Zytomegalovirus und von Hepatitis, außerdem können dabei Darminfektionen und -verletzungen verursacht werden.

Versuche von männlichen Homosexuellen, Analverkehr durch Verwendung von Kondomen sicherer zu machen, haben sich als unzuverlässig erwiesen, da die für den Vaginalverkehr entwickelten dünnen Kondome durch verstärkten Druck und Reibung an einer Körperöffnung, die eigentlich anderen Zwecken dient, leicht reißen. Solange AIDS unheilbar bleibt, ist das Risiko zu groß.

Der Analverkehr hat eine bewegte Geschichte. Obwohl er im öffentlichen Bewußtsein wegen seiner Verbindung zur Homosexualität als verabscheuungswürdig angesehen wird (wenngleich selbst vor dem Aufkommen von AIDS keineswegs alle Schwulen ihn praktiziert haben), hat es ihn stets und überall gegeben. Der römische Dichter Martial drohte seiner Frau mit Scheidung, da sie sich nicht wie andere brave römische Frauen darauf einlassen wollte; im 19. Jahrhundert war Analverkehr ein beliebtes Verhütungsmittel, besonders in der Arbeiterklasse. Inwieweit das Risikomoment auf ein neues Virus zurückzuführen ist oder ob es schon immer bestanden hat, wissen wir nicht. Es besteht jedenfalls gegenwärtig. Es gibt nicht viele gängige Sexualpraktiken, die körperlich gefährlich sind, doch veränderte Umstände und medizinische Erkenntnisse aus jüngster Zeit deuten darauf hin, daß es hierbei der Fall ist. Aber auch wenn eine Gefahr in den Ausmaßen von AIDS auftritt, bleibt dennoch eine Menge Spielraum, ihr zu entgehen, indem das sexuelle Repertoire geändert wird.

Schmerz

Schmerz an sich ist, trotz der diesbezüglich verbreiteten Ammenmärchen, kein sexuelles Reizmittel. In Wirklichkeit nimmt die Schmerzwahrnehmung ständig ab, sobald die Erregung steigt, bis jeder stärkere Reiz, auch einer, der normalerweise zu stark wäre, zur Erregung beiträgt. Das kann auch anderswo zutreffen – man kann beim Fußballspielen einen Zahn verlieren und es erst nachher merken –, aber bei der sexuellen Erregung kann der Schmerzstimulus, vorausgesetzt, daß er nicht zu stark ist, tatsächlich in verstärktes Lustgefühl umgewandelt werden. Es gibt aber einen bestimmten Punkt, bei dem zu starker Reiz ernüchternd und nicht erregend wirkt, und wenn dieser überschritten ist, bricht die Erregung ab; die Widerstandsfähigkeit wächst, je näher man dem Orgasmus kommt – kurz davor können manche zum Beispiel ziemlich starke Schläge ertragen –, aber sobald es zum Orgasmus kommt, ist es mit der Veränderung vorbei. Deshalb sollten Sie danach keine unangenehmen Stellungen oder starken Reizmittel mehr verwenden. Manche Menschen verändern sich gar nicht. Wenn etwas, das Sie tun, als einfacher, unveränderter Schmerz empfunden wird, so ist es zu stark oder zu früh, oder Sie haben nach dem Orgasmus weitergemacht. Es ist eine Kunst zu lernen, welche Stimulantia als angenehme Reize empfunden werden und welche nicht.

Wenn irgendein Teil des normalen Sex zu einer Entzündung führt oder durch Stöße gegen innere Organe und dergleichen Schmerz verursacht, sind Sie ungeschickt, oder es ist etwas nicht in Ordnung – im zweiten Fall suchen Sie einen Arzt auf, wenn der Schmerz länger als einige Tage anhält. Der erste Koitus kann für beide Teile ein wenig schmerzhaft sein – wenn sie vor dem Veränderungseffekt genügend erregt sind, werden die meisten Mädchen die Schmerzschranke überwinden, aber Sie müssen ihr, wenn Sie überhaupt eine Blutung verursachen, Zeit lassen, bis die Schrammen geheilt sind, ehe Sie die nächste Runde beginnen. Wenn es angenehmer ist, lassen Sie sich beraten (siehe unter »Jungfräulichkeit«). Mit Zartheit und vorausgehender Dehnung kann das Ganze bei den meisten Frauen ziemlich schmerzlos verlaufen.

Wirkliches Verlangen nach Schmerz (geistigem oder körperlichem) als Sexreiz ist ungewöhnlich. Meist ist die Vorstellung in der Phantasie erregend, in der Praxis jedoch abkühlend, es sei denn, Ihr Partner ist so geschickt, innerhalb der Grenzen der durch die Erregung erzielten Verwandlungen zu bleiben und die Phantasie ist nicht allzu hitzig. Nicht wenige Männer, die eine nicht allzu intelligente Hure dazu überredeten, sie »kräftig zu schlagen«, weil ihnen die Vorstellung aufregend erschien, wurden von einer Wiederholung abgeschreckt. Wenn Ihr Partner solche Wünsche äußert, bleiben Sie innerhalb der Stärke der Stimulusveränderung, ziehen Sie gute zwanzig Prozent von seiner Phantasie ab, und hüten Sie sich vor gelegentlichen kranken Typen, welchen der Gedanke, verletzt zu werden, wirklich Lust bereitet. Für normale Menschen kann der gesunde Menschenverstand, ein wenig Schauspielerei und kluge Verwendung des Verwandlungseffektes mühelos für das Verbleiben im normalen Phantasiebereich sorgen.

Fetische

Etwas, das man statt eines Partners oder genau wie ihn braucht, um eine volle sexuelle Reaktion zu erreichen. Ist, insofern es konkrete Gegenstände oder Gewohnheiten betrifft, bei Frauen seltener anzutreffen als bei Männern, obwohl Dinge wie Sicherheit, Angst und subtilere Situationsnuancen von Frauen zu Fetischen gemacht werden können. Fetische können verschiedenster Art sein – in fast jedem Menschen sind solche embryonaler Art vorhanden, deren Befriedigung ebenso zur Kunst wie zur Funktion der Liebe gehört. Viele Männer erzielen die besten Leistungen mit Frauen, die große Brüste, eine bestimmte Haarfarbe oder -länge haben oder wie Jungen aussehen, sind aber anderen Reizansprüchen gegenüber weniger aufgeschlossen. Als nächstes kommen bestimmte Kleidungsarten – sie ist begehrenswerter mit Strümpfen, mit Schuhen oder mit Ohrringen. Benutzen Sie jedes dieser entsprechenden Reizmittel in vollem Ausmaß (siehe unter »Kleidung«).

Ein wirklicher Fetisch ist jeder nichtsexuelle Umstand, der zur Potenz notwendig ist. Er wird zum Problem, wenn er alles überschwemmt und sich zu einem verzehrenden Angstgefühl entwickelt (nur Schuhe, nicht einmal Frauen mit Schuhen) oder wenn es etwa eine Phantasie ist, die Sie erregt und Ihren Partner abschreckt, oder wenn die Leistung immer komplizierter und mit Angstgefühlen verbunden wird, bis man dem Einhalt gebieten muß. Das normale Ehespiel kann fast allen Erfordernissen dieser Art genügen, wenn die Partner einander wirklich verstehen und Spaß daran finden; wenn aber der eine sich an ein Angstritual klammert, kann das ein großes Problem sein, das sich durch Vortäuschen nicht lösen läßt.

Zum ersten kann jemand mit einer echten derartigen Behinderung, sogar wenn die Rolle durchgespielt wird, an allem das Interesse verlieren, außer an seiner fixen Idee. Das ist aber ein medizinisches Problem und sollte möglichst rasch gelöst werden. Es ist verbunden mit anderen persönlichen Schwierigkeiten, für welche das Desinteresse an Liebe nur ein Symptom ist, da die meisten von uns auf irgendeiner Ebene eine Vorliebe für eines oder mehrere Dinge haben, die uns aufstacheln. Wenn wir uns mit unserem Partner nicht auseinandersetzen können, neigen wir zu immer stärkeren Schuldgefühlen und Empfindlichkeit. Befreit man sich spielerisch davon, so passiert das nicht; läßt es sich so nicht beheben, muß man Hilfe suchen. Vergessen Sie nicht, wir sprechen von hartnäckigen und ausschweifenden fixen Ideen, die den normalen Geschlechtsverkehr behindern können. Wenn man sich weigert, irgendeine andere als die Missionarstellung einzunehmen, so ist das ebenso ein Fetisch, wie wenn man nur beim Tragen eines Taucherhelms potent ist. Zum normalen Sex gehören bevorzugte Gelüste und Mannigfaltigkeit – Mannigfaltigkeit ist das, woran sich der behinderte Riutalist nicht erfreuen kann. Bei jemandem, der bereit ist, alles einmal zu versuchen, ist so ziemlich alles in Ordnung.

Es mag brutal klingen, aber nehmen Sie keinen Partner, wir wiederholen, *keinen*, mit einem größeren sexuellen

Problem wie Homosexualität oder Zwangsritualismus, um »ihn durch Liebe zu heilen«. Sie werden es nicht schaffen; allerdings wird es, wenn er Ihre Liebe und Ihr Verständnis hat, viel leichter sein, ihn mit Hilfe eines Fachmannes zu heilen oder ihn zumindest zu veranlassen, sich mit sich selbst zu beschäftigen. Wenn Sie ein solches Problem auf sich genommen haben – und wir wiederholen: Die Frage, ob es ein Problem ist, hängt davon ab, ob es Angstgefühle verursacht und die sexuelle Freude beeinträchtigt –, sprechen Sie miteinander darüber, ohne Furcht oder Vorwürfe, und suchen Sie einen Fachmann auf. Es ist ebenso ein medizinisches Problem wie ein Bandscheibenvorfall, wenn es Ihren gegenseitigen Genuß so behindert, wie es ein Bandscheibenvorfall tun würde.

Transvestitentum

Viele Paare finden Vergnügen daran, gelegentlich spaßeshalber die Kleider des Partners anzuziehen. Das ist kein Transvestitentum.

Ein Transvestit ist ein Mensch, der völlig in seiner männlichen oder weiblichen Geschlechterrolle bleibt und dabei zeitweise den heftigen Drang verspürt, sich in der Rolle des anderen Geschlechts zu kleiden, und dessen starkes Verlangen (nicht so sehr ein Reiz), wenn er es tut, eine lebhafte Entlastung erfährt. Sie sind nicht »homosexuell«, und eine bisexuelle Person, die Kleider des anderen Geschlechts anzieht, um einen Partner zu gefallen, ist kein Transvestit. Ein Transvestit ist jemand, gewöhnlich ein Mann, der sich aktiv in eine Person des anderen Geschlechts verwandeln will, nötigenfalls durch Operation, und sich in seiner derzeitigen Rolle absolut nicht wohl fühlt. In manchen einfacheren Gesellschaften gibt es Rollen oder Zeremonien, welche diesen Bedürfnissen (Zauberer tragen oft Frauenkleidung) nachkommen. In unserer Gesellschaft können sie intensive Angstgefühle verursachen. Ein Transvestit mit einer informierten und furchtlosen Frau findet gewöhnlich, daß sein Trieb, wodurch immer verursacht, sein Sexleben in der männlichen Rolle nicht stört (wenn er es geheimhalten muß oder sie ihn für schwul oder verrückt hält, was er nicht ist, kann er vor Kummer richtig krank werden). Ein Transvestit braucht fachärztliche Hilfe, er kann nach einer Geschlechtsumwandlung glücklicher sein, vielleicht aber auch nicht. Es könnte so manches Elend vermieden werden, wenn die Menschen die Tatsachen so weit wüßten, daß sie sich nicht ängstigen oder schockiert sind, falls sie ihnen begegnen. Wenn Sie einen Partner mit einem solchen Problem haben, helfen Sie ihm durch Verständnis, und sehen Sie zu, daß er fachärztliche Hilfe erhält.

Perversität

In Büchern, die vor den siebziger Jahren geschrieben wurden, bedeutete das ganz einfach jedes Sexualverhalten, an dem der Autor selbst kein Vergnügen fand. Genauer gesagt, bedeutet es etwas Antisoziales, das behinderte Menschen als Ersatz für die Sexualität verwenden, von der sie ihre Hemmungen ausschließen. Die verbreitetsten Perversitäten in unserer Kultur bestehen darin, daß man Macht erwirbt und sie dazu benutzt, andere Menschen herumzustoßen. Das kann sich in der Jagd auf Geld als Bestätigungsstatus, in der sexuellen oder sonstigen Behandlung anderer Menschen als Dinge, die man manipuliert, oder in der Einmischung in das Sexualleben anderer äußern, mit der man erreichen will, daß sie diesbezüglich so hart und so ängstlich bemüht sind wie der, der sich einmischt. Klassifizierte Perversitäten wie das Ausgraben von Leichen oder das Begehen von Lustmorden sind nur auf Grenzpsychotiker beschränkt und von geringerer sozialer Bedeutung als die »achtbaren«, weil sie selten sind und abgeurteilt werden. Es ist ein Maßstab für Prestige und gesellschaftlich anerkannte Perversitäten, daß die meisten öffentlichen Äußerungen in der Gesetzgebung, Rechtsvollstreckung und dergleichen Standpunkte gelten lassen, die im Grunde pervers sind, auch wenn die Sprecher privat gesund sind und sich im Leben nicht nach dem richten, was sie predigen.

Derartige Behinderungen sind äußerst schwer zu kurieren, ob sie nun zu sadistischer Verstümmelung, Reinheitskreuzzügen, Bergen-Belsen oder Vietnam führen. Wie sehr einem auch diese Leute leid tun mögen, sie sind gefährlich, und man meidet sie am besten als Partner oder Ratgeber – sonst ist man nur selbst schuld an den bösen Folgen.

Geburtenkontrolle

Trug mehr als andere Entdeckungen dazu bei, sorglosen Sex möglich zu machen. Zuvor mußte man schon unfruchtbar sein, um das ausgedehnte Liebesspiel genießen zu können, das heutzutage jeder haben kann, der einigermaßen komfortabel wohnt (und das eines Tages jeder wird haben können, zusammen mit der zuverlässigen Kontrolle über die Fruchtbarkeit).

Da keine andere Methode so zuverlässig ist, werden Frauen, die einmal die Sicherheit der Pille erfahren und das rein Spielerische beim Sex für sich entdeckt haben, wohl kaum darauf verzichten wollen. Die Pille ist ganz eindeutig und mit Abstand immer noch das beste und sicherste Verhütungsmittel.

Die Spirale und andere innerlich zu verwendende Methoden sind nicht allen Frauen zu empfehlen, funktionieren bei manchen aber gut. Wenn Sie sie nicht verwenden können, heißt die Devise: zurück zur guten alten Zervixkappe, zusammen mit einem guten Spermizid zu benutzen. Manche Frauen finden es abtörnend, die Kappe vor dem Sex einzuführen, und beschweren sich über reduziertes Empfindungsvermögen und Widerstand ihres Partners. (Wenn es die einzige Methode ist, die sie anwenden kann, sollte sie kein Faß aufmachen, es hilft nichts und macht sie nur unnötig nervös.) Andere Frauen, Ungestörtheit und eine ordentliche Waschgelegenheit vorausgesetzt, haben keine Probleme damit, obgleich sowohl die Kappe selbst als auch das Spermizid das Empfinden der Vagina und den Genitalgeruch ein wenig beeinträchtigen können. Als Bestandteil des Liebesspiels sollte der Mann mit dem Finger kontrollieren, ob die Kappe auch tatsächlich auf dem Gebärmutterhals sitzt.

Eine Bemerkung noch zur Pille: Aufgrund der Veränderung des Scheidenmilieus, die sie herbeiführt, kann man sich viel leichter Soor oder eine sexuell übertragbare Krankheit holen, selbst bei ganz vorsichtigem genitalem oder oralem Verkehr.

Das A und O der Verhütung liegt heute im Kondom, nicht gegen unerwünschte Schwangerschaften, wohl aber gegen AIDS. Außer langjährigen monogamen Paaren muß sich absolut jeder daran gewöhnen, sie bei jeder Gelegenheit zu verwenden.

Männer und Frauen müssen lernen, wie man sie korrekt benutzt: Man muß das Kondom abstreifen, bevor die Erektion schwindet, und danach sollte sich der Mann gründlich waschen. Kondome und die damit verbundene Hygiene mögen eine Plage sein – aber eine lebensrettende, und nicht alles daran ist von Nachteil. Für manche Menschen sind allein die Handgriffe, die eine Frau ausführt, wenn sie ihrem Partner das Kondom überstreift, ausgesprochen aufregend. Darüber hinaus können selbst hauchdünne Kondome dazu beitragen, daß ein Mann, der vorschnell ejakuliert, später kommt. Unbeschnittene Männer und Männer, deren Eichel eher spitz als rund ist, sollten Modelle mit runder Spitze vorziehen. Varianten mit Noppen und anderen Kinkerlitzchen, die angeblich die Empfindungen der Frau verstärken sollen, sind nicht zuverlässig und deshalb nicht empfehlenswert.

Was für AIDS gilt, gilt auch für die Empfängnisverhütung: Gehen Sie nie ein Risiko ein. Gewollte Kinder können die Eltern beim Liebesspiel stören – einfach weil sie da sind. Wenn man sie sich gewünscht hat, ist dies ein geringer Preis, und ein bißchen Ungestörtheit läßt sich eigentlich immer einrichten. Ungewollte Kinder aber sind ein moralisches und bevölkerungspolitisches Verbrechen, für das es heutzutage keine Entschuldigung mehr gibt.

Im Notfall sollte sich die Frau ausgiebig mit Seifenwasser duschen, spermienabtötendes Gel in der Vagina auftragen, gut über den Gebärmutterhals verteilen und am nächsten Tag einen verständnisvollen Arzt aufsuchen. Gewöhnlich läßt sich dann die Einnistung des Eies noch verhindern. Aber solche Notfälle sollten gar nicht erst eintreten.

»Verhütung« nach Knaus-Onigo (»Vatikanisches Roulette«) ist nicht der Rede wert. Nicht nur, daß diese Methode höchst unzuverlässig ist, mag sie darüber hinaus durch die Befruchtung untauglicher Eier auch für den leicht höheren Prozentsatz mißgebildeter Kinder in katholischen Familie verantwortlich sein.

Vasektomie (Samenstrangexstirpation) ist die einzige verläßliche, ein für allemal wirkende Empfängnisverhütungsmethode beim Mann. Sie besteht darin, daß die Röhren, durch welche die Spermien von den Hoden nach unten wandern, durch einen kleinen chirurgischen Eingriff verschlossen werden. Die Operation erfolgt unter Lokalanästhesie. Sie schmerzt weniger, als wenn man eine kleine Wunde nähen läßt, und Sie können unmittelbar darauf nach Hause gehen. Das Resultat auf lange Sicht ist ein völlig männlicher, jedoch unfruchtbarer Mann. (Wir wiederholen: fachgerechte Sterilisierung enthält keinerlei Risiko von körperlicher Beeinträchtigung der Erektion, Ejakulation, Sexualgefühle oder Männlichkeit im allgemeinen – sie wurde unter dem Namen »Steinachoperation« früher so-

Geburtenkontrolle
Die Berührungen beim Überstreifen des Kondoms sind durchaus aufregend.

326

gar als Verjüngungsbehandlung und zur Verstärkung der Männlichkeit durchgeführt.) Wenn Sie so viele Kinder haben, wie Sie sich wünschen (und das sollten, falls Sie Verantwortungsgefühl haben, in den meisten Fällen nicht mehr sein als zwei), ziehen Sie das ernsthaft in Erwägung. Jedenfalls eher, als daß Sie bei Ihrer Frau die viel größere Operation, die zu ihrer Sterilisierung erforderlich ist, ausführen oder sie weiter die Pille nehmen lassen, wenn sie ihr nicht zusagt.

Es gibt noch einige Tatsachen zu überlegen.

1. Die Vasektomie macht Sie nicht sofort unfruchtbar. Es können noch monatelang Spermien erhalten bleiben, Sie müssen also Ihre bisherigen Methoden der Geburtenkontrolle beibehalten, bis Sie wissen, daß Sie tatsächlich zeugungsunfähig sind. Dann können Sie beide die Geburtenkontrolle vergessen.

2. Sie können es sich nachher nicht anders überlegen. Manchmal läßt sich die Sterilisierung rückgängig machen, aber Sie dürfen nicht darauf zählen. Es ist ein kalkuliertes Risiko, daß Sie später vielleicht plötzlich noch Kinder zeugen wollen, aber es lohnt sich nicht, deshalb zu zaudern, wenn es ansonsten für Sie richtig erscheint. Keine Entscheidung, die man trifft, ist hundertprozentig risikolos, aber wenn Sie noch Kinder haben wollen, so gibt es, vorausgesetzt, Sie sind dafür geeignet, ungewünschte Babys, die auf Adoption warten.

3. Vergewissern Sie sich andererseits, daß Sie sich über Ihre eigenen Ansichten im klaren sind – sie werden in den mit Sex und Fortpflanzung verbundenen Angelegenheiten nie ganz von Vernunft geprägt. Wenn der Arzt sich weigert, die Operation auf Anhieb, ohne Erörterung Ihrer allgemeinen Selbsteinschätzung der Männlichkeit, durchzuführen, zeigt das nur, daß er sein Fach versteht. Wenn er sie, aus

Prinzip oder weil ihm Ihr Lebensstil nicht gefällt, verweigert, wenden Sie sich an einen anderen Arzt.

4. In bezug auf AIDS sind sterilisierte Männer nicht »safer« als andere. Wer ejakulieren kann, kann auch das Virus weiterverbreiten.

Wenn Sie verheiratet sind, zwei gewünschte Kinder bekommen haben oder keine Kinder wollen, und Probleme mit der Empfängnisverhütung haben, ziehen Sie eine Sterilisierung ernsthaft in Betracht. Auch wenn Sie schon mehr Kinder haben, sollten Sie sich, sofern Sie über Verantwortungsbewußtsein verfügen, sterilisieren lassen.

Vielleicht ist es später einmal möglich, einige Ihrer Spermien als Versicherung tiefgekühlt aufzubewahren, aber heute können Sie das noch nicht tun.

Unfruchtbarkeit

Wohltat oder Fluch – je nachdem. Kann darauf zurückzuführen sein, daß die Frau nicht ovuliert, die Eier infolge Eileiterverschluß nicht in den Uterus gelangen, oder auf verschiedene Störungen in den weiblichen Organen, darauf, daß der Mann keine oder zuwenig Samenkörperchen hat, und wahrscheinlich auch auf verschiedene chemische Unverträglichkeit zwischen den Partnern. Diese können mitunter durch Konzentration auf fruchtbare Zeiträume, durch Operation oder Hormone geheilt werden, erfordern aber eine entsprechende ärztliche Beratung (Sie müssen beide hingehen – wenn der Mann zuwenig Samenkörperchen hat, ist es zwecklos, die Frau allen möglichen Untersuchungen zu unterziehen). Ängstlichkeit kann manchmal scheinbar die Fruchtbarkeit verhindern – allzu häufiger Samenerguß verringert die Zahl der Samenkörperchen, seien

Sie also nicht übereifrig. Zu enge warme Kleidung um den Hodensack kann die Spermatozoiden töten, die sich unter der Körpertemperatur entwickeln müssen. Orgasmus bei der Frau macht die Empfängnis nicht wahrscheinlicher. Manchmal kann die Unfruchtbarkeit nach Jahren plötzlich aufhören, und das Verdienst wird der Behandlung oder der Lebenslage zugeschrieben. Hartnäckiger Spermenmangel beim Mann ist schwierig zu behandeln, man kann allerdings die bei ihm vorhandenen Spermen sammeln und mit ihnen künstlich befruchten. Das hat mit der nach sexueller Leistung beurteilten Männlichkeit nichts zu schaffen. Nehmen Sie niemals an, Sie seien unfruchtbar, wenn das nicht bewiesen wurde, und seien Sie vorsichtig mit dem Absetzen der Pille beim Herannahen der Menopause. Über freiwillige Unfruchtbarkeit siehe unter »Kinder«, »Geburtenkontrolle«, »Sterilisierung«.

Schwangerschaftsunterbrechung

Sollte in einem gutgeführten Sexleben unnötig sein. Von aller Ethik abgesehen, kann der Arzt ebensowenig wie Sie ganz sicher sein, wie eine Frau – oder ein Paar – psychologisch darauf reagieren wird. Die jetzige Hochkonjunktur ist weniger auf die vermehrten Möglichkeiten als auf die Tatsache zurückzuführen, daß Frauen, welche durch absichtliches Bangemachen von der Pille abgeschreckt wurden, die aber die Auswirkungen einer wirklich verläßlichen, sorgenfreien Geburtenkontrolle kennen, einfach nicht bereit sind, zu den alten Notbehelfen zurückzukehren oder unerwünschte Kinder zu haben.

Auf der Ebene der Tatsachen ist ein frühzeitiger Abortus (in den ersten drei Monaten), der durch einen qualifizierten

Fachmann in einem ordentlich ausgerüsteten Hospital durchgeführt wird, eine körperlich geringfügige und ungefährliche Operation. Wird sie von einer unqualifizierten Person, einem Pfuscher im Hinterzimmer oder im Do-it-yourself-Verfahren vollzogen, ist sie gefährlich und psychologisch schädigend. Nimmt man den Eingriff zu spät vor (und manche Ärzte, die prinzipiell gegen jede Abtreibung sind, versuchen die Sache absichtlich hinzuziehen, bis es zu spät ist, und sagen Ihnen das dann mit einem überlegenen Lächeln), so wird dabei ein möglicherweise lebensfähiges Kind getötet.

Wenn Sie Ihr Sexleben ordentlich planen und aufgrund von Informationen gewissenhaft Vorkehrungen gegen die Empfängnis treffen, sollten Sie, es sei denn aus außergewöhnlichen Gründen, keine Schwangerschaftsunterbrechung brauchen. Seltsamerweise sind jene Menschen, die hinsichtlich der Abtreibung das lauteste Wehgeschrei anstimmen, die gleichen, die am meisten dazu beigetragen haben, eine geeignete Geburtenkontrolle zu verhindern und der Forschung und dem Bildungswesen Geldmittel zu verweigern.

Register